# 한국 초기 선교사들의 이야기

총회교육자원부 편 | 김수진 지음

한국장로교출판사

한국 초기
**선교사들의**
이야기

**초판인쇄** 2004년 3월 25일
**2쇄발행** 2010년 6월 30일

**편 집 인** 총무 김치성
　　　　　 대한예수교장로회총회교육자원부
**주　　 소** 110-470 / 서울 종로구 연지동 135
**전　　 화** (02) 741-4356 / 팩스 741-3477

**지 은 이** 김수진
**펴 낸 이** 채형욱
**펴 낸 곳** 한국장로교출판사
**주　　 소** 110-470 / 서울 종로구 연지동 135 한국교회100주년기념관 별관
**전　　 화** (02) 741-4381~2 / 팩스 741-7886
**영 업 국** (031) 944-4340 / 팩스 944-2623
**등　　 록** No. 1-84(1951. 8. 3.)

ISBN 978-89-398-0082-3 / Printed in Korea
값 9,000원

**편집과장** 이현주　**기획과장** 정현선
**업무과장** 박호애　**영업과장** 박창원

※ 이 출판물은 저작권법에 의해 보호를 받는 저작물이므로 무단전재와 무단복제를 할 수 없습니다.

# 머리말

금번에 「한국 초기 선교사들의 이야기」라는 이름으로 한국교회 초기 역사에 대한 책을 발간하게 된 것을 먼저 하나님께 영광을 돌리며 감사를 드린다.

그동안 한국 기독교 역사에 관한 책이 많이 발간되었지만 이번 김수진 목사가 저술한 이 책은 값진 역사책이라 생각된다. 읽으면 읽을수록 감동적이고 그동안 개화기에 선교사들의 역할이 얼마나 컸는가를 쉽게 이해할 수 있으리라 생각된다. 이 책은 단순한 이야기로 끝나지 않고 문화도 다르고 언어도 다르고 기후도 다른 이들이 오직 주의 지상 명령인 "땅 끝까지 이르러 내 증인"이 되리라는 사명 하나만 갖고, 낯설고 물설은 한국 땅에 오게 된 선교사들의 그 진솔한 이야기들이 이 책 안에 담겨져 있다. 본 서를 집필한 저자는 각별한 노력을 기울였음을 이 책을 읽는 독자들도 함께 느끼게 될 줄로 믿는다.

이미 저자는 총회교육자원부의 기획으로 「한국 기독교의 발자취」와 「일본 기독교의 발자취」를 저술하여 한국교회에 소개한 바가 있으며 독자들의 반응이 좋았다. 본 서 역시 이미 각 신학대학원에서 강의했던 강의 안을 보완 수정하여 역시 기획으로 한국교회에 내놓게 됐다.

내용으로는 한국 역사 초기에 기독교를 전파하기 위하여 내한했던 선교사들의 숨어 있는 이야기들을 제8부로 나누어서 서울 지방, 영남 지방, 호남 지방, 충북 지방, 평안도 지방, 황해도 지방, 함경도 지방 및 중국 간도 지방까지 각 선교부를 중심으로 해서 기술하였다. 마지막에는 일본인이 자비량으로 한국 선교에 일익을 담당했던 이야기까지 기록되어 있다. 특별히 여기에는 그동안 한국교회사에서는 찾아볼 수 없는 150여 종의 관련 사진이 수록됐는데 어떤 선교사들이 한국 땅에 한 알의 밀알이 되기 위해서 목숨을 이 땅에 바쳤는지, 선교했던 이들의 얼굴과 그들이 설립했던 학교와 병원 등을 볼 수 있다.

본 서는 목회자들은 물론 신학생과 평신도들도 평안하고 쉽게 이해할 수 있도록 하였으며, 독자 여러분들에게 크게 도움이 되리라고 생각한다.

바쁜 가운데서도 좋은 글을 집필하시느라 수고하신 김수진 목사에게 깊은 감사를 드리며, 편집을 위해 수고하신 총회교육자원부 심재희 전도사, 그리고 한국장로교출판사 사장 채형욱 목사와 직원 여러분에게도 감사를 드린다.

대한예수교장로회총회교육자원부
총무 **김치성**

## 저자 서문

    2004년 갑신(甲申)년을 맞이하여 본 서를 발행하는 것이 역사적인 의미를 갖고 있다고 생각된다. 갑신년은 지금부터 120년 전인 1884년 9월 미국 북장로교회 선교부에서 파송되어 상해에서 활동하던 의료선교사인 알렌이 한국에 첫 상륙함으로 한국 기독교의 역사가 출발하였다. 1884년 12월 4일 우정국 개원으로 보수파와 개화파 간에 대 충돌이 일어났다. 보수파의 수장이었던 민영익이 개화파에 의해 살상을 당하고 개화파는 3일간 정권을 장악하였지만, 곧 보수파에 의해 그 정권이 무너지고 말았다. 갑신정변으로 살상을 입었던 민영익은 알렌에 의해 상처가 낫게 되자 알렌은 고종 황제로부터 뜻하지 않게 병원으로 사용할 수 있는 광혜원을 하사받고 진료에 임하게 된다.
    이를 계기로 미국 북장로교회에서는 언더우드, 미국 감리교회 아펜젤러 선교사가 입국하면서 한국 선교에 크게 공헌하였으며, 어두웠던 이 땅에 새로운 서양 문화가 서서히 자리를 잡게 됐다. 이들의 활동으로 선교사는 계속 입국하게 됐으며, 여기에 지역을 분할하여 각각 선교구역을 맡아 선교부를 세우고, 이어서 병원을 세워 질병퇴치운동에 힘을 썼으며, 남녀학교를 설립하여 근대화의 기초를 놓으면서 많은 수고를 하였다. 이러한 과정에서 알지 못하는 병과 과로로 인하여 숨진 선교사들의 시신이 서울 양화진에 안장되었는데, 여기에 안장된 수가 무려 450여 명이나 되고 어린아이들의 수도 50여 명이나 된다. 그리고 이외 지역까지 포함하면 훨씬 많으리라고 생각된다.

특별히 이 책의 특징은 초기 선교사들의 활동을 사진과 함께 읽을 수 있도록 각 부(총 8부) 끝 부분에 그 부에 해당되는 사진을 모두 150여 장 배치하여 독자들이 지루하지 않도록 배려한 점이라 할 수 있다. 또한 선교사들의 수고에 대해서 알리고자 선교부가 머물렀던 각 지역을 중심해서 기술을 하였고 독자들이 쉽게 읽을 수 있도록 집필되었다. 이제 한국 교회도 해외 선교에 대해서 많은 관심을 가졌으면 하는 생각을 갖고 이 책을 세상에 내놓게 됐다. 이 책의 출판 기획에 수고한 김치성 총무와 이 책이 나오기까지 수고한 한국장로교출판사 채형욱 사장과 직원 여러분에게 감사를 드린다.

갑신년 새 아침에
김 수 진

# 차례

머리말/3
저자 서문/5

**1부 ● 중국을 통한 한국 선교 9**
    1. 토마스 선교사가 한국에서 순교하기까지/11
    2. 스코틀랜드 선교사들의 활동/18
    3. 한국 기독교의 선구자 이수정/21

**2부 ● 한국에 입국한 선교사들 31**
    1. 의료선교사 입국/33
    2. 언더우드 선교사 입국과 활동/38
    3. 천민을 해방시킨 선교사들/63
    4. 소외계층 선교/74
    5. 외국인의 영원한 안식처 양화진/80

**3부 ● 영남 지방에 내한한 선교사들 87**
    1. 부산선교부 선교사들/89
    2. 대구선교부 선교사들/99
    3. 안동 지역/108

4부 ● 호남 지방 선교사들 121
　　1. 언더우드 선교사의 강연/123
　　2. 7인 선교사들의 내한/125
　　3. 전북 지방 선교사들/130

5부 ● 한국의 예루살렘과 평양 165
　　1. 평양선교의 아버지 마포삼열/167
　　2. 장로회신학교와 마포삼열/180
　　3. 황해도 깡패와 선교사의 만남/188

6부 ● 청주선교부 199
　　1. 민노아 선교사의 활동/201
　　2. 부례선 선교사 순교/206

7부 ● 캐나다 선교부 209
　　1. 캐나다 독립선교사들 내한/211
　　2. 매견시 선교사 자살/212
　　3. 북간도 지방과 선교사들/215
　　4. 캐나다 연합교회 선교부와 장로교회 선교부/222

8부 ● 일본인 선교사들 229
　　1. 승송 선교사/231
　　2. 오다 목사/235
　　3. 승부 장로/240

부 록 ● 245
　　연대표/247
　　참고문헌/261

# 1부 중국을 통한 한국 선교

1. 토마스 선교사가 한국에서 순교하기까지
2. 스코틀랜드 선교사들의 활동
3. 한국 기독교의 선구자 이수정

# 1부 중국을 통한 한국 선교

## 1. 토마스 선교사가 한국에서 순교하기까지

### 1) 중국 모리슨 선교사의 역할

한국에 기독교를 전파하기 위해서 기도로 많은 지원을 아끼지 않았던 중국 기독교는 언제, 누구에 의해서 처음으로 선교가 시작되었을까? 중국의 기독교 역사는 런던 선교회 소속 모리슨(R. Morrion) 선교사가 1807년 9월 4일 중국의 포르투갈 식민지 마카오 연안에 도착하면서부터 시작되었다. 25세의 젊은이가 단신으로 중국에 도착하였을 때, 그는 이 땅에서 죽기로 맹세한 바 있었다. 그러기에 누구 하나 환영해 주는 사람은 없었지만 진한 흙 냄새 풍기는 중국 땅, 그 땅을 사랑했고 모든 것을 주님의 뜻에 맡겼다.

중국에서 복음을 위해 죽기로 결심했었기에, 그의 열심은 이미 자리를 잡고 있던 중국 마카오 주재 동인도회사 상사로부터 경계의 대상이 되어 감시를 받게 되었다. 더욱이 중국 선교에 발판을 내리고 있던 천주교 선교사들 사이에서도 눈에 가시처럼 여겨지게 되었다. 이곳에 더 이상 머물 수 없었던 모리슨은 곧 광동성으로 자리를 옮겼다. 그러나 여전히 감시는 심하였으며, 마치 창살 없는 감옥에 갇힌 것과 같은 생활이 계속되었다. 그는 중국인이 입고 다니는 옷을 입고, 중국인이 먹는 음식을 먹으면서 손짓 발짓해 가며 중국어를 배웠다. 그러나 선교비가 바닥나 버려 할 수 없이 광동성 수도 광주 변두리에 있는 화물창고 지하실 방 한 칸을 빌려 그곳에서 곤핍한 생활을 연명했다. 이러한 악조건하에서도 모리슨은 이 지하실을 천국으로 알고 날마다 찬송을 부르면서 하루를 시작했다. 이런 와중에 뜻하지 않게 중국 천주교 신자 2명을 만나 체계적으로 중국어를 배울 수 있었으며, 중국에 온 지 18개월 만에 중국어 성경을 번역하기에 이르렀다. 여기에 한영(漢英)사전까지 발행하였다. 이러한 사실을 안 동인도회사는 모리슨에게 접근하여 통역원으로 일해 달라고 간곡히 요청하였고, 그는 우선 신분의 보장과 생활의 안정을 얻을 수 있을 것 같아 이를 허락하고 통역원으로 잠시 동안 일하기도 하였다.

모리슨이 어려운 환경에서도 조금도 낙심하지 않고 열심히 선교에 임하자, 런던 선교회에서는 그의 열정에 감동이 되어 선교비를 지원하였고, 1814년 7월에는 모리슨이 깊은 산골에 살고 있는 중국인 채고(蔡高)에게 첫 세례를 집례하는 기적도 일어났다. 이 일은 그가 중국 땅을 밟은 지 7년 만에 일어났던 일이었다. 그리고 모리슨은 중국에서 활동하고 있던 영국인 의사의 딸인 몰톤(M. Morton)을 만나 결혼을 하고 안락한 생활을 하게 되었다. 그러나 신혼의 달콤함도 잠시, 부인의 병으로 인해 중국에 머물지 못하고 본국으로 이송되어 6년이란 긴 세월 동안 치료를 받고 다시 중국에 왔지만, 그의 부인은 1821년 중국에서 하나님의 부르심을 받고 영영 모리슨의 곁을 떠나고 말았다. 모리슨은 중국에서 순교하기로 작정하였던 바였기에 그는 부인의 몫까지 최선을 다해 사역에 임하였다. 이미 중국어로 성경을 번역하여 출판하였던 모리슨은 1823년 새로이 엮은 신약성경을 발간하기도 하였다.

이렇게 어려운 역경 속에서도 주님이 지고 가신 십자가를 한 번도 외면하지 않았던 모리슨은, 1834년 사랑했던 땅 중국에서 그 생을 마감하게 되었다.

### 2) 귀츨라프 선교사의 첫 상륙

모리슨 선교사가 생을 마감하기 전, 그가 번역했던 중국 한문성경을 한 아름 안고 최초로 기독교 선교사로서 한국 선교를 위해 나타났던 사람은, 네덜란드 선교회의 귀츨라프(K. F. A. Gutzlaff)였다. 귀츨라프는 모리슨이 영국에 일시 귀국했을 때, 그로부터 중국에 관한 선교보고를 듣고 크게 감동을 받았다. 이것이 동기가 되어 귀츨라프 선교사는 네덜란드 선교회의 파송을 받고 1826년 자바, 수마트라, 싱가포르 등에 머물면서 잠시 선교를 하였다. 그러나 모리슨의 영향 때문에 네덜란드 선교회를 탈퇴하고, 런던 선교회의 후원으로 중국 선교사로 활동을 하게 되었다. 귀츨라프는 의사였기에 선교에 더욱 큰 힘이 되었다.

귀츨라프는 장거리 여행을 굉장히 좋아하였다. 이러한 사실을 알았던 모리슨은 자신이 번역한 성경이 귀츨라프를 통하여 보급되어 전 중국이 예수님의 귀한 진리를 터득하고, 구원의 대열에 참여하게 될 것이라는 것을 확신하게 되었다.

1832년 2월 27일 드디어 하나님의 역사가 한반도로 향하고 있었다. 영국 동인도회사 소속 선장인 린제이는 선교에 많은 관심을 갖고 있었다. 귀츨라프는 린제이 선장이 승선한 암허스트 호에 통역관 겸 의사로서 승선하였다. 암허스트 호에 승선한 귀츨라프는 모리슨과 함께 눈물로 호소하며 기도했던 일이 드디어 이루어짐에 몇 번이나 감사의 기도를 올렸는지 모른다. 배는 중국 광둥항을 떠나 남풍의 바람을 타고 상해를 거쳐 북쪽으로 항해하였다. 배는 모리슨이 전해 준 성경을 한 가득 싣고 산동성 위해(威海)항에 잠시 머문 후 다시 망망한 대해를 항해하였다. 그러던 차에 배가 황해 바다 한복판에서 바람을 만나 황해도 앞바다에 널려 있는 장산곶, 백령도, 대청도, 소청도 등을 지나 계속 남하하여,

7월 25일 충청도 홍주 고대도의 금강 입구에 정박하였다. 고대도에 정박한 귀츨라프는 곧 국왕에게 줄 선물을 챙기었다. 귀츨라프 연구가인 리진호 장로는 그의 저서 「동양을 섬긴 귀츨라프」에서 다음과 같이 말하고 있다. "국왕에게 서한과 선물을 보내려고 한나절 넘게 짐을 꾸렸다. 린제이 선장은 내가 갖고 있는 성경 한 질과 전도문서 전부를 함께 쌓아 국왕에게 선물하라고 아주 정중하게 요청하였다. 갑판 위에 찾아온 사람들에게 성경을 주며 기뻐하였고 이로서 나는 아주 만족하였는데, 이제는 외로운 나라의 통치자에게 하나님의 말씀을 읽어 유익을 얻으리라고 갈망하게 된 것이다. 이 나라 통치자에게나 많은 사람에게나 예수 그리스도의 말씀보다 더 귀한 선물이 있을까."

귀츨라프 선교사는 왕이 성경을 받고 읽어만 본다면 한국은 축복의 나라가 될 것을 확신하며 전하였다. 그러나 불행하게도 20일 만에 돌아온 것은 '불가'라는 것이었다. 귀츨라프 일행들은 답신을 20일간 기다리는 중에 주민들을 전도하고 의약품을 나누어 주었으며, 감자 씨앗을 주면서 심는 법까지 가르쳐 주었으니 얼마나 한국인을 사랑했는가를 알 수 있다. 이때 한문으로 된 주기도문을 지역 주민의 도움으로 최초로 한글로 번역하기도 하였다. 답신을 받은 후 더 이상 머물 수 없어서 그곳을 떠났으나 그가 주고 간 감자는 한국인에게 유익한 식량이 되었다.

### 3) 토마스 선교사 부인의 순교

한국 선교에 대한 관심과 열정은 그 누구보다도 중국에서 활동하고 있던 외국인 선교사들에게 있었다. 이 중에 중국 상해에서 선교활동을 하던 토마스(R. J. Thomas) 선교사는 한국 선교를 위해 평양에서 순교함으로 한국 기독교의 첫 씨앗을 뿌렸다. 토마스는 1863년 영국에서 자신의 아버지가 목회하는 하노바 교회 교인으로 성장하여 그 교회에서 목사안수를 받고, 부인과 함께 중국 대륙 선교를 향해 떠나게 되었다. 「도마스」(牧師傳)를 발간했던 오문환은 이렇게 말하고 있다. "23세의 눈물

많은 청년으로서 부모의 눈으로부터 떨어지는 눈물과 점점 희미해지는 고국강산의 자태를 바라볼 때에 어찌 마음 가운데 슬픔의 감회가 일어나지 않았으랴마는, 이 몸은 부모에게서 얻은 것보다 하나님께서 나를 당신의 사업을 위하여 내셨고, 내가 살고 있는 이 땅보다도 장차 우리가 기업으로 얻을 그 나라는 평안하고 더욱 아름답다는 상상을 할 때, 어느덧 그의 마음은 독려되어 기쁨의 화기가 그의 두 뺨을 둘렀을 것이다."

토마스 선교사는 자신이 죽어야 선교가 이루어진다는 확신을 갖고 영국을 떠나 1863년 7월 21일 중국 상해에 도착하게 되었다. 그곳에서 선교사로 활동한 지 얼마 안 된 1864년에 그만 부인 캐롤라인이 사망하고 말았다. 이에 충격을 받은 토마스는 잠시 런던 선교회를 떠나 중국 지푸(현 산동성 연태)로 올라가, 그곳에서 스코틀랜드 성서공회 총무 윌리암슨(A. Williamson)을 도우면서 성경 반포에 일익을 담당하였다. 이때 그는 한국에서 건너온 김자평, 최선일 두 천주교 신자를 만나게 되었다. 이들은 예수님의 십자가상과 묵주를 손에 들고 있었다. 뜻하지 않게 천주교 신자를 만난 토마스는 그들과 대화하는 중에 이미 한국에 천주교 신자가 있음을 알고 여간 기뻐하지 않았다.

토마스는 윌리암슨의 도움으로 한문으로 된 성경을 이들에게 전해 주었으며, 성경을 받은 일행들은 너무 기뻐서 어찌할 줄 몰랐다. 이러한 광경을 본 토마스는 곧 번역된 한문 성경을 한 아름 안고, 한국인의 안내를 받으면서 지푸를 떠나 한국 선교여행을 떠나게 되었다. 그는 황해도 앞바다에 널려 있는 여러 섬을 다니면서 성경을 배포하였다. 성경을 받은 사람은 모두 다 얼굴에 기쁨이 가득 차 있었다. 이렇게 2개월 반 동안의 선교여행을 마친 토마스는 서울에 있는 국왕을 만나 선교를 시도하려고 하였지만, 폭풍 때문에 이를 단념하고 중국 북경으로 돌아갔다. 그는 그곳에 머물면서도 한국 선교에 대한 새 비전과 열정으로 강하게 불타오르고 있었다. 또한 이 시기에 런던 선교회 선교사로 다시 복귀하게 된다.

토마스는 북경에서 선교사로 재임명을 받고 북경대학 학장 대리로 머물기도 하였다. 한편 그는 북경에서 뜻하지 않게 한국에서 외교사절로 온 부연사행인 정부 고급관리 외 여러 사람을 만나게 되었다. 이중 평안도 감사 박규수를 만나 그에게 성경을 전하면서 토마스는 이렇게 부탁을 했다. "귀국도 이 책을 받아 그대로 실행하면 많은 복을 받을 것입니다. 내가 평양에 가게 되면 복음을 전할 수 있도록 협조해 주기를 바랍니다." 토마스는 몸은 중국에 있었지만 한국에 기독교 복음을 전해야 한다는 열정은 그 어느 때보다도 강하였다. 때마침 한국에 가려던 미국 상선 제너럴 셔먼 호가 있었다. 좋은 기회라 생각한 토마스는 즉시 윌리암슨에게 이야기하여 많은 성경을 싣고 1866년 8월 9일 선원들과 함께 지푸 부두에서 출항하게 되었다. 그는 출발 전에 기도를 드렸다. 그 내용은 「도마스」에 이렇게 남겨져 있다. "평안케만 마옵시고 피를 흘려 죽는 데 이를지라도 주의 사업에 유익이 된다면 사양치 않겠나이다."

### 4) 첫 순교자 토마스

이미 토마스는 한국에서 천주교 신자들이 핍박을 받고 있음을 잘 알고 있었다. 토마스 선교사가 대동강 하구에 자리 잡고 있는 보산에 도착하자 해안을 수비하던 병사들에게 사격을 당했다. 사격 중지를 요청하며 상업 차 오는 배라고 설명을 하자 사격은 이내 곧 멈추었다. 이어 배는 그 옆에 있는 포리를 향해서 올라갔으며, 포리에 배를 정박해 놓고 그곳 주민들에게 500여 권의 성경을 배포하였다. 주민들은 손짓으로 자신들 중 천주교인을 알리자, 토마스는 곧 그들을 배 안으로 영접하고 극진하게 대접하면서 서로 한자로 대화를 나누었다. 그리고 얼마 후 그곳을 떠나 석호정을 거쳐 만경대에 상륙하여 성경책을 나누어 주면서 전도를 하였다. 다시 대동강 상류에 있는 양각도까지 올라갔으나 모래톱에 그만 좌초되고 말았다. 비 때문에 불어났던 대동강 물이 갑자기 줄어들었기 때문이다. 토마스는 검문을 받을 때 몇 번이고 기도하면서, 자신은 천주교인이 아니며 예수교인임을 설명하면서 예수교를 전파하러 왔다고 밝혔다.

그러나 토마스가 타고 왔던 배가 무장된 것을 본 한국 병사들이 놀라, 평양성을 지키고 있던 군인들은 배를 향하여 포문을 열어 활과 총을 쏘아 댔다. 이러한 공격을 받았지만 배는 퇴각을 할 수 없었다. 공격이 더욱 거세지자 배에 머물고 있던 토마스는 한 손에 백기, 다른 한 손에는 성경책을 들고 하선하였다. 군졸 하나가 칼을 뽑아 들고 토마스 가까이 다가왔다. 「도마스」에는 이렇게 기록되어 있다. "그동안 도마스는 두 무릎을 모래사장에 꿇고 머리를 숙여 땅에 댄 후 얼마 동안 최후의 기도를 올리고 다시 일어나서 군졸에게 성경 받기를 권하였으나, 그 군졸은 그의 말을 충분히 이해하지 못하였을 것도 사실이려니와 상황이 그것을 허락지 않는지라 마침내 칼을 그의 가슴에 대어 하나님의 충복(忠僕) 도마스 선교사의 고귀한 생명을 빼앗고 말았다."

1866년 9월 4일 이렇게 토마스 선교사는 27세의 나이로 한국 선교를 위해 한국의 첫 개신교 외국인 순교자가 되었다. 이때 토마스는 자신을 향해 칼을 내두르는 군인에게 저주 한마디 하지 않고 성경을 전파하면서 예수님을 믿으라고 외쳤다 하니, 그가 얼마나 이 나라를 사랑하고자 했는가를 잘 입증해 주고 있다. 토마스 선교사의 순교와 미국 상선 제너럴 셔먼 호의 전소된 사건이 미국에 알려지게 되자, 미국은 이를 보복하기 위해서 한국에 미국 군함을 보내어 신미양요를 일으켰다.

이 일이 있은 지 10년 후인 1876년 평안도 의주 청년들 중에는 중국을 드나들며 기독교로 개종하는 사건이 일어나고 있었다. 토마스 선교사의 순교사건이 복음의 결실로 나타나자, 중국에서 사역하고 있던 많은 선교사들은 토마스 선교사의 순교가 결코 헛되지 않았다고 말하고 있었다. 참으로 성령의 역사는 순교를 통해서 복음의 불모지였던 한국에 선교의 바람을 불어넣고 있었던 것이다. 최초로 토마스 선교사를 학문적으로 연구하여 영국 버밍엄 대학 신학부에서 Th. D. 학위를 받은 고무송(기독공보 사장) 목사는 그를 가리켜 "위대한 토마스 선교사의 순교 자체가 훌륭한 선교였다."고 말하고 있다. 여기에 부언하여 예수님도 하늘나라에서 파송받은 선교사였으며 십자가의 죽음이 곧 선교였다고 강조하고 있다. 이러한 측면에서 토마스 선교사는 높이 평가할 훌륭한 선교사였음을 다시 한번 확인하면서, 해외선교는 물질로 하는 것이 아니라 몸으로 하는 것임을 알 수 있다.

## 2. 스코틀랜드 선교사들의 활동

### 1) 로스 선교사와 의주 청년들의 개종

중국 지푸에 상주하고 있던 윌리암슨도 한국에 대한 선교 열정이 남달랐다. 토마스 선교사의 순교가 헛되지 않도록 스코틀랜드 교회에서는 로스(J. Ross)와 매킨타이어(J. MacIntyre)를 선교사로 파송하였다. 두 선교사는 1872년 8월 중국 요령성 영구(營口)에 정착하였다. 윌리암슨으로부터 토마스 선교사에 대한 순교 이야기를 들은 이들은, 그 정신을 마음속 깊이 간직하면서 고려문을 드나들 때마다 한국 선교의 가능성을 타진하였다. 고려문은 중국인과 한국인이 서로 만나 물물교환을 하는 장소였기에 로스도 1874년 10월에 고려문을 방문하게 되었다.

고려문은 압록강 강변에 있는 단동에서 그리 멀지 않은 봉황성 아래에 있는 작은 마을로서, 중국과 한국이 자유롭게 물물 교역이 이루어지던 국제시장이기도 하였다. 매년 봄과 가을이 되면 중국인과 한국인이 함께 어울려 가면서 시장을 형성하고 있었다. 로스는 고려문에서 많은 한국인들에게 한문성경을 팔면서 전도를 하였지만, 그 누구도 그의 말에 귀를 기울이지 않았다. 그러던 어느 날 50대로 보이는 한 한국인 상인이 찾아오게 되었다. 로스는 그에게서 한국에 대한 자세한 이야기를 들을 수 있었으며, 잠시였지만 한국어의 어법이 어떤 것인가를 알 수 있었다. 로스는 그에게 성경을 전해 주었으며 훗날 그의 아들 백홍준이 로스에게 세례를 받는 기적도 일어났다.

　로스는 1876년 4월 2차 선교 여행 시 고려문을 방문하게 되었다. 한국 선교에 열망을 품고 있던 로스는 중국인에게 한국어를 배울 수 있도록 한국인을 소개해 달라는 부탁을 하였다. 이 무렵 평안도 의주 청년 이응찬을 소개받고 만나게 되었다. 이응찬은 배에 물건을 가득 싣고 압록강을 가로지르면서 장사하고 다니던 상인이었다. 그러던 어느 날 풍랑을 만나 생명의 위협을 받고 배에 실었던 물건을 압록강에 모두 버리고 파도에 떠밀려, 겨우 몸만 살아 구사일생으로 중국에 도착한 사람이었다. 이때 중국인의 소개로 로스를 만나게 되었으며, 로스는 이응찬을 하나님이 보낸 사람으로 여기고 그에게 한국어를 배우게 되었다. 로스는 한글성경을 출판하기 위한 계획을 세워 놓고 기도하던 중에 이응찬을 만났으니 얼마나 기뻤을까! 로스는 이응찬으로부터 한글과 한국 역사를 배울 수 있는 좋은 기회를 가졌다.

　여기에 이응찬도 하루가 달라지게 신앙의 진수를 깨닫고 몇 번이고 로스에 대해서 감사한 마음을 갖게 되었다. 그 후 이응찬은 자신의 절친한 고향 친구 백홍준, 이성하, 김진기 등을 로스 선교사에게 소개를 하였으며, 이들이 로스, 매킨타이어 선교사로부터 세례를 받고 첫 한국인 신앙공동체를 형성하면서 선교 사역에 동참하게 되었다. 이들은 함께 친교를 나누면서 요령성의 행정 중심지이며 후금의 수도였던 봉천(현 심양)으로 옮기어 갔다. 로스는 곧 심양에 자리를 잡고 이응찬의 도움으로 1877년 기초 한국어 교재를 상해에서 발간하게 되었다. 그리고 1878년 봄에는 요한복음과 마가복음을 번역하였다.

　여기 의주 청년 서상륜, 서경조 형제도 홍삼 상업 차 영구에 왔는데, 서상륜이 갑자기 알 수 없는 열병에 생명의 위협을 받게 되었다. 이때 어느 중국인의 안내로 영구미션병원에 입원하여 헌터 의료선교사를 만나 겨우 생명을 되찾을 수 있게 되었다. 이곳에서 선교사의 은혜로 병이 치유된 서상륜은 매킨타이어를 만나 예수님을 믿게 되었으며, 그 후 로스에게 소개되어 그를 도와 누가복음을 번역하였다. 이응찬, 백홍준, 이성하, 김진기에 이어 서상륜과 서경조가 합세하자 큰 힘을 얻어 한국 선교에 정열을 쏟게 되었다. 신앙고백을 했던 서상륜 형제도 로스로부터 세례를 받았다.

### 2) 성경 밀반입

로스는 특권층만이 읽을 수 있는 한자성경이 아니라 절대 다수를 형성하고 있는 평민들을 위해 순 한글 성경번역이 더욱 시급함을 알았다. 이처럼 의식이 뚜렷했던 로스는, 하루 빨리 예수님을 전하는 방법은 한글로 복음서를 번역하는 것임을 알고, 권력에 시달리고 있는 압록강 너머의 한국인들의 모습을 그리면서 복음서 번역에 최선을 다하고 있었다. 드디어 로스와 평안도 의주 청년들의 수고로 1882년 봄 심양에서 한글로 누가복음, 요한복음을 출판하였다. 이 얼마나 장엄한 순간인가!

복음서가 출간됐다는 소식을 접한 이성하는 로스에게 찾아가 곧 매서인으로 자원한 후 복음서를 한 아름 안고 고향으로 달려갔다. 그러나 막상 압록강을 건너려고 하자 경계가 너무 심하여 도저히 건널 수 없었다. 몇 날이고 강가에 나아가 하나님께 기도하고 건너려고 시도하였지만 여전히 경비는 삼엄하였다. 여러 달을 여관방에서 기도하면서 때를 기다렸으나 더 이상 기다릴 수가 없어, 복음서를 압록강 강가에 내려놓고 눈물로 기도하면서 한 권씩 꺼내 불을 질러 태우고, 그 재를 압록강 강가에서 먼 고향 하늘을 향하여 날려 보냈다. 그리고 남은 복음서는 압록강에 힘있게 내던졌다. 그리고 심양에 돌아가 로스에게 이 사실을 알렸다. 로스는 이 소식을 접한 자리에서 그를 매우 칭찬하였다. "성경 씻은 물을 마시는 사람마다 생명을 얻게 될 것이며, 성경 태운 재를 실은 압록강 물을 만지는 사람마다 예수를 믿고 성공하리라."

그 후 백홍준도 복음서에 담겨진 진리의 말씀이 너무 좋아 혼자 읽기가 아까워 결단을 내렸다. "가자. 내 고향에 이 복음서를 전해야 해." 그는 곧 심양 시내 헌 종이를 파는 시장에 가서 종이를 사 등에 지고 갈 짐을 만들었다. 그 짐 밖에는 헌 종이로 차곡차곡 채우고 속에는 복음서로 가득 채웠으며, 한 권이라도 더 가져가야 한다면서 맬 끈도 복음서 낱장을 뜯어서 새끼를 꼬아 만들었다. 백홍준은 많은 기도를 하면서 당당한 걸음으로 의주를 향해 갔다. 이때 경비는 참으로 삼엄하였다. 그런데 그 경비 중에 백홍준의 절친한 마을 친구가 경비원으로 근무를 하고 있는 것이 아닌가. 친구는 검문하는 척 하면서 그를 무사하게 통과할 수 있도록 했으니, 이는 그의 기도와 이 민족을 사랑하신 하나님의 큰 구원의 손길이었다. 백홍준은 검문소를 무사히 빠져나와 의주까지 오게 되었으며, 어깨 끈을 다시 헐어 책으로 꾸며 복음서를 전하였다. 이러한 일이 일어난 것을 보면 기도의 힘이 얼마나 중요한가를 깨닫게 된다.

### 3. 한국 기독교의 선구자 이수정

#### 1) 한학자 이수정 개종

북쪽 중국에서의 선교활동은 한국교회 출발에 크게 기여하게 되었다. 이에 못지 않게 남쪽 일본에서 한국 선교를 위해서 활동했던 전라도 옥과 출신 이수정(李樹廷)의 역할도 만만치 않았다. 이수정은 1882년 임오군란 시 황후 민비를 궁녀차림으로 변장시켜 업고 궁궐을 탈출하여 충주까지 도망하여 구출했다 하여, 황후는 그에게 선략장군이란 칭호를 주었다. 오윤태 목사는 그의 저서 「선구자 이수정」에서 민비에 대해 이렇게 말하고 있다. "민비는 축연(祝宴), 제사, 기도에 1백만 량의 거액을 아낌없이 소비하고 이경하의 서자로 당시 명창인 이범진의 노래 한 곡에 3천 량을 주는 어리석은 소행으로 말미암아 국민의 재정이 소비되는 것은 더 할 나위 없었다."

민비가 군인의 월급을 13개월 가량 지불하지 못하자 군인들이 난을 일으키게 되었다. 이때 이수정이 민비를 도움으로 인해 민비의 생명을 살려 준 은인이 되었다. 이렇게 해서 이수정에게 제2차 신사유람단 일원이 되어 비수행원으로 일본에 갈 수 있는 기회가 주어졌다. 1882년 10월 이수정 일행은 인천을 떠나 일본 요코하마를 거쳐 도쿄에 도착했다. 이수정은 비수행원이었기에 자유롭게 개인활동을 할 수 있었다. 이러한 관계로 곧 도쿄에 있는 일본인 교계 지도자 쯔다(津田仙)를 만났고, 그에게 조그마한 선물을 내놓았다. 그러나 그는 그 선물을 거절하며 이렇게 말했다. "4세기경 당신의 나라 백제인 왕인 박사께서 우리에게 한자와 한국 문화를 전달해 주었는데, 이 백성이 그 은혜를 알지 못하여 선물을 못 했으니 어떻게 다시 선물을 받을 수 있습니까. 제가 이 책을 선물로 할 터이니 받아 주십시오."

이때 받았던 선물이 한자로 된 신약전서였다. 1년 전 박종수라는 한국인은 이 성경을 선물로 전달받았지만 얼굴을 변색하며 거절하였다. 그것도 그럴 것이 아직 한국은 기독교 서적을 자유롭게 받을 수 있는 상황이 아니었다. 그때는 누구든지 기독교를 접하게 되면 처형을 당하는 때였다. 이러한 사실을 잘 알고 있었고 이수정 자신도 철저한 유학자였는데 어떻게 신약전서를 받았을까? 이 일은 분명히 성령의 역사가 그 순간 쯔다 응접실에 내리고 있었기 때문일 것이다. 응접실에서 두 사람이 한자로 필담(筆談)을 나누는 일은 시간 가는 줄 모르게 이어지며 많은 시간을 보냈다. 이수정은 밤늦도록 대화를 나눈 후 숙소로 돌아갔다. 그는 선물로 받은 신약전서를 곧 펴 들고 시간 가는 줄 모르게 읽었다.

새로운 진리를 접하게 된 이수정은 엄청난 진리를 발견하고 기독교로 개종하기로 결심을 하게 됐다. 이때 쯔다는 그의 결심에 놀라 일본인 나까다(長田時行) 목사를 소개하고 그의 지도를 받게 하였다. 나까다 목사의 지도를 받은 이수정은 그해 12월 25일 동경제일교회에 출석하여 함께 성탄절 예배를 드리면서 놀랍게 변하고 있었다. 새로운 기독교 문화를 접하게 된 이수정은 세례를 받을 결심을 하고 1883년 4월 29일 주일 아침에 도쿄 노월정교회(현 芝敎會=시바 교회)에서 일본인 야스가와(安川

亨) 목사와 미국 북장로교회 녹스(G. W. Knox) 선교사에 의해 세례를 받게 됐다. 그가 세례를 받기까지는 많은 노력이 요청되었으며, 세례를 받기 위해서 문답이 2시간이나 소요되기도 하였다. 이러한 결과 이수정은 일본에 온 지 7개월 만에 한국인으로서는 첫 신자가 되는 축복을 누리게 됐다.

이수정이 세례받은 그해 5월 11일 제3회 일본기독교전국대회가 도쿄에서 모일 때 이수정도 쯔다의 안내를 받고 참석을 하였다. 그곳에서 그는 뜻하지 않게 한국어로 대표 기도하는 일이 있었다. 이날 대회에 출석했던 일본인들은 다같이 "아멘"으로 끝을 맺기도 하였다. 이수정은 그 다음날 요한복음 15장을 읽고 자신의 신앙을 고백하는 등 적극적인 자세로 임하게 됐다. 이수정의 신앙고백을 살펴보면 다음과 같다. "삼가 아룁니다. 소생은 본래 작은 나라에 태어나 배우고 읽힌 것이 적어서 문명의 개화를 알지 못하였는데, 근래 귀국에 와서 성령의 인도와 여러분들의 두터운 사랑을 힘입어 세례를 받고 겨우 대도(大道)를 바라보게 되었습니다. 이하 생략."

이수정은 확실한 성령의 인도함을 받아 신앙고백을 하고 선교사 유치에 힘을 기울였다. 이때 일본 요코하마에서 활동하고 있던 미국 성서공회 총무 루미스(H. Loomis)는 이수정에게 한국어 성경번역을 제안했고, 그는 한문성경에 토를 다는 방법으로 소위 현토성서(懸吐聖書)를 발간하게 됐다. 그러나 이 성경은 지식층만 사용할 수 있어 다시 일반 백성들이 쉽게 접할 수 있는 성경이 요청되자, 1885년 2월 순 한글로 마가복음을 번역하고 요코하마에서 출판을 준비하게 되었다. 그 후 일본 주재 감리교회 맥클레이(R. S. MacLay) 선교사의 요청으로 감리교회 요리문답서를 번역 출간하였다. 한편 기도 중에 이수정이 번역했던 마가복음이 요코하마에서 발간되는 일이 이루어졌다. 이수정은 도쿄와 요코하마를 왕래하면서 일본인 목사와 선교사들의 도움으로 선교사 유치운동에 힘을 쏟았다.

### 2) 이수정 선교사 유치운동

이수정은 자신이 믿고 있는 기독교가 너무 좋아 혼자 간직할 수 없었다. 그래서 자신이 받았던 은혜를 모든 사람들에게 전해야 한다며 한국에서 유학 온 유학생들에게 복음을 전달하고 나섰다. 한국에서는 30여 명의 유학생이 도쿄에 와서 공부를 하고 있었다. 이들은 이수정의 전도에 감동이 되어 30여 명의 유학생들 모두 개종하였고, 그의 지도를 받으면서 성경공부를 하게 됐다. 이와 함께 이수정은 미국 교회를 향하여 선교사를 보내 달라는 '선교사 유치운동'을 전개하였다. 이수정은 일본 교회 목사와 선교사들의 도움으로 1883년 7월과 11월 2회에 걸쳐 미국 교회에 서신을 보내게 되었다. 서신 내용 일부를 소개하면 이렇다. "예수 그리스도의 종인 나 이수정은 미국에 있는 교회의 형제 자매들에게 문안드립니다. 진리와 신앙의 힘에 의하여 내 주의 큰 축복을 받아 내 기쁨은 측량할 수 없습니다. 여러분들의 기도와 배려로 말미암아 우리들이 신앙을 지킬 수 있었으며, 사단의 유혹에 흔들리지 않고 우리는 주께 영광과 찬송을 돌릴 수 있는 생활을 계속하고 있습니다. 우리 나라의 1천만 동포는 아직까지 참하나님에 대하여 알지 못하고 이교도의 생활을 하고 있습니다. 이러한 복음전파의 시대에 우리 나라는 불행히도 기독교의 축복을 누리지 못하고 있는 지구의 어두운 구석에 처해 있습니다. 그러므로 나는 복음을 전파하는 수단을 만들기 위하여 한국어로 성경을 번역하고 있습니다. 이 사업의 성공을 위하여 밤낮으로 기도하고 있습니다. 마가복음은 거의 완성되고 있습니다.……"

이 서신은 곧 미국 교회의 선교잡지에 소개되었으며, 이 잡지를 읽은 미국 교회의 젊은 실업 청년 맥윌리암스는 곧 5천 불을 헌금하게 됐다. 굳게 닫혔던 한국의 문이 1882년 5월 한미수호통상조약으로 인하여 열리게 되었고, 한국 정부에서는 1883년 7월에 미국에 특명정권공사 민영익을 비롯해서 7명을 파견하게 되었다. 이들 일행은 인천 제물포를 출발해서 일본 요코하마를 거쳐 그해 9월에 미국 샌프란시스코에 도착하였다. 이때 그들은 한국 선교에 관심이 많았던 미국 감리교회 지도자 가우처(J. F. Goucher) 박사를 만나게 되었다. 일행을 통해 한국 사정을 잘 알게 된 가우처 박사는 선교비의 일부인 2천 불을 헌금하게 되었고, 이후 한국 선교를 위해서 많은 기도를 하게 되었다.

### 3) 일본 주재 선교사들의 역할

한국 선교에 공이 컸던 일본 기독교는 한국보다 몇 해 앞선다. 1854년 미일화친조약이 이루어진 지 얼마 안 되었을 때에 미국 선교사들은 요코하마를 통하여 일본에 상륙하였다. 조약이 체결되면서 미국인들이 일본에 주재하게 되었으며, 상주하는 미국인의 신앙을 돌보기 위해서 교역자가 요청되었다. 1859년 미국 북장로교회 의료선교사 헵번(Dr. J. C. Hepburn)을 비롯해서 미국 성공회 윌리엄스(C. Williams), 미국 개혁교회 브라운(S. Brown) 등이 차례로 입국하였다. 그러나 이들은 일본법으로 선교가 금지되었기에 일본인을 상대로 선교를 할 수가 없었다. 그럼에도 불구하고 헵번은 장차 일본도 선교의 문이 열릴 것을 믿고 요코하마 근방에 있는 성불사 절간에 숙소를 정하고, 그곳에서 일본 선교의 문이 열려지게 해 달라고 기도를 하며 일본어 성경번역에 힘을 쏟았다. 얼마 후에 바라(J. Ballagh) 선교사 부부가 요코하마에 도착하자 성불사에 기거하면서 이 일에 협력하게 되었다.

헵번은 성불사 옆에 있는 종흥사 절간에 진료소를 개설하고 많은 일본인들에게 큰 의료 혜택을 베풀었다. 여기에 바라 선교사는 요코하마에 바라숙(塾)을 개설하고 일본 청년들을 상대로 근대화 교육을 실시하였다. 이 무렵 일본에 왔던 선교사들은 매년 정초가 되면 기도회를 개최하였는데 이때 바라숙에 모여 기도회를 갖게 되었다. 선교사들은 일본의 선교 자유가 이루어지기를 기도함과 동시에, 일본인의 구원을 위해 뜨겁게 기도하였다. 이러한 광경을 옆에서 지켜보았던 바라숙 학생들이 자신들도 함께 기도회에 참석하겠다고 하자, 바라 선교사는 자신의 제자들이었기에 기꺼이 참여토록 하였다. 이들이 함께 기도하는 가운데 성령의 역사가 일어나자 9명의 학생이 예수님을 구주로 영접하고 일생 동안 예수님과 함께 살겠다고 다짐하며 세례를 요구하였다. 바라 선교사는 이들의 신앙을 검증한 후 세례를 주었다. 천박한 일본 땅에 첫 교회가 출현하게 된 것이다.

이때는 아직 일본인이 기독교를 믿을 수 없는 시대였다. 도꾸가와(德川) 300년의 기독교 금지령이 아직 살아 있을 때였기에 이들의 신앙은 순교를 각오한 것이었다. 이렇게 해서 이들을 중심으로 1872년 2월 일본 최초의 교회 요코하마 가이칸 교회가 탄생하였다. 이 교회가 탄생한 이후 1년이 지난 1873년 일본 천황으로부터 기독교 금지 철폐가 단행되게 되면서 일본도 기독교 선교의 자유를 누리게 되었다. 이때 바라숙에서 출발했던 일본 최초의 기독교인 요코하마 가이칸 교회의 신도들은 성령의 역사에 어찌 할 줄을 모르며 좋아했고, 전도에 온 힘을 기울이게 되었다.

### 4) 일본 주재 맥클래이 선교사 내한

일본의 신앙의 자유가 미국에 알려지자 미국 남·북장로교회를 비롯해서 미국 남·북감리교회, 미국 성공회, 미국 조합교회 등 많은 선교사들이 서로 앞을 다투어 일본 선교에 총력을 기울이게 되었다. 그래서 미국 선교사들은 요코하마와 도쿄를 오가면서 부지런히 미션 학교를 설립함과 동시에, 개척교회를 설립하는 등 바쁜 나날을 보내게 되었다. 본격적인 선교가 시작되기 전 이미 헵번은 1863년 요코하마에 헵번숙(후에 메이지 학원대학), 1871년 역시 요코하마에 바라숙(후에 부라운숙과 통합하여 일치신학교), 1874년 미국 성공회에서는 도쿄에 닛교 대학, 1875년 미국 조합교회 니지마가 교토에 도시샤(同志社) 대학, 1883년 미국 메도디스트에서 맥클레이 선교사가 도쿄에 아오야마(靑山) 학원 대학을 각각 설립하면서 일본의 새로운 기독교 문화를 전파했고, 새로운 학문의 장을 넓혀 가고 있었다.

이와 함께 교회도 도쿄로 전파되면서 1873년 9월 도쿄 교회, 1874년 고베 교회, 오사카 교회가 차례대로 설립되었다. 그리고 한국인 이수정이 세례를 받았던 노월정교회는 1874년 카라솔스 선교사 부부가 설립을 하였다. 그 후 1883년 야스가와가 목회할 때 이수정은 이곳에서 세례를 받았다. 역시 이수정에게 한글 성경을 번역할 수 있도록 지원했던 루미스 선교사도 요코하마 시로 교회를 설립하였다.

여기에 그 유명한 클라크 박사가 1876년 홋카이도 삿포로 농학교(1872년 설립 후에 홋카이도 대학 농학부)에 와서 학생을 가르칠 때 모든 학생들이 예수님을 믿겠다고 서약을 하면서, 삿포로 독립교회가 탄생하여 무교회주의를 창설하기도 하였다. 이때 클라크 박사는 홋카이도를 떠나면서 "소년이여 꿈을 가지라!"는 유명한 말을 남기고 일본을 떠났다. 클라크 박사의 영향을 받았던 우찌무라가 그 중에 유명한 일본의 크리스천이기도 하다.

미국 감리교회 맥클래이 선교사는 이수정, 김옥균 등과 접촉을 하면서 한국 선교에 문을 두들이고 있었다. 바로 1884년 6월 27일 맥클래이는 한국에서 학교와 병원사업을 할 수 있도록 고종 황제에게 허락받아 줄 것을 요청하게 됐다. 맥클래이는 김옥균을 통하여 고종 황제로부터 허가를 받자 곧 일본으로 돌아가 미국에 연락하여, 한국 선교에 기틀을 마련했으니 학교와 의료사업을 위해 수고할 선교사들을 보내 달라고 요청을 하게 되었다.

원래 맥클래이는 1848년 24세의 젊은 나이로 중국 남단 복건성에 영화대학을 설립하여 선교활동을 하였다. 10년째 되던 해인 1858년에는 진신당과 천안당 교회를 각각 설립하였다. 그러나 중국에서의 선교사역에 실패한 그는, 일본에 선교의 문이 열렸다는 소식을 듣고 곧 미국 선교본부로 연락을 하여 일본으로 선교지를 옮기겠다는 청원서를 제출하였다. 이에 허락을 받고 1873년 중국 선교를 마감하고 일본으로 선교의 장을 옮기게 된 것이다. 이렇게 해서 그는 미국 감리교회 선교사로서 일본 최초의 선교사가 되었으며, 비록 중국에서는 선교사로서 실패하였지만 일본에서는 대학과 많은 교회를 설립하는 데 큰 공을 세우기도 하였다.

일본에서 선교사 유치에 힘을 기울였던 결과로 미국 북장로교회 선교사로 중국에서 활동하던 의료선교사 알렌(H. N. Allen)이 1884년 9월 20일 인천 제물포에 도착하게 됐다. 미국 본토에서는 젊은 신학생들이 한국 선교를 위해 기도하던 중, 미국 북장로교회에서는 교육선교사로 언더우드(H. G. Underwood), 미국 감리교회에서는 아펜젤러(H. G. Appenzeller) 부부, 의료선교사로 스크랜톤(M. F. Scranton) 부인, 그의 아들 스크랜톤(W. B. Scranton) 부부를 각각 선발하였다. 이들의 신분은 의사 또는 교사였지만 언더우드, 아펜젤러는 모두 목사안수를 받은 복음을 전파할 사역자들이었다. 여기에 미국 북장로교회의 헤론(J. W. Heron) 의사 부부도 합세하게 된다. 이들은 약 1개월간 태평양을 항해하면서, 미지의 한국이 하루 속히 복음의 문이 활짝 열려져 축복의 땅으로 변해 주기를 수없이 갑판 위에 올라가서 기도로 호소를 하였다. 드디어 1885년 2월 모두 일본 요코하마에 도착하여 녹스, 맥클래이, 루미스, 이수정의 환영을 받으면서 힘찬 발걸음으로 일본 땅 요코하마에 상륙을 하였다. 이들을 환영했던 이수정은 얼마나 기뻤을까.

평양에서 순교한 최초의 선교사 토마스(1866)

평북 의주 청년들을 개종시켰던 로스 선교사, 그는 1882년 중국 심양에서 누가복음, 요한복음을 번역 출간했다.

토마스 선교사가 다녔던 영국 하노바 회중교회

앞줄 5번은 이수정, 4번은 쯔다, 14번은 나지마, 13번은 우찌무라, 30번은 우에무라
1883년 일본 도쿄에서 열린 일본 기독교지도자들과 이수정

# 2부 한국에 입국한 선교사들

1. 의료선교사 입국
2. 언더우드 선교사 입국과 활동
3. 천민을 해방시킨 선교사들
4. 소외계층 선교
5. 외국인의 영원한 안식처 양화진

# 2부
# 한국에 입국한 선교사들

## 1. 의료선교사 입국

### 1) 알렌과 민영익

맥클래이 선교사의 뒤를 이어 한국에 도착한 선교사는 의사인 알렌이었다. 알렌은 1858년 4월 미국 오하이오 주 웨슬레안 대학 신학부를 거쳐 마이애미 의과대학에서 의학을 연구하고 박사학위까지 받을 정도로 머리가 명석한 의사였다. 1883년 박사학위를 받자 곧 메신저(F. A. Messenger)와 결혼하고 그해 10월 미국 북장로교회의 파송을 받고 중국 상해로 향하였다. 이미 상해는 영국 런던 선교회 소속 선교사들이 활동을 하고 있었다. 그런데 이상하게도 알렌 선교사는 1년여 동안 상해와 남경에서 의료선교에 임하였지만 이렇다 할 성공을 하지 못했다. 때마침 다른 지역으로 이동하려고 기도하고 있던 중 뜻하지 않게 미국 북장로교회 선교부로부터 한국 의료선교사로 파송을 받게 되었고, 중국 상해에서 1884년 9월 20일 제물포항에 도착함으로 한국의 두 번째 선교사가 되었으며, 미국 북장로교회로서는 한국 선교사의 선두 주자가 되었다.

알렌은 한국 선교사로 파송을 받을 때 주한 미국 공사관 공의(公醫) 자격으로 입국을 하였다. 알렌은 머지 않아 한국의 두터운 불신앙의 벽이 무너질 날이 올 것을 믿고, 그는 하루 속히 선교의 문이 활짝 열려지도록 뜨겁게 기도하였다. 그러던 어느 날 그가 부임한 지 얼마 안 된 12월 4일 갑신정변이 일어나던 날 밤, 우정국(郵政局) 개원식에 개화파와 수구파 간의 알력이 일어났다. 그리고 연회석상에서 뜻하지 않은 불상사가 일어나 당시 수구파의 실력자인 민영익이 심한 상처를 입고 생명이 경각에 놓이게 되는 일이 발생하였다. 이때 생명이 위험한 민영익을 누가 치료할 것인가에 대한 이야기가 어느새 전국 한의사들 귀에 들어가게 되었고, 용하다고 하는 한의원들은 서로 자신이 치료를 하겠다고 로비까지 하고 나섰다. 무료로 진료하겠다는 지원자의 수가 무려 600여 명이나 되었다.

심한 상처를 입은 민영익을 고종 황제의 고문인 독일인 몰렌돌프의 추천으로 모든 한의사를 제쳐 놓고 알렌이 치료하게 되었다. 한편 알렌은 보통 걱정이 아니었다. 만일 여기서 실패하는 날에는 한국의 선교가 영원히 끝날지도 모를 일이었기 때문이다. 때문에 알렌은 남달리 더 많은 기도를 하면서 민영익을 수술하게 되었다. 정성껏 치료한 결과 3개월이 지나자 신기하게도 그 깊은 상처가 아물기 시작하였다. 그의 정성어린 기도와 의술로 점점 회복이 빨라지자 그 다음해인 1885년 3월에 드디어 건강이 완전히 회복되었다. 그리고 정부로부터 1,000량의 사례금까지 받았다 하니 알렌의 역할이 얼마나 컸는가 잘 말해 주고 있다.

### 2) 광혜원과 알렌

하나님께서는 알렌을 통해서 민영익의 병을 완전히 고쳐 주셨다. 그의 의술 실력은 곧 정부 고관들의 입으로 전해지면서 고종 황제와 명성황후의 귀에까지 들어가게 되었다. 알렌은 이러한 찬스를 놓칠세라 미국 대리공사인 프트를 통해서 서양의술을 펼 수 있는 병원을 건립할 수 있도록 제의를 하게 되었다. 그 후 알렌은 궁중의 주치의가 되면서 궁궐을 자유롭게 드나들게 되었다. 알렌은 이러한 기회를 이용하여 비록 중국에서는 선교사로 실패를 하였지만 한국에서는 꼭 성공하겠다는 남다른 의지력을 갖고 준비에 임하였다. 그러던 중 정부로부터 고종 황제의 명으로 광혜원을 하사받게 되었다. 그동안 고관들만 치료를 하며 양심의 가책을 느꼈던 알렌은, 수많은 가난한 한국인들이 병을 앓아도 약 한 번 사용하지 못하고 죽어 가는 모습을 보면서 늘 안타깝게 여기던 차에, 정부에서 병원을 하사한다고 하니 그 이상 기쁜 일이 어디 있었겠는가?

갑신정변 때 개화파 인물로 보수파에 의해 타살당한 홍영식의 집을 수리하여 1885년 4월 10일 드디어 문을 열었다. 이 일은 한국 선교의 새로운 장이 열리는 순간이었다. 알렌의 보고서에 의하면 "1년에 약 300달러 상당의 약품이 소요되었으며, 경상비는 정부에서 담당할 것이며, 돈을 낼 수 없는 이들에게는 약과 치료는 무료로 하였다. 약 40개의 침대를 놓고 공간이 있으면 간이 침대라도 놓았다." 고종 황제는 후에 알렌이 선교사라는 사실을 알게 되었지만, 고종 황제와 명성 황후는 문제가 있을 때마다 그를 불러 자신들을 치료해 주도록 부탁하였으며, 황제는 "내게 원하는 것이 있으면 서슴지 말고 말하라."고 몇 번이고 다짐시켰다고 한다.

그가 병원을 개원한 지 얼마 안 되어 미국 감리교회의 스크렌톤, 장로교회의 헤론 의료선교사의 도움을 받으면서 1만여 명의 환자를 진료하였다. 이중에는 장티푸스, 천연두, 이질, 폐결핵, 매독, 한센병 등 악질성 환자가 대부분이었다. 그는 궁중의 관리를 비롯해서 가난한 사람, 천민에 이르기까지 다양한 계층의 병든 자를 치료하였다. 알렌 의료선교사의 기도로 이루어졌던 광혜원은, 국가가 설립했다 하여 오늘날 서울대학병원의 출발을 1885년으로 기록하고 있으며, 후에 제중원, 다시 세브란스 병원으로 개명되면서 연희대학교와 합병을 하게 됐다. 이 일로 연세대학교 세브란스 의과대학병원이라 부르면서 그 시작을 서울대학병원과 함께 사용하고 있다.

### 3) 부활절 오후에 도착한 선교사들

뱃고동 소리는 나가사키(長崎)의 아름다움을 더욱 아름답게 만들고 있었으며, 배는 어느덧 항구를 빠져나와 한국을 향해 전진해 가고 있었다. 1885년 4월 2일 한국의 남단 부산항에 첫 정박을 하였고, 선교사 일행들은 말로만 들었던 한국의 모습을 눈으로 볼 수 있는 기회를 가졌다. 아펜젤러 선교사는 부산에 잠시 정박하며 느낀 부산의 인상을 이렇게 남겼다. "집집마다 모두 지붕을 똑같이 짚으로 덮고 있으며, 담이 둘러싸여 있는데 집 모양이나 색깔이 땅과 흡사해서 처음에는 마을을 알아볼 수 없었고, 마을이 얼마나 큰지도 헤아릴 수 없었다." 잠시 부산에 들렀던 이들은 한국 선교가 얼마나 중요한가 몇 번이고 다짐하면서 그 다음날 다시 승선하였고, 최후의 목적지인 인천 제물포항으로 향했다. 아펜젤러는 그때 상황을 다음과 같이 말하고 있다. "춥고 비가 내리는 좋지 않은 날씨였습니다. 이러한 날씨가 여행 기간 동안 계속되었기 때문에 배는 느릿느릿 나갔습니다. 심한 배 멀미를 오랫동안 감당해야 했습니다."

이들은 선장의 안내를 받으면서 남해안을 거쳐 목포, 군산을 지나 드디어 4월 5일 부활절날 인천 제물포항에 도착했다. 이들은 선실 안에 들어가 부활절만은 밝은 태양을 바라볼 수 있기를 간절한 마음을 갖고 기도했지만, 여전히 비는 끝이지 않고 계속 내리고 있었다. "그렇지. 복음의 씨앗을 뿌리려면 땅이 촉촉해야지." 서로 이러한 말로 위로하였다. 한국의 선교가 순탄치 않음을 예시나 하듯이 비는 계속 내리고 있었으며, 이런 빗속에서도 파도와 싸워 제물포항을 향해 가는 미쯔비시 호는 오후 3시 제물포항에 도착하였다. 그러나 한국 땅에 첫발을 내디뎠던 아펜젤러 부부와 언더우드 선교사에게는 감격적인 순간이었다.

### 4) 죽음의 빗장을 헐고

한국 선교를 위해 그렇게 고대했던 시간이 현실로 다가오는 순간이었다. 아펜젤러는 제물포항에 도착 즉시 미국 선교본부에 다음과 같이 서신을 보냈다. "우리는 부활절에 이곳에 도착했습니다. 이날 죽음의 빗장을 산산이 부순 그분께서 이 사람들의 묶은 줄을 끊으시고 그들을 하나님의 자녀로서 빛과 자유를 누리도록 이끌어 주옵소서. 아멘." 참으로 훌륭한 서신이었다. 죽음의 권세의 줄을 끊고 하나님의 자녀가 될 수 있는 축복의 길이 열리는 순간이었다. 미국 교회는 이들을 한국에 보내 놓고 얼마나 많은 기도를 했을까. 그 기도의 힘으로 이들이 미지의 땅 한국 대륙을 힘있게 내딛게 되었다. 아펜젤러 일행들은 일본인들이 운영하는 다이부츠(大佛) 호텔에 짐을 내리고 여독을 풀었다. 그러나 아펜젤러 부부는 1884년 12월 4일에 일어났던 갑신정변과 같은 사건이 언제 일어날지 몰라 늘 불안한 상태였다.

이러한 불안한 현실에 아펜젤러 부부는 다시 4월 13일 일본 나가사키로 일시 돌아가야 하는 일이 생겼다. 그러나 언더우드는 독신이었기에 제물포항에서 이틀을 지낸 후, 주한 미국 대리공사 포크의 안내를 받으면서 첫 기독교 복음의 사도로서 서울에 입성하게 되었다. 언더우드는 이미 자리를 잡고 있던 알렌 의료선교사의 사역장인 광혜원에서 그를 도우면서 첫 사역을 시작하였다.

### 5) 재입국하는 아펜젤러 선교사 부부

교육에 종사할 언더우드와 아펜젤러 선교사 부부가 인천 제물포항에 도착을 하였지만, 아펜젤러 선교사 부부는 서울에 입성을 못하고 인천에 2주일을 머물다가 다시 일본 나가사키로 돌아가야 했다. 그러나 다행히 한국 정부가 점점 안정되자 선교사들은 속속 서울로 입국하였다. 1885년 5월 3일 미국 감리교회의 목사이며 의사인 스크렌톤(W. B. Scranton)이 입국하였다. 6월 26일에는 그렇게 한국에 와서 하루 빨리 선교하기를 바랐던 아펜젤러 부부와 스크렌톤의 모친 메리 스크렌톤(Mary Scranton) 선교사가 입국하게 되었다. 이때 이미 일본 요코하마에서 이수정으로부터 한국어를 연수받았던 미국 북장로교회 의료선교사 헤론(J. W. Heron)도 이들과 함께 한국에 도착하였다. 갑자기 이들이 한국에 도착함으로 한국에는 큰 경사가 일어났다. 그동안 미신과 우상만 섬기던 백성이 참하나님의 백성으로 변화될 수 있는 길이 서서히 열리게 된 것이다.

그 후 알렌은 1886년 3월부터 12명의 학생을 선발하여 5년 과정의 의학 훈련을 시켰다. 이때 언더우드 선교사는 대학에서 과학을 전공했었기에 선교의 목적이 교육인 만큼, 교육 선교사로서 자리를 잡을 수 있는 좋은 기회를 얻게 되었다. 그래서 알렌은 의학의 전문적인 기술을 가르쳤으며, 언더우드 선교사는 의학에 필요한 기초과학인 일반 과학과 화학을 가르치면서 광혜원은 더욱 힘을 얻게 되었다. 여기에 아펜젤러 선교사는 1885년 8월에 정동에 자리를 잡고 배재학당을 설립하였으며 영어교육을 하였고 한국으로는 처음으로 신 문화를 가르치는 학교를 열게 되었다. 광혜원에서 운영하는 의·과학을 공부하기 위해서 조선 청년들이 몰려들었다.

### 2. 언더우드 선교사 입국과 활동

#### 1) 언더우드와 예수학당

언더우드 선교사는 서울에 도착함으로 본격적으로 선교사역을 펼쳐 나갈 수 있었다. 우선 광혜원의 과학교사로서 활동을 하였다. 원래 그는 조선 정부에서 허락했던 대로 교육사업에 종사를 하였다. 알렌 원장은 혼자서 몰려오는 환자를 다 치료할 수 없어서 조선인을 모집하여 서양의학을 가르치고 있었다. 그가 광혜원에서 후진을 양성하고 있을 무렵 헤론 의료선교사 부부가 한양에 도착을 하고 정동에 자리를 잡게 되었다.

알렌에게는 헤론 선교사가 큰 힘이 되었고, 언더우드도 자신의 사업을 별도로 할 수 있는 기회가 오게 되었다. 그동안 언더우드는 틈나는 데로 한글을 열심히 공부하였다. 광혜원을 찾아오는 환자들은 매일 70~80명이 되었다. 사실 언더우드에게는 큰 일감이 되었지만 다행히 헤론 의사가 옴으로 그 일을 조금은 덜게 되었다.

아펜젤러가 배재학당을 열어 가르치는 모습을 지켜보았던 언더우드도 뒤질세라 교육 사업에 뛰어들었다. 한 해를 넘긴 1886년 1월 20일 본국으로 보낸 편지 중에 이런 내용이 담겨져 있었다. "정부에서 학교 사업을 허락해 줄 것 같으니 기도를 부탁합니다. 우선 길거리에 버려진 아이들을 모아 먹여 주고 입혀 주고 잠자리까지 마련하려고 할 때, 뜻하지 않게 1백 불이 미국에서 오게 되어 그 돈을 갖고 헌집을 수리하여 건물로 사용케 되었습니다." 이렇게 해서 언더우드 선교사가 1886년 문을 연 학교가 바로 예수학당이었다. 언더우드는 길거리에 버려진 아이들을 중심해서 학교를 운영하였다. "헤론 선교사 부인, 제가 하는 일에 와서 도와주시기 바랍니다. 예수님은 가난한 갈릴리 지방에서 사역을 하였는데, 바로 이 일이 예수의 정신을 닮아 가는 일이기에 학교 이름을 예수학당이라 하였습니다."

정동에는 배재학당을 비롯해서 예수학당, 이화학당이 자리를 잡게 되었다. 그 후 얼마 있지 않아 엘러스 여선교사에 의해 정동여학당(현재 정신여자중·고등학교)을 설립하면서 조선 근대화에 이바지할 일꾼들을 양성할 수 있게 되었다.

예수학당으로 출발했던 학교는 비록 길거리에 버려진 아이들이었지만, 언더우드는 이들을 하나님이 보내 주신 천사로 알고 그들을 먹여 주고 재워 주고 한글도 가르쳐 주었다. 그리고 이것보다 더 중요한 일은 예수님의 사랑에 대해서 가르쳐 주는 것이었다.

### 2) 예수학당과 번개비

예수학당은 남자 거지들로 시작했지만 언더우드의 세심한 관심과 기도로 아이들의 의식구조는 달라져 가고 있었다. 학당장으로 재직하고 있던 언더우드는 어느새 조선에 나온 지 여러 해가 되었으며, 비록 거지들로 구성되었지만 혹시라도 자신만의 독점사업으로 다른 선교사들이 오해할까봐 몇 사람의 선교사에게 학당장을 맡기기도 하였다. 1891년 마펫(S. A. Moffett, 이하 한국명 마포삼열로 표기) 선교사가 미국 북장로교회 선교사로 임명을 받고 서울에 도착하게 되었다. 이때 언더우드는 마포삼열 선교사가 한글도 익힐 겸 해서 학당장을 임시로 맡기고 새문안교회에 열중을 하는 한편, 서울을 비롯해서 경기도 양주군, 양평군, 김포군, 시흥군 지방을 다니면서 교회를 설립하는 등 많은 일을 감당했다.

얼마 후 밀러(이하 한국명 민노아로 표기) 선교사가 서울에 오게 되었다. 이때 마포삼열 선교사는 성공적으로 사역에 임하고 있는 언더우드 선교사에게 서울 및 경기 지방을 맡기고, 자신은 추운 평양을 개척해야 한다면서 떠나게 되었다. 이러한 관계로 잠시 민노아 선교사가 예수학당장을 맡아 수고를 하였다. 이 시기에 민노아 선교사가 학당장으로 있었기에 예수학당을 민노아학당으로 이름을 바꾸어 부른 일들도 있었다. 민노아 선교사도 언더우드의 건학이념을 갖고 학교운영을 해 오다가, 1904년 청주 지방 선교부 개설을 위해서 그 자리를 다시 언더우드에게 맡기고 떠나게 되었다.

언더우드가 서울에 도착했을 때 서울 인구는 약 14만 명에 지나지 않았다. 성문 밖에 살고 있는 인구는 12만 명이었다. 궁궐과 양반 집을 제외하고는 거의가 초가집들뿐이었으며, 여름철만 되면 한양 거리는 걸어 다닐 수가 없었다. 여기저기 산더미처럼 쓰레기가 놓여 있고, 풍기는 악취와 인분 냄새는 코를 찔렀다. 여기에 파리 떼들은 어찌 그리 많은지 빈대, 벼룩, 모기는 떼를 지어 다니면서 사정없이 공격을 가했다. 이러한 환경에서 자란 아이들을 새로운 의식구조로 바꾸어 간다는 것은 보통 힘든 일이 아니었다. 그러나 이 일을 예수학당의 몫으로 알고 부지런히 아이들을 모아 교육을 시켰다.

　이미 앞에서 소개했던 대로 언더우드는 총각으로 서울에 와서 예수학당을 설립하여 운영하고 있었다. 이때 처녀로 파송을 받고 한국에 온 홀톤(L. S. Horton)이라는 선교사가 있었는데 의사이면서 간호사였다. 홀톤 선교사는 언더우드의 하는 일을 곁에서 지켜보고 그 일을 혼자 한다는 것은 무리라고 생각하였다. 그래서 자신이 이 일에 힘을 더해 주면 더없이 좋을 것 같아 둘은 결혼 예식을 올리고 부부가 되어 예수학당을 운영해 나갔다. 홀튼은 1890년 9월 1일에 미국에 있는 피어슨 박사에게 이런 내용의 서신을 보낸 일이 있었다. "고아원에는 25명 가량의 소년들이 있으며, 그들은 자기 방의 청소 및 관리와 자기가 먹을 음식준비를 하면서 학교를 운영하는 데 필요한 여러 가지 일을 합니다. 그들은 새벽 3시 반에 일어나 몸차림과 방을 정리하고 청소를 한 다음 8시까지 한문 공부를 합니다. 이때 한 외국 사람(기일 목사)이 와서 아침 기도회를 인도합니다. 기도회(아침 예배)가 끝나면 아침 식사를 합니다. 다음으로 영어 공부(현지에서 오랜 경험을 가진 선교사들이 많이 가르치는 것을 반대했기 때문에, 우리는 영어를 극히 간단하게 가르치기로 하였습니다.)를 합니다. 이어서 성경공부를 계속합니다. 이러한 교실 과업은 짧은 휴식을 가지면서 계속하고 오후에는 오락과 복습, 그리고 한국 사람들을 교육시키는 데 가장 필요한 공부를 합니다. 그리고 한국 사람들을 교육시키는 데 필요한 한문을 공부합니다. 선교본부에서 이 학교에 대한 경비를 대폭 삭감함으로 유지하기가 어렵게 되었습니다."

　이러한 서신을 보냈던 언더우드 부인은 한양 고아들의 어머니였으며, 그녀의 보살핌이 아니었던들 예수학당이 한양에 뿌리를 내리지 못했을 것이다. 그녀는 매일같이 눈물을 흘리면서 25명의 식사를 걱정을 하면서 기도를 하였다. 성령의 역사는 이러한 가운데서 일어나고 있었다. 알지도 못하는 사람이 새벽에 예수학당 문 앞에 쌀을 한 가마니나 놓고 가는 일들이 한두 번이 아니었다. 언더우드 부인의 눈물의 쌀을 먹고 자란 25명의 고아들은, 밥만 축내는 그러한 아이들이 아니었다. 그런데 이 아이들 틈바구니에 끼어서 자란 아이 중 유별난 아이가 하나 있었다. 예수학당에서는 '번개비'로 소문난 아이였는데, 바로 그 아이가 한국 근대사에 영원한 업적을 남긴 우사 김규식 박사이다. '번개비'란 이름은 동작이 민첩하다는 데서 연유된 것 같다. 언더우드는 중한 병에 걸려 길거리에서 방황하고 있는 김규식을 그냥 지나칠 수 없어서 그를 광혜원에 입원시켰고, 병은 곧 완치되었다. 그는 갈 만한 곳이 없었다. 할 수 없이 언더우드는 예수학당에 입학을 시키고 다른 고아들과 함께 교육을 시켰다.

  김규식의 부친은 강원도 홍천 출신으로 경상도 동래부의 고급 관리로 근무하고 있다. 특별히 외무부 관계의 전문가였기에 일본과 왕래가 자주 있었고, 여기에 러시아와도 자주 왕래하였다. 요즘 흔한 말로 일본통과 러시아통으로 알려졌지만, 한국이 외국과의 외교 관계에 있어 너무 저자세로 일을 처리하는 것을 못마땅하게 여겨 정부에 항소문을 올리게 되었다. 이것이 화근이 되어 결국 그 좋은 직장에서 퇴출되고 마지막에는 유배까지 당하는 극형에 처하게 되었다. 어린 김규식이 6살 때 어머니 마저 화병에 세상을 떠나게 되자 더 이상 그를 돌보아 줄 사람이 없었다. 어떻게 해서 한양 서대문 밖 애오개(현 아현동)에 산다는 숙부 집을 찾아가 보았지만, 그가 거처할 만한 곳이 없었다. 이러한 관계로 김규식은 길거리에서 방황하는 거지가 되었고, 우연히 언더우드를 만나 그가 운영하는 예수학당에 입학을 하게 된 것이다. 명문 가정에서 자란 김규식은 하루아침에 거지가 되었지만, 언더우드를 만나 예수학당에서 궂은 일은 도맡아 하면서 눈에 띄는 아이가 되었다. 김규식은 여섯 살이었으나 언더우드 부인이 보기에는 하도 못 먹고 자라서 네 살밖에 되지 않은 어린아이로 보였다. 김규식은 다른 아이와 비교해서 영어도 잘 익혔고 이미 말한 대로 번개비 같아서 눈치도 빠르고, 언더우드 선교사가 일을 시키기 전에 모든 일을 착착 해 놓았으니 언더우드도 인간인지라 자연히 그를 더욱 사랑하게 되었다.

그러던 어느 날 언더우드 부인은 아무리 찾아도 김규식을 찾을 수가 없었다. 이 일을 들은 동료 선교사들도 깜짝 놀라 온 장안을 찾아 다녔지만 김규식을 찾을 수가 없었다. 1890년 9세밖에 되지 않았던 김규식은 아버지가 너무 보고 싶어 무작정 강원도 홍천을 걸어서 찾아간 것이었다. 그는 홍천에 살고 계실 거라는 막연한 생각만 가지고 집을 찾아 나섰으나 아무리 찾아보아도 모두들 모른다고 할 뿐이었다. 김규식은 할 수 없이 홍천을 뒤로하고 눈물을 흘리며 다시 서울에 있는 예수학당으로 발걸음을 옮기었다. 발걸음을 뗄 때마다 마음은 무거웠지만, 언더우드 선교사에게 들은 성경 말씀을 생각하면서 몇 날을 부지런히 걸어 새 소망과 용기를 품고 예수학당에 돌아왔다. 이렇게 해서 김규식은 제 자리로 돌아오게 되었다.

한편 언더우드 부인은 임신과 함께 안식년을 맞이하게 되었다. 본국으로 돌아가 아이를 해산해야 한다는 주위 선교사들의 권유로, 1891년 여름에 학당장을 마포삼열 선교사에게 맡기고 한국을 잠시 떠나게 됐다. 마포삼열 선교사도 새로운 선교지를 개척해야 한다면서 민노아 선교사에게 학당장을 맡기고 평양으로 떠났다. 미국에 갔던 언더우드 부인은 H. H. 언더우드(이하 한국명 원한경으로 표시)를 낳았다. 언더우드 선교사는 한국을 생각할 때마다 '번개비'가 생각나 그를 미국에 유학시키려고 준비하고 있었다. 이미 김규식의 영어는 그 누구도 따라 올 수 없을 정도로 잘 구사하고 있었다. 그래서 서재필 박사가 운영하는 영어 신문사에 취직을 하고 있다가, 언더우드 선교사가 마련해 준 대학으로 유학 길에 오르게 되었다. 1897년 미국 버지니아 주에 있는 로녹 대학에 입학을 하고 6년간 줄곧 평균 92점의 성적을 얻었다고 하니, 그가 얼마나 영어에 능통했는가를 잘 입증해 주는 대목이기도 하다.

우수한 성적으로 졸업한 김규식은 언더우드의 은혜를 잊을 수가 없어서 미국에서 1년간 아르바이트를 해서 여비를 마련해 1904년 귀국을 하였다. 그가 귀국하여 언더우드의 선교부 사무실에서 일하는 동안 한국의 정치적 변화는 말로 다 할 수 없었다. 러일전쟁, 일제의 일방적인 을사보호조약, 1910년 한일합병 등 굴욕적인 일들이 수도 없이 전개되었다. 이 어려운 난세 속에서도 김규식은 조금도 낙심하지 않고 경신학당(전 예수학당)에 가서 10년간 서양사 교사, 학감을 역임하면서 민족주의자들의 양성에 크게 공헌을 하게 되었다. 그 외에 기독청년회의 간사, 외국인들의 통역 등으로 일을 하였으며, 자신을 오늘까지 있게 해 주었던 새문안교회를 잊을 수가 없어서 새문안교회를 출석하면서 언더우드 목사와 협력하였으며, 후에 이 교회의 장로로 임직을 받았다.

### 3) 예수학당 출신들과 민족운동

본국에서 독립운동이나 민족운동을 하는 것이 위험한 일이라서 김규식은 1913년 스스로 조국을 등지고 중국으로 망명을 하게 됐다.

1918년 제1차 세계대전이 끝나자 미국 윌슨 대통령은 민족자결의 원칙에 의해 민족단위로 독립을 해야 한다고 연설하였다. 그의 연설을 들은 김규식은 파리에서 모이는 국제강화회의에 대표로 가서, 일본의 악랄한 무단정치를 비판하며 그의 영어 실력을 최대한으로 발휘하였다. 원래 미국에서 독립협회를 창설하고 활동하고 있던 이승만 박사가 이 모임에 참가하려고 하였지만 미국의 제지로 그 뜻을 이루지 못했다. 그러나 김규식은 그 뜻을 이루고 세계의 한복판에 서서 망명 정부의 각료로서 최선을 다했으니, 김규식을 키운 언더우드의 자랑이 되었다.

예수학당 출신들은 거의가 언더우드의 사상적 정신을 이어받아 교계와 민족운동에 헌신적인 역할을 했던 인사들로, 김규식 박사 외에도 많이 있었다. 그 중에 빼놓을 수 없는 분이 바로 안창호이다. 안창호는 1878년 11월 9일 평안남도 대동군을 끼고 있는 대동강 하류 연안 강서에서 출생하였다. 일곱 살 때 아버지를 잃고 할아버지 밑에서 성장하였다. 그는 그 멀고 먼 평안남도 대동에서 신 문화를 접해야 한다며 상경하여 예수학당에 입학을 하였다. 그는 서당에서 한자를 모두 배웠기에 다른 학생에 비교해서 머리가 영특했고, 보통반과 특별반을 거치면서 기독교 문화를 알게 된 후 애국심으로 나라를 구하겠다는 것을 스스로 결심하였다.

그는 서울에서 기거하면서 1897년 독립협회에 가입하여 관서지부를 조직하고, 그 다음 해는 만민공동회에 가입을 하였다. 그는 여러 회중들이 모여 있는 자리에서 열변을 토하는 웅변을 하였는데, 그 열변에 모두들 입을 벌리고 말았다. 1902년 11월 4일 부인과 함께 교육학을 연구하기 위해서 도미하여 미국에 있는 한인을 중심해서 한인친목회, 한인공립협회 등을 조직하였다. 그가 미국에 있는 동안에 국내 정세는 수시로 변화하였다. 이를 지켜보던 안창호는 이러다 얼마 있지 않아 일본의 식민지가 될 확률이 많다고 생각하고, 1907년 2월 곧 귀국하여 비밀 결사대를 조직하였다. 그 조직이 바로 신민회였다.

안창호는 관서 지방에도 예수학당 못지 않게 훌륭한 학당을 설립해야 한다면서, 기독교 정신으로 평양에 대성학당을 세워 젊은 청소년을 모아 민족교육을 중시하면서 기독교를 접목시키게 하였다.

여기에 영향을 받았던 이승훈 장로도 이상촌 건립을 포기하고 평안북도 정주에 오산학당과 오산교회를 설립하고, 민족운동의 요람지와 함께 교계지도자를 양성하는 데 힘을 기울였다. 안창호는 1913년 다시 도미하여 미국에 있는 한인을 중심으로 흥사단을 조직하고, 이 운동을 국내까지 확대하였다. 1919년 4월 5일 상해 임시정부를 조직하고 내무총장 겸 국무총리를 지냈고, 여기에 독립운동가를 양성해야 한다는 뜻을 가지고 1925년 중국 남경에 동명학원을 설립하였다. 1932년 4월 29일 윤봉길 의사의 거사 직후 일본 고등계 형사에게 체포되어 조선으로 호송되었으며, 아무 죄도 없는 데도 일본 치안유지법을 어겼다고 하여 4년 형을 받고 대전형무소에 수감되었다.

형기를 마치고 출감했지만 다시 동우회사건으로 재투옥되었다. 안창호는 위장병 악화로 병보석으로 출감하여 서울대병원에서 치료를 받다가 1938년 3월 10일 생을 마감하게 된다.

그의 그리스도의 사랑을 민족의 사랑으로 승화시킬 수 있도록 사상을 불어넣어 주었던 분이 바로 언더우드 선교사였다.

한편 민족 독립운동의 주도적인 역할을 했던 예수학당 출신이 있다. 그 중 한 사람은 3·1운동의 33인 중 한 사람이었던 이갑성과, 3월 1일 파고다 공원에서 독립선언서를 낭독했던 정재용 전도사이다. 이갑성은 1889년 10월 23일 경북 대구 수송동에서 7남매 중 다섯째로 출생하였다. 부모님의 교육열 때문에 마을에서 운영하는 한문서당에서 5년간 한학을 배웠다. 그러던 어느 날 우연히 부해리(H. M. Bruen) 선교사의 전도를 받고 예수님을 믿게 되었다. 그의 안내를 받으면서 남문정교회에서 세례를 받고, 부해리 선교사의 도움으로 상경하게 되었다. 당시 부모님은 철저한 유교주의자였기에 기독교는 말도 꺼낼 수 없는 형편이었다.

이러한 관계로 대구에 있는 계성학교에 진학할 수가 없었다. 이갑성은 부해리 선교사의 추천을 받아 단신 도보로 상경하였는데, 이것으로 보아 그의 의지가 어떠했는가를 한마디로 잘 입증해 주고 있다. 그는 서울 종로 연건동에 있는 경신학당(전 예수학당)에 입학을 하고, 연동교회에서 운영하는 전도사랑방에서 숙식을 하면서 주간지「그리스도신문」을 배달하였다. 그 후 밀의두(E. H. Miller) 선교사 집으로 거처를 옮긴 후 밀의두의 조선어 교사 겸 사환으로 일하면서 경신학당을 다녔다. 이때 교장이 밀의두 선교사였기 때문에 등록금은 걱정이 없었다. 한일합방이 되던 해에 경신학당을 졸업하고 곧 세브란스 의학전문학교 약학과에 입학하여 3년간 약학에 대해서 공부를 마치고 졸업을 할 무렵, 주임 교수의 추천을 받아 세브란스 병원 제약과 주임으로 선임되어 일하게 되었고 남대문교회에 출석을 하였다. 때마침 오산학당 이사장 이승훈 장로가 3·1운동에 대해서 논의를 하자 자진해서 이 일을 돕겠다고 나섰다.

이갑성은 고향 대구에 내려가서 남성정교회 이만집 목사를 만나 서울에서 준비하고 있는 3·1운동에 대해서 자세하게 이야기를 하고 책임을 맡도록 하였으며, 호남 지방에는 군산영명학교를 졸업하고 세브란스 의학전문학교에 재학중인 김병수를 연락 책임자로 임명을 하고 비밀리 준비하게 하였다. 그리고 비밀리에 태극기와 독립선언서를 대구와 군산 지방으로 보내기도 하였으며, 지방 책임자로서 이 일을 기도하면서 준비를 하고 있었다. 3·1운동을 성공적으로 치룬 이갑성은 다른 33인과 함께 자진 출두해서, 당당하게 '독립선언서'를 조선경무통감부에 전달하고 그 자리에서 구속되었다. 일본 경찰과 헌병들은 지방으로 확산되는 이 운동에 겁을 먹고, 이갑성 등 33인을 모두 체포하여 마포형무소와 경성형무소에 수감을 하고 모두 2년 6개월을 선고하고 옥살이를 시켰다.

출감 후에도 그의 의지는 아무도 꺾지를 못했다. 그래서 1927년 이상재, 윤치호, 유억겸 등과 함께 흥업구락부를 조직하고, 미국에 있는 이승만과 독립자금을 모금하다가 결국 발각 되어 또 2년간의 옥살이를 하였다. 그 후 이갑성은 계속해서 일본 고등계 형사들의 감시를 받았지만 조금도 굴하지 않고 독립군 군자금 모금에 열심히 뛰어다녔고, 형무소를 자신의 안방처럼 다녔다 하니 그의 애민정신이 얼마나 컸는가를 알 수 있다. 이러한 일이 우연히 이루어진 것은 아니었다. 경신학당에서 배웠던 기독교 사상에서 터득한 것이며, 세브란스 의학전문학교에서도 같은 진리를 반복하면서 배웠으니, 언더우드가 세웠던 경신학당이 얼마나 민족운동에 앞장선 인물을 많이 배출했는가를 단적으로 잘 입증해 주고 있다.

어디 이것뿐이겠는가. 1919년 3월 1일 오후 2시에 종로 2가에 있는 파고다 공원에는 수많은 인파들이 모여들고 있었다. 경신학당, 배재학당, 정신여학당, 이화학당, 배화학당 학생들은 아예 학교 가는 일을 포기하고 파고다 공원으로 향하였다. 가방 속에는 태극기와 독립선언서를 가득 담아 들고 다녔다. 파고다 공원에는 청중들이 쉴새 없이 입장하고

있었다. 모두들 33인 민족대표들이 나타나 독립선언서를 낭독할 줄 알
았지만, 그들은 태화관에 모여 스스로 조선경무통감부에 알리고 자진해
서 체포해 주기를 바랐다. 양심도 없는 일본 경찰들은 국제정세를 외면
한 채 이들을 모두 체포하였다.

그러나 파고다 공원은 여전히 사람들이 웅성이고 있었다. 이때 황해
도 해주읍 남본정교회 정재용 전도사가 주머니에서 독립선언서를 꺼내
들었다. 그리고 파고다 단상에 올라가 목이 터져라고 '독립선언서'를 읽
어 내려갔다. 이날 독립선언서를 낭독했던 정재용 전도사도 예수학당
출신이었다. 참으로 예수학당은 주님이 함께하는 학교임을 이러한 데서
잘 입증해 주고 있다. 이외에도 목회자, 독립운동가, 교육가, 청년운동
가, 음악가 등 많은 인재를 배출하였다.

### 4) 연희전문학교와 언더우드

연희전문학교는 언더우드가 설립했던 경신학당 대학부로부터 출발하
게 된다. 경신학당은 그동안 많은 인재를 양성하였다. 경신학당 졸업생
들은 자신의 고향에 돌아가서 교회 지도자로 봉사를 하였으며, 학교에
가면 학교 교사로 봉사를 하였다. 결국은 이들을 통해서 민족의 독립이
얼마나 중요한가를 이 민족이 깨닫게 되었다. 언더우드는 경신학당으로
만족하지 않고 서울에도 숭실전문학교에 버금가는 학교를 세우겠다는
계획을 갖고, 1915년 종로 2가에 있는 서울 YMCA 방 한 칸을 빌려서
경신학당 대학부를 설립하고 문을 열었다. 연세대학교 100년사를 살펴
보면 이런 글이 있다. "처음부터 연희가 종합대학교를 설립하려고 기도
한 것은, 교회뿐만 아니라 전 민족에게 필요한 인물을 기르기 위함이었
다. 따라서 연희 교육은 설립 당시부터 교육의 목적과 방침을 민족과 교
회에 봉사할 수 있는 지도자 양성에 치중하였다. 그리하여 그리스도의
품격을 학생들에게 배양시켜 지력과 덕력을 개발하며 체력을 발육시키
는 데 두었다."

이러한 목적을 갖고 출발한 연희전문학교는 선교사들의 힘을 하나로 묶기 위해 언더우드를 중심해서 에비슨, 베커, 밀러 등이 참여하였다. 이렇게 서울에 주재하고 있던 선교사들이 절대적으로 지지를 하였다. 그런데 당시 교세는 서북세가 너무나 강하였기에 자연히 선교사들도 서북 지방에 많이 몰려 있었다. 이들은 조선을 자신의 제2의 고국으로 알고 조선에 몸을 묻기로 하였기에, 자연히 자신의 선교구역에 학교 설립을 주장하였으며, 서울은 세브란스 의학전문학교 하나로 족하다고 생각하고 있었다.

이 일로 언더우드는 많은 스트레스를 받았다. 언더우드는 하나님께 더욱 기도로 매달리며 서울 주재 각 교파에서 활동하고 있는 선교사들의 도움을 요청하기에 이르렀다. 언더우드는 연희전문학교를 설립하기 위해서 1912년 모금 차 본국으로 달려갔다. 몸이 많이 쇠약해 있었지만 직접 미국 북장로교회 해외선교부를 방문하여 대학 설립에 대해서 자세하게 설명을 하였다. 옆에서 듣고 있던 언더우드 선교사의 형인 언더우드 장로는 그 이야기를 듣고 모른 척 할 수가 없었다. "동생, 참으로 훌륭하다. 대학을 설립해서 인재를 양성해야 해! 내가 곧바로 친구들과 교인들에게 말을 해서 얼마 정도의 기금을 마련할 테니 걱정말고 있어. 동생, 여기 52,000달러를 모금해 가지고 왔으니 우선 이 기부금으로 필요한 데 사용해." 언더우드는 눈물겹도록 감사했다. 몇 번이고 형님에게 고맙다고 인사를 하고 그 길로 조선으로 돌아왔다. 태평양을 횡단하는 선상에서 조선 땅을 바라보면서 몇 번이고 무릎을 꿇고 기도를 했는지 말할 수 없다고 한다.

어느새 인천 제물포항에 도착을 하였다. 그리고 쉬는 것도 잊은 채 각 교파의 선교사를 찾아 나섰다. 가는 곳마다 52,000달러의 두툼한 주머니가 그렇게 큰 힘이 될 수가 없었다. 그리고 자신 있게 실행할 수 있는 힘이 되었다.

언더우드는 미국 남·북감리교회 서울 주재 선교사들이 머물고 있는 정동과 사직동을 찾아가 설명을 하였는데 의외로 반응이 좋았다. 또 캐나다 장로교회 선교부에서도 모두들 적극적으로 동의하고 나섰다. 그래서 연희전문학교를 서울에 세우기로 하고, 영어 명칭은 '조선기독교대학'(Chosen Christian College)으로 정하였다. 1915년 3월 5일 경신학당 대학부로 문을 열고 학생수는 60명, 교직원은 18명으로 새 학기에 맞추어서 4월 초에 강의를 시작하였다. 물론 교장은 설립자인 언더우드 선교사였으며, 부교장은 에비슨이 취임하였다.

그러나 여기까지 이끌고 온 언더우드의 몸은 극도로 쇠약해졌다. 예수학당은 길거리에 버려진 아이들을 모아 설립했기에 그렇게 힘이 들지 않았는데, 연희전문학교는 참여하는 선교부도 많고 서북 지방에 있는 선교사들은 달갑게 여기지 않았기에 더 많은 신경이 쓰였다. 여기에 조선총독부 학무국에서도 달갑게 여기지 않았다. 이러한 일 때문에 밤을 설치는 일들이 하루 이틀이 아니었다. 이러한 일들로 인해 몸이 극도로 약해질 수밖에 없었다. "언더우드 박사님, 건강에 이상이 왔습니다. 여기에 있으면 학교문제 때문에 쉴 수가 없으니, 본국으로 돌아가서 치료를 받고 건강해지면 다시 오시는 것이 좋겠습니다." 이러한 이야기를 들었으나 언더우드는 진찰을 받으면서 비서를 통해서 미국으로부터 오는 통신을 직접 받아 지시를 하고 있었다. 이 무렵 LA에 거주하는 C. 스팀슨으로부터 25,000달러의 기부금을 보내겠다는 소식이 있었다. 미국에서는 각 기독교 언론 기관이나 주간 기독교잡지에, 언더우드를 중심해서 교파연합으로 연희전문학교를 설립한다는 소식이 여기저기 소개되고 있었다. 이때 미국 북장로교회의 실력자로 알려져 있는 언더우드 장로의 힘은 참으로 컸다. 동생이 대학을 설립한다니 그 이상 기쁜 일이 어디 있단 말인가.

한편 언더우드는 땅을 어느 쪽으로 택하여 매입하는 것이 좋을까 생각하니 보통 걱정이 아니었다. 생각 끝에 경의선이 개통된 지 이미 오래였고 기차로도 통학할 수 있으며, 전차로 서대문에서 마포 쪽으로 가는 교통편이 있어 거기서 내려 애오개(현 아현동) 고개 하나만 넘어도 될 것 같아 현재 서대문구 신촌동 134번지 대지 위에 19만 평의 대지를 구입하려 하였다. 그러나 장소를 혼자서 결정했던 것이 아니라 각 선교부에서 파송한 여러 위원들과 의논을 하고 현장을 몇 번이고 방문을 하였다.

언더우드는 이 땅을 매입하기로 결정만 해 놓고 의사의 강력한 권유로 1916년 4월 건강 회복을 위해서 강제로 떠밀려 미국으로 가게 되었다. 그가 한국에서 활동한 지 31년 만의 일이었다. 미국에 무사히 도착한 후 유명하다는 병원을 찾아다니면서 진료를 받았지만, 병세가 너무 악화되어 1916년 10월 12일 하나님의 부르심을 받았다. 언더우드의 장례식은 라피엘 장로교회 목사의 집례로 진행되었다. 그는 장례식 예배 시 즐겨 사용하는 요한계시록 21 : 3~7의 말씀을 읽어 내려갔다. 언더우드를 마지막 보내는 모든 조문객들은 이 본문에서 은혜를 받았다. 집례하는 목사는 이렇게 말했다. "그는 그동안 한국을 자신의 고향으로 알고 살아왔으며, 비록 얼굴 색깔만 달랐지 그의 마음이나 생각은 한국 사람이었다. 그는 한국 땅에 돌아가기를 원했다. 아직도 할 일이 많아 병을 고치면 다시 한국에 돌아가서 일하려고 왔지만, 끝내 의사들은 그의 병을 못 고치고 하나님께 맡기고 말았다. 언더우드를 잃어버린 한국의 형제들은 얼마나 마음이 슬프겠는가. 그러나 우리가 다 하나님의 순리대로 사는 하나님의 백성이기에 그도 하나님의 말씀에 순종하고 한국인 곁을 떠나게 되었다."

그러나 그의 죽음은 한 알의 밀알이 되었다. 이 이상 성경적인 인간이 또 있단 말인가. 참으로 언더우드 선교사는 위대한 사람임에 틀림이 없다. 당시 평양 지방에서 활동하던 배위량(W. M. Baird) 선교사는 언더우드의 사망 소식을 듣고 그의 위대한 삶에 다시 한번 놀랐다고 친구 동료들에게 전하고 있었다. "어디를 가든지 언더우드 선교사의 죽음을 슬퍼하는 사람들을 볼 수 있습니다. 언더우드 선교사가 조선 사람들의 가슴 속에 어떤 위치를 차지하고 있었는가를 알고 보니 놀랐습니다. 심지어 하나님을 믿지 않는 사람들까지 그에 대해서 그리고 조선에 대한 그의 사랑에 대해서 알고 있는 것 같습니다."

그가 비록 본국 미국에서 생을 마감하였지만 생을 마감하는 순간까지 한국인들을 잊을 수 없었다. 결국 그의 유언대로 1999년 5월 20일 언더우드 유해가 양화진에 안치됨으로 언더우드 가족들이 한자리에 자리를 잡게 됐다. 양화진에 첫 자리를 잡기는 1949년 3월 17일 좌익들에 의해 원한경 박사의 부인이 사망을 하자 그곳에 안장하면서부터였다. 원한경 박사는 경신학당 출신인 김규식 박사와 절친한 친구였다. 그는 1915년 경신학당 대학부가 설립될 때 잠시 영어교수로 학생을 가르쳤다. 1917년에는 연희전문학교 교수로 정식 취임을 하였으며, 1928년 부교장, 1932년 교장서리 등의 과정을 지내면서 한국에서는 명실상부한 유일한 교육기관으로 발전시켜 나갔다.

일제는 1941년 12월 8일 미국의 진주만을 습격한 그 다음 해인 5월에 원한경 박사를 강제로 퇴거시키고, 연희전문학교를 일제가 적산 가옥이라 접수한 후 경성공업전문학교로 개명하고 초대 교장에 일본인 다카하시를 임명하였다. 일제의 패망 이후 연희전문학교는 1945년 11월 6일 재건되었고, 교장에 유억겸이 취임하였다. 원한경 박사는 일제가 패망하자 1945년 10월 미국 육군성 통역관으로 내한하여 학교 발전에 힘을 쏟다가 부인이 먼저 생을 마감하게 됐다.

그 후 6·25 전쟁 그 다음 해인 1951년 2월 20일 원한경 박사가 과로로 인하여 생을 마감한 안타까운 일이 항도 부산에서 일어나고 말았다. 서울이 수복되자 그의 시신을 부인이 안장되어 있는 양화진으로 이장하였다. 그의 아들 원일한 장로는 서울에서 태어났지만 교육은 본국에서 받고 1939년 연희전문학교 교수로 취임하였다. 원한경의 둘째 아들인 원요한(J. Underwood) 역시 서울에서 출생하였지만 귀국하여 미국에서 신학교육을 받고 목사안수를 받은 후, 1946년 6월 내한하여 청주선교부에서 활동을 하였다.

원한경 박사 부인의 죽음에 연희대학 학생들과 교수들이 정성어린 장례식을 치루어 주고, 조문객이 신촌에서 양화진까지 늘어서 그 뒤를 이었다니 그의 생애가 얼마나 값진 것이었는지 잘 알 수 있다. 그러나 양화진에 자신의 처를 안장시킨 후에도 자신의 부인을 살해했던 좌익 학생들을 미워하지 않고, 용서하면서 가르쳤던 원한경 박사야말로 살아 있는 그리스도인이었다고 말하고 있다.

원요한은 미국 남장로교회 선교회에서 설립한 호남신학대학교에 1966년 부부가 교수로 재직을 하였다. 두 부부는 호남 지방 교역자 양성에 지대한 공헌을 하였지만 선교사 법에 의해 65세로 정년 퇴임한 후 귀국하였다. 그러나 그의 형 원일한 박사 부부는 귀국을 포기하고, 연세대학교에서 교수로, 이사로, 감사로 봉사하다가 2004년 1월 29일 82세의 나이로 생을 마감하고 그의 시신은 언더우드 박사 곁에 안장하였다.

### 5) 언더우드와 새문안교회

언더우드 선교사는 1887년 9월 27일(화요일) 저녁 자택에서 한국 최초의 정동장로교회를 탄생시켰다. 그동안은 선교사들이 중심이 된 영어 예배였지만, 이제부터는 한국인을 상대로 한 예배를 드디어 시작하게 된 것이다. 이날 밤 14명이 참석한 가운데 드려진 예배에 한국인들은 얼마나 기뻤을까! 서울 장안 한복판에서 그것도 한국인 손으로 지어진 한옥에서 모임을 가졌으니 말이다. 이날 예배에는 만주에서 조선 선교를 위해 헌신을 다해 오던 로스 선교사와 그의 조사였던 서상륜까지 참석하니 역사적인 정동장로교회가 탄생하는 순간이었다. 당시 로스 선교사는 한국 땅에, 그것도 조선의 수도 정동 한복판에 교회가 설립되었다는 사실을 자신이 직접 확인했기 때문에, 그는 「세계선교」 잡지에 다음과 같은 글을 발표하였다. "신약성경 일로 배를 타고 서울에 갔다. 배편은 유일한 교통수단이었고 아주 편하였다. 도착한 날 저녁은 내게 특별한 관심을 불러일으킨 저녁이었다. 나를 안내한 언더우드 선교사는 그날 저녁에 작은 무리로 장로교회를 조직하기 위해 자신의 작은 예배당에 가야 한다고 알려 주었다. 그의 친절한 안내를 기꺼이 받아들여 나는 그와 그의 예수학당 학생들과 동행하였다. 이미 어두움은 도시 전체를 뒤덮고 있었다. 넓은 길로 가로질러 갔는데 동양의 대부분의 도시처럼 불이 없어서 어두웠다. 작은 등을 든 조선인의 안내를 받아 좁은 골목길을 따라가다가 마침내 작고 빈 안뜰로 들어섰다. 우리가 대문을 두드리자 그 문이 열렸다. 종이를 바른 방문을 조심스럽게 두드리자 문이 열리고 그 안에 들어가 보니, 옷을 정장하고 학식이 들어 있어 보이는 남자 14명이 거기에 무릎을 꿇고 앉아 있었다. 그날 밤에 한 사람이 세례를 받았는데 그날 제일 중요한 사건은 두 사람의 장로를 선출하는 일이었다. 다행이 두 사람이 장로로 선출이 되었으며, 그 다음 주일에 장로로 장립을 받게 되었다. 그런데 이 두 사람은 만주 심양에서 온 사람으로서 사촌 간이었다. 이들은 이미 6년 전에 심양에서 신앙 훈련을 잘 받았던 사람으로서 정동장로교회의 첫 장로가 되었다. 세례교인 14명 중 13명은 심양에서 온 사람들이고, 이중 1명은 심양에서 온 사람의 전도를 받고 개종해서 14명으로 나타났다고 볼 수 있다. 그러나 무엇보다도 나의 관심을 끄는 것은 이미 서울에 이들과 같이 예수를 믿는 신자가 3백 명 이상 있다는 사실이었다. 그들은 여러 가지 이유로 아직은 공개적으로 교회에 들어오지 못하고 있었다."

그런데 여기 정동장로교회의 2명의 장로로 선출된 사람이 누구인지 아직까지 규명되지 않아서 많은 애로를 느끼고 있다. 한때 정동장로교회에서는 추상적으로 김양선 목사의 견해를 따랐다. 그는 「한국기독교사연구 제19호」에서 서상륜과 백홍준을 장로로 기록하고 있다. 이후에도 김양선 목사의 글을 인용하여 두 사람이 정동장로교회의 초대 장로로 알아 왔지만, 최근 몇몇 학자들의 조사에 의하면 서상륜은 한 번도 장로라고 부른 일이 없으며, 백홍준 역시 정동장로교회의 장로였다는 것을 학술적으로 증명할 자료가 없다고 하니 그때 2명의 장로는 누구였을까? 모두들 궁금하게 생각하지만 분명히 장로를 장립했다는 그 사실 하나로 정동장로교회는 한국의 첫 조직 교회가 되었다는 것이 역사로만 남게 되었다. 언더우드가 1887년 9월 27일 엘린우드에게 보낸 서신 내용을 소개하면 다음과 같다.

"이곳 사업은 우리가 예상했던 것보다 훨씬 빠르게 진척되고 있습니다. 지난 9월 27일 화요일 저녁에 14명 교인들로 조선 땅에서는 첫 번째 교회조직을 완료했으며, 지난 주일에 교인이 한 사람 더 증가됐다는 사실을 첨부해야만 하겠습니다. 조선 교인들이 한 사람, 한 사람씩 꾸준히 늘어나고 있으며, 사업도 번창해 가고 있습니다. 가능하다면 나는 순수하게 교회 성장에 많은 시간을 바쳤으면 좋겠습니다. 그렇게 된다면 지금 내가 할 수 있는 일보다 훨씬 많은 일을 할 수 있을 것 같습니다. 남쪽에서 북쪽에서 그리고 서쪽에서 날더러 와서 세례지원자들에게 문답을 실시하고 세례를 베풀어 달라고 아우성입니다. 하지만 가르치는 일에 매여 그들에게 갈 수가 없습니다. 한 사람을 조사로 선택하였는데 아주 성실하게 일을 잘하고 협력을 잘하고 있습니다. 조금만 지도해 주면 세례문답을 받으려고 하는 교인들을 교육하기에는 충분할 것 같습니다. 그들은 이미 열심히 일하고 있으며, 교인이 된 사람은 누구나 다른 사람을 전도해서 데려오고 기독교 진리를 배우게 하고 있습니다."

### 6) 소래 자생 교회 출발

이미 한국 땅에도 언더우드 선교사가 입국하기 전에 황해도 장연군 소래에 서상륜과 서경조 형제가 1884년 소래교회를 설립하였다. 그래서 한국 기독교 역사 최초의 교회로서 자생적(自生的) 교회라 부르고 있다. 소래교회를 세운 두 형제는 평안도 의주 청년으로, 일찍이 중국 영구에서 로스 선교사의 전도를 받고 예수님을 믿었던 사람들로서, 로스 선교사가 심양에서 최초로 누가복음, 요한복음을 한글로 번역 출판할 때 이 의주 청년들의 도움이 컸었다. 이들은 심양에서 출간했던 쪽복음서를 갖고 입국하려다가 중국 관리의 검문을 만나 쪽복음을 압수당하고 곧 조선 검문소에 넘겨지게 되었다. 때마침 의주의 둘도 없는 친구가 검문소에서 검문을 하고 있었기에, 친구의 도움으로 겨우 그곳을 빠져나올 수 있었다. 그들은 집에 잠시 들렸다가 곧바로 의주를 빠져나가야 하는데 앞길이 막막하였다. "형님, 큰일 났습니다. 여기 있다가는 틀림없이 체포될 것 같은데 이대로 있을 것이 아니라 피신을 해야 할 것 같습니다." "어디로 피신을 가야 한단 말이냐?" "형님, 걱정할 것 없습니다. 황해도 소래 외가 집으로 갑시다. 거기는 아주 시골이어서 거기서 잠시 피신하면 아마 곧 해제되어서 예수를 전한다 해도 탄압이 없는 날이 올 것입니다."

　이렇게 해서 두 형제는 개나리 봇짐 속에 쪽복음과 심양에서 로스 역으로 완성된 신약성경을 짐 속 깊숙이 넣어 두고, 그 멀고 먼 황해도 소래를 향해 떠나게 되었다. 소래는 당숙이 살고 있었는데 이들이 온 것을 기쁘게 맞아들였다. 두 형제는 인사를 깍듯이 한 후 곧 사랑방에 들어가 짐 속에 묻혀 있는 성경책을 꺼내 들고 읽었다. 당숙은 이들이 읽는 성경을 듣고 너무 좋아 곧 예수님을 믿게 되었다. 당시 소래는 약 70호 정도가 살고 있었다. 이곳에는 광산 김씨, 무장 김씨, 김해 김씨, 그리고 서씨, 조씨, 최씨, 안씨, 이씨 등이 살고 있었다. 그런데 광산 김씨는 외진 마을에 살고 있었으며, 서씨도 마찬가지였다. 광산 김씨는 김마리아 집안으로서 한양에서 판사 벼슬까지 한 집안이었지만 유배를 당해 이곳까지 오게 되었다. 김마리아는 대한애국부인회를 조직하고 독립운동을 전개하였다. 서씨 가문은 의주에서 온 집안들이었다. 서상륜의 당숙의 집안이 예수님을 믿으면서 곧 광산 김씨 집안으로 번져 갔다. 점점 교인들이 증가하자 서상륜은 심양에 있는 로스 선교사에게 서신을 보냈다. 여기 기독교 신자가 많이 생겼는데 세례식을 집례해 주었으면 하는 간절한 내용이었다. 그러나 로스 선교사는 그곳까지 갈 만한 시간적 여유가 없었다. 로스는 자기 대신 한양에 언더우드 선교사에게 연락해 세례를 받으라는 전갈을 보냈다. 이렇게 해서 세례를 받을 만한 소래교회 교인 몇 명을 인솔하여 한양에 있는 언더우드 선교사 집에서 세례를 받고 돌아오게 되었다. 그리고 언더우드 선교사가 서울 정동에 장로교회를 설립한다는 말을 듣고 그 멀고 먼 소래교회에서 교인 다수가 창립예배에 참석을 하여 함께 예배를 드리면서 하나님께 영광을 돌리게 되었다. 그 후 소래교회 교인들은 자부심을 갖고 소래 마을을 복음화시키는 일에 온 힘을 쏟기 시작하였다.

**7) 선교사들의 첫 예배**

서울 정동에서의 예배는 1885년 6월 28일 알렌 박사 부부, 헤론 박사 부부, 스크렌톤 박사 부부와 그의 어머니가 모이면서 예배가 시작되었다. 이때 예배는 스크렌톤 박사가 의사이면서 목사였기에 그가 예배를 인도하였다. 그 후 7월에 아펜젤러 선교사가 여기에 합세하자 영어로 설교하는 예배는 활기를 띠었다.

1887년 언더우드는 정동장로교회(현 새문안교회), 아펜젤러는 정동감리교회를 각각 설립했다. 이 사실을 리드 총무에게 다음과 같이 서신으로 보냈다. "지난주 일요일, 이 달 11일 우리는 기도와 간증 모임에서 성찬식을 거행하였습니다. 내가 알기로는 이것이 기독교에서는 처음 거행된 성찬예식인 것 같습니다. 미국 성서공회에 소속되었던 총무 루미스 선교사가 참석하여 이 모임을 인도했는데, '오직 예수'라는 제목으로 적절한 말씀을 선포하였습니다. 정동장로교회의 당회장 언더우드 목사와 제가 떡과 포도주를 나누어 주었는데 참석한 사람은 11명이었습니다. 이날 제물포항에 입항했던 미국 마라온 호의 선원 두 사람도 함께 예배에 참가를 하였습니다."

이렇게 해서 정동에 장로교회와 감리교회가 설립되자 선교사들은 말할 것 없이 한국 기독교인도 좋아서 어찌 할 줄을 몰랐다. 비록 교파는 달랐지만 한 하나님, 한 예수님, 한 성령님을 믿는 기독교였기에 서로 협력해 가면서 교세 확장에 힘을 쏟았다. 서울에 장로교회가 설립되었다는 소식이 로스 선교사와 소래 교인들을 통하여 널리 알려지게 됐다. 언더우드는 서울에 사는 사람만 구원시키는 것이 아니라 지방에 있는 한국 사람들에게도 복음을 전해야 한다면서, 정동장로교회를 설립한 지 얼마 안 된 10월 말경에 지방 전도 여행을 처음으로 시도하였다. 경기도 송도(현 개성)를 거쳐서 소래, 평양을 거쳐 의주까지 갔다 오는데 한 달 정도 걸렸다. 그는 소래교회에서 4명의 새 신자에게 세례를 집례하여 9명의 신자를 확보하는 기쁨을 맛보게 되었다. 여행을 마치고 돌아온 언더우드는 엘린우드에게 서신을 보냈다. "방금 나는 우리 작은 예배당에서 열린 한국인 예배에 출석을 하고 왔습니다. 4주 동안 여행 중이었지만 후에 세례교인 7명과 더불어 예배를 드렸는데 이 예배는 아주 즐겁게 드렸습니다. 현재 세례 지원자가 3명이 있는데 내일 그들을 문답할 예정입니다. 그들이 모두 세례를 받으면 우리 한국인 교인수는 25명에 이르게 됩니다."

경기도 송도, 소래, 평안도 평양, 의주를 다녀왔던 언더우드는 선교여행에서 얻은 기쁨을 전달하였다. 이때 아펜젤러도 뒤질세라 함께 선교여행을 떠나자고 제의를 하였다. 그래서 1888년 4월 두 선교사가 2개월 예정으로 선교여행을 실시하고 조사들과 함께 서울을 출발하였다. 언더우드가 그렇게 자랑하던 소래교회를 먼저 방문하였다. 이미 소래교회는 그 마을에서 자리를 잡고 조그마한 초가집을 매입하고, 지붕 위에 태극기와 십자가기를 높이 달아 모든 동리 사람들이나 나그네들로 하여금 볼 수 있도록 하였다. 아펜젤러 선교사는 송도를 지나 소래교회를 방문하여 십자가기와 태극기를 보는 순간 깜짝 놀라고 말았다.

1888년 5월 뜻하지 않게 선교금지령이 내려졌다. 서울 시내 명례동(현 명동)에 천주교회당을 건축하고 있었는데 정부에서는 건축 중단을 요구하고 나섰다. 이유인즉 천주교회당의 십자가 탑이 왕이 머물고 있는 궁궐을 위에서 내려다보도록 건축되고 있다는 것이었다. 이 일로 전 조선에 선교사들의 선교활동이 중지되었다. 이러한 가운데서도 언더우드 선교사는 최초의 아기 세례를 서병호에게 주었으며, 장년 교인 6명에게도 세례를 집례하였다. 그러나 이러한 일을 오래 하다가 출국 조치를 당할까봐 곧 아펜젤러와 함께 모든 일정을 취소하고 서울로 되돌아오게 되었다.

명동 천주교회당 건축문제로 정부와 의견 충돌이 있었지만, 프랑스 정부와 왕실 사이에서 잘 해결되어 그동안 선교가 금지되었던 일이 9월에 접어들면서 누그러지기 시작하였다. 그동안 언더우드는 정동장로교회를 이끌어 가고 아펜젤러는 정동감리교회를 이끌어 가는 데 안간힘을 쏟고 있었다. 이들의 노력의 결과로 정동장로교회는 매주 새로운 신자가 오게 되었고, 어느덧 성탄절이 가까이 오면서 더욱 많은 사람들이 정동으로 몰려들었다. 다시 1년 후에는 교인이 100명으로 늘어났으니 그야말로 성경적이었다. "좋은 땅에 씨가 떨어지니 100배, 60배, 30배의 결실을 맺었느니라." 하신 주님의 음성이 들려 오는 것만 같았다.

정동장로교회에서는 언더우드가 번역 출간한 「찬양가」를 불렀고 감리교회에서는 아펜젤러가 번역한 「찬미가」를 사용하였다.

언더우드는 정동장로교회를 정동에만 머물게 할 수 없었다. 그래서 그는 조선인 지도자를 양성해야 할 필요성을 느끼고 1891년 12월 신학반을 운영하였다. 여기에 입학하기 위해서 특별한 조건이 필요하지 않았으며, 누구든지 세례를 받고 지도력이 있다고 생각되는 사람들을 불러 모았다. 1928년 새문안교회의 차재명 목사가 편집한 「조선예수교장로회사」에 보면 이런 내용이 있다. "경성(서울) 정동에서 전국 신자를 소집하여 10일간 성경을 연구하였는데 여기에 참여한 사람은 11명이었다. 경성에서 서상륜, 홍정후, 의주 지방에서는 한석진, 송석준, 평안도 구성 지방에서는 김관근, 양순백, 황해도 문화 지방에서는 우석서, 해주 지방에서는 최명오, 장연 지방에서는 서경조, 평안도 자성에서는 김병갑 등이 참가하였다."

여기에 참여했던 강사들은 언더우드를 비롯해서 기포드, 마포삼열, 기일 등이었다. 이들은 자신들이 가르치는 이들이 장차 한국교회를 이끌고 갈 지도자라는 생각을 하고 열심히 가르쳤다. 역시 배우는 학생들도 "장차 한국교회는 우리들이 이끌고 가야 한다."는 신념을 가지고 공부에 열중을 하였다. 이들은 10일간의 신학반 교육을 받고 언더우드가 임명해 준 지방으로 나아가 교회를 세우는 등 큰 업적을 남기었다. 신학반 교육을 통해 질 좋은 전도인이 배출되기 시작했고, 정동장로교회는 어느덧 교인이 계속 증가하게 되었다. 때마침 언더우드는 결혼을 하고 부인이 아이를 갖게 되자 1890년 안식년을 겸해서 미국으로 가게 되었다. 그래서 그가 없는 사이 무어(이하 모삼열로 표기) 선교사, 기포드 선교사, 그리함 리(이하 리로 표기) 선교사 등과 언더우드 조사였던 한국인들이 교회를 맡아 수고를 하였다. 1895년에는 피어선 성경학교 건너편에 이사를 하고 새문안교회라 부르게 되었다. 이때 조선인 교인들은 생활의 여유가 없어서 건축하는 것이 보통 힘든 일이 아니었다. 건축에 참여했던 교인들은 비록 가난하였지만 자신들이 건축했다는 데 자부심을 갖고 전도하자 계속 교인이 증가하게 되었다. 교회에 여성들이 모여들자 교회당 내부 한가운데를 천으로 막아 남녀가 서로 볼 수 없도록 만들어 놓았다. 이들은 다시 힘을 모아 1901년 현재의 새문안교회 자리로 옮겨 건축을 하여 오늘에 이르게 되었다.

### 8) 언더우드는 누군가

예수학당과 새문안교회를 설립했던 언더우드는, 1859년 7월 19일 영국 런던에서 독실한 신앙인이자 발명가이기도 한 아버지 존 언더우드(John Underwood)와 성격이 유순한 어머니(Elizabeth) 사이에서 넷째 아들로 출생하였다. 그가 다섯 살 되던 해에 신앙으로 밤마다 기도해 주시며 인자하셨던 어머니가 돌아가시고, 여기에 부유한 사업가였던 아버지가 사업에서 갑자기 실패하자 하루아침에 거지꼴이 되고 말았다.

존 언더우드는 "쉬지 말고 기도하라."는 주님의 음성을 듣는 순간 용기를 갖고 주님을 찾아 나선다. 언더우드의 아버지는 조금도 낙심하지 않고 곧 자신이 출석하는 교회에 나가 기도하기 시작했다. 밤이 깊도록 기도하는 일이 한두 번이 아니었다. 자신이 낳은 모든 자녀는 하나님께서 책임져 주실 것을 확실히 믿고 더 열심히 무릎을 꿇고 하나님을 향했다. 기도는 그 어느 때보다 강하였다. 기도 중 존 언더우드는 언더우드와 그의 형을 프랑스로 보내게 되었다. 프랑스는 천주교 국가였고 프랑스에서 운영하는 학교들은 거의가 사립학교였는데, 뜻하지 않게 미국에서 온 이들에게 학교에서는 특별한 배려를 하여 장학금을 주었다. "아버님, 너무나 감사합니다. 아버님의 기도로 저희 형제들은 이곳 프랑스에서 학교를 잘 다니고 있으며, 교리는 약간 다르지만 신앙생활에 아무런 지장이 없습니다. 아버님께서 연구개발하는 그 일들은 잘 진행되어 가는지요. 그럼 다음에 또 서신을 보낼게요. 언더우드 올림."

편지를 받은 존 언더우드는 어느새 새로운 용기가 솟아나기 시작하였다. 그동안 연구하여 인쇄용 잉크, 타자기, 안전지 등을 개발했는데 모두 발명품들로 인정을 받았다. 1872년 그의 부친은 미국으로 이주하여 뉴 더르함에 정착을 하였다. 존 언더우드는 미국으로 이민해서도 원래 자신이 개발했던 문방구 제조에 착수를 했는데, 이미 다른 제품이 자리를 잡고 있어서 그 높은 벽을 뚫고 갈 만한 힘이 없었다. 때문에 늘 경제적으로 어려운 형편에 놓이고 말았다. 이러한 상황에서도 아버지의 특별한 배려로 집에서 그리 멀지 않은 해스브룩 학원에 입학을 하였다. 하루는 학원 담임교사로부터 연락이 왔다. 언더우드가 문학적 소질이 있다는 것이었다. 이 말을 들은 아버지는 좋아서 어찌 할 줄을 몰랐다. 그러나 돈이 문제였다. 그렇다고 자식의 장래를 모른다고 팽개쳐 버릴 수는 없었다. 언더우드의 아버지는 자신이 출석하고 있는 목사에게 부탁을 하여 고전문학에 대해서 개인 교수를 받게 하였다. 목사는 먼저 어학에 어느 정도 재간이 있는지 테스트를 했는데 놀랍도록 자신의 마음에 꼭 들었다. 그래서 그 목사는 밤낮 가리지 않고 시간이 있는 대로 그를 교회 사무실로 불러서 고전문학을 가르쳤다. 언더우드는 가정 형편상 대학에 진학할 만한 경제적 여유가 없었으나 어렵게 1877년 뉴욕에 있는 뉴욕 대학에 진학을 하였다. 그러나 끼니를 때우는 일이 늘 걱정이었다. 때마침 뉴욕 구세군에서 경영하는 고아원에 입사하여 고아원 아이들을 돌보아 주면서 식사와 잠자리를 해결하게 되었다. 4년 과정의 대학 졸업을 앞두고 신학교 진학을 위한 기도가 계속되었다.

언더우드는 1881년 뉴욕 대학을 졸업하고 뉴브런즈윅에 있는 네덜란드 계통 개혁파신학교에 진학을 하기로 하고 원서를 제출하였다. 그가 신학교에 진학을 했던 것은 미국에서 목회하려 한 것이 아니라, 인도에 아주 가난한 사람들이 많이 산다는 소식을 들은 기억이 나서, 인도에 가서 선교사로 활동하기로 작정하고 신학교에 입학을 한 것이었다. 막상 신학교에 합격을 하고나니 해야 할 일들이 너무 많았다. 우선 선교 사역지를 인도로 정하였기에 간단한 의료진료를 할 수 있는 상식이 필요해서 의학공부를 하였으며, 원래 어학에 자신이 있어서 프랑스어, 독일어, 라틴어 등에 관심을 가지고 열심히 연구하였다. 그러던 어느 날 「세계선교」라는 잡지를 읽고 깜짝 놀랄 만한 사실을 발견하였다. 지도에도 보일 듯 말 듯 한 조선이라는 땅에 선교사로 지원할 사람을 찾는 광고를 보게 된 것이다. 언더우드는 이것을 하나님의 음성으로 들었다. 그는 그 길로 조선 선교를 위해서 헌신하겠다고 하나님께 서원 기도를 하였다.

어느덧 3년의 세월이 흘러갔다. 신학교를 졸업하자 미국 북장로교회 해외선교부를 찾아가 한국 선교를 지원하였다. 이때 해외선교부 책임자는 이력서와 자신의 신앙고백과 함께 한국 선교사로 가려는 배경을 간단하게 써 오라는 말을 하고 다른 사무실로 나가 버렸다. 이때 언더우드는 즉시 집으로 돌아와서 간단한 이력서와, 한국에 가서 해야 할 선교사역 내용을 간략하게 써서 책임자에게 자신을 소개하고 서류 봉투를 내놓았다. "왜 한국에 가려고 하십니까?" "한국에는 아직도 선교사가 한

분도 없다는데 '주님의 명령에 따라 땅 끝까지 이르러 내 증인이 되라.'는 말씀에 순종해서 한국을 택하게 됐습니다. 한국을 잘 알지 못하지만 이수정 씨가 쓴 '선교사 유치운동에 관한 글'을 읽고 큰 감동을 받았습니다."

여기까지 듣고 있던 책임자는 그를 응시하며, 목사안수를 받으면 곧 떠날 수 있도록 준비하라고 이야기하였다. 이 이야기를 듣고 언더우드는 너무 기뻐서 어찌 할 줄 몰랐다. 언더우드는 집에 돌아오자마자 무릎을 꿇고 하나님께 감사 기도를 드렸다. 그는 1884년 신학교를 졸업한 지 얼마 안 된 7월 28일 미국 북장로교회 해외선교부로부터 선교사 임명을 받고 곧 그해 11월 목사안수를 받았다. 다시 해외선교부 실행위원회가 주관이 되어 조선 선교사로 임명을 받고 언더우드의 장도를 기원하는 파송 예배를 드렸으며, 이 예배가 끝나자 그해 12월 16일 일본 요코하마를 거쳐 한국에 도착하게 되었다. 그가 한국에서 선교사로서 성공할 수 있었던 것은, 가정의 여러 가지 시련 속에서 조금도 굴함이 없이 오직 주님이 지신 십자가를 생각하면서 신학 훈련을 받았기에 성공적인 선교 사역에 임할 수 있었던 것이다.

## 3. 천민을 해방시킨 선교사들

### 1) 모삼열 선교사

#### (1) 백장 해방운동

백장의 해방운동에 앞장섰던 무어(S. F. Moore, 이하 한국명 모삼열로 표기) 선교사는 1892년 9월 한국에 도착하였다. 때마침 인천 제물포항에 마중 나왔던 리(G. Lee, 이하 한국명 이길함으로 표시)와 마포삼열 선교사의 도움으로 종로 5가에 자리 잡고 있는 미국 북장로교회 선교부에 도착하여 짐을 풀고 서울에서 하룻밤을 지내게 됐다.

한국에 관한 이야기를 열심히 듣고 있던 모삼열 선교사는 필기도구를 내놓고 메모하기에 바빴다. 그가 놀란 사실은 종로 5가 연못골에 모여 사는 갖바치(가죽신 만드는 사람)에 대한 이야기였다. 여기에 흥미를 갖게 된 모삼열 선교사는 그 현장을 직접 답사하고 그들의 삶의 모습을 지켜보았다. 그는 마포삼열 선교사의 안내를 받으면서 곤당골(현 롯데호텔)에 살고 있는 백장들의 모습을 보았다. 이 두 지역을 보고 난 모삼열 선교사는 자신이 해야 할 일이 무엇인가를 발견하고 하나님께 기도하였다.

당시 한국 사회에서는 네 가지 계층으로 신분을 구별하고 있었다. 즉, 양반(兩班), 중인(中人), 상인(常人), 천인(賤人) 등으로 구별됐다. 더 구체적으로 말하면 양반은 문관과 무관이며, 중인은 역관, 재정관, 의원 등이며 상인은 농업, 어업, 상업에 종사하는 계층이었다. 천인은 사회적으로 가장 인생의 밑바닥에서 일하는 기생, 관노비, 역졸, 사노비, 창기, 점치는 사람 등이었지만 이들 보다 더 천하게 여기는 직업은 포졸, 갖바치, 백장 등이었다. 이들은 아무리 돈이 많아도 기와집을 지을 수도 없으며 족보도 소유할 수 없었다. 장가를 가는 경우 가마나 말을 타고 갈 수 없으며, 사람이 죽게 되도 상여 대신에 지게에 지고 시신을 산에 묻어야 했고, 묘에 떼를 입히지 못하였다. 그리고 이들은 다른 계층 사람들로부터 반말을 받아야 하는 딱한 환경에 처해 있었다.

이러한 사실을 알았던 모삼열 선교사는 1893년 백장이 많이 모여 사는 곤당골에 백장을 중심해서 곤당골교회를 설립하였다. 처음에는 백장과 양반이 모두 모삼열 선교사의 전도를 받고 곤당골교회에 출석을 하였다. 그런데 하루는 양반들이 모삼열 선교사에게 건의를 하였다. "선교사님, 우리 양반들을 앞자리에 앉게 했으면 좋겠습니다." 이 말을 들은 모삼열 선교사는 양반들의 건의이기에 거절하기가 참으로 힘들었다. 그러나 "그리스도 안에서는 양반과 천민의 구별이 없습니다. 모두가 하나님을 믿으면 다같이 하나님의 자녀가 되는 것입니다."라고 대답하였다. 거절을 당한 양반들은 곤당골교회를 떠나서 홍문동(현재 광교 근방)에 홍문동교회를 설립하였다. 이렇게 하여 양반들은 홍문동교회, 백장들은 곤당골교회로 출석을 하였다. 모삼열 선교사는 두 교회를 오가면서 예배를 인도하였다.

**(2) 백장이 먼저 장로가 되고**

1904년 두 교회 교인들이 한곳에서 예배를 드리기로 하고 종로 2가 인사동에 승동교회를 설립하게 됐다. 이렇게 하여 양반과 천민이 함께 어울리는 교회를 세우게 되었다. 모삼열 선교사뿐만 아니라 서울에 주재하고 있던 미국인 선교사들은 모두 환영을 하였다. 이렇게 승동교회가 양반과 천민이 어울려 신앙의 공동체를 이루어 가는 모습을 보고 모두들 좋아하였다. 승동교회는 날마다 부흥 성장해 갔으며, 모삼열 선교사는 역시 자신이 기도했던 일이 일어남에 그렇게 좋아할 수가 없었다. 장안에 승동교회는 양반과 천민이 함께 공동체를 이루어 가는 교회로 소문이 나 성장하자 일꾼들이 요청되게 됐다. 어느 날 승동교회 당회장 모삼열 목사는 승동교회의 장로를 선출한다는 공고를 하였다. "여러분 2주 후에 우리 승동교회에서 처음으로 장로 1명을 선출합니다." 이러한 공고가 정식으로 나가자 모두들 기도를 그 어느 때보다 많이 하게 됐다. 장로 선출이 이루어지고 당선자가 발표되었다. "금번 장로 선출은 박성춘 씨가 당선됐습니다." 이 말에 제일 충격을 받은 교인들은 양반 측에 속한 교인들이었다. 장로에 선출된 사람이 천민 출신이었기 때문이다. 이들은 여기에서 백정들과 함께 예배를 드릴 수 없다면서 안국동으로 이동을 하고 소안동교회(현 안동교회)를 설립하여 이탈해 나갔다.

1911년 승동교회 장로로 선출됐던 박성춘은 어떤 사람인가?

곤당골교회가 설립된 지 얼마 안 된 1894년 어느 날 박성춘은 갑자기 알 수 없는 병에 시달렸다. 때마침 아들 봉주의 안내를 받고 제중원에 가서 진찰을 받았는데 심한 염병에 걸려 생명이 위험한 상태였다. 이때 원장 에비슨(O. R. Avison)의 극진한 진찰로 그 병을 고치게 되었다. 그리고 박성춘은 에비슨 선교사가 고종 황제를 치료하는 주치의라는 사실을 알고 놀라게 된다. 왕과 고관들의 진료를 담당했던 에비슨 의료선교사가 자신을 치료했다니 얼마나 감격스럽겠는가?

이때 병을 완치했던 박성춘은 에비슨 원장과 단단히 약속을 하고 곤당골교회 교인이 됐으며, 박성춘의 가족 전부가 곤당골교회에 출석하게 되면서 기독교를 접하게 됐다. 이것이 인연이 되어 박성춘은 모삼열 선교사가 하는 일에 최선을 다 했으며, 지금까지 천민으로 살아왔던 박성춘은 하나님의 나라 백성일 뿐만 아니라, 승동교회의 장로가 된 일에 자부심과 긍지를 갖게 되었다. 바로 이 일은 조선왕조 5백년 동안 양반과 천민으로 구별을 받고 살아왔던 사회구조에 종지부를 찍을 가능성을 시사하는 일이었다. 모삼열 선교사는 자신의 교회에서 백장이 장로된 것으로 끝나지 않고 양반과 천민의 벽을 허물고 다같이 대한제국의 국민임을 온 천하에 알리어야 한다면서 백장해방운동에 힘을 기울이게 됐다.

### (3) 박성춘 장로와 모삼열 선교사

모삼열 선교사는 백장들의 인권운동에 앞장서면서 이들의 해방운동에 힘을 쏟았다. 자연히 박성춘 장로도 모삼열 선교사를 적극적으로 도와 백장해방운동에 참여하였다. 모삼열은 백장 수백 명을 이끌고 궁궐 앞에 모여 탄원서를 제출하였다. 탄원서 내용 일부를 소개하면 다음과 같다. "······우리 백장들이 해방되었다는 것을 각 지방 관헌들에게 널리 선포하시어 갓과 망건을 쓸 수 있게끔 하여 주시며, 또한 지방 하급 관리들이 금후로는 절대로 우리를 부려 먹지 못하게끔 하여 주시기를 요청하나이다."

이후 정부가 이를 받아들여 500년 동안 쓰지 못했던 망건과 갓을 쓰게 됐으며, 족보도 가질 수 있게 되니 모두들 그렇게 좋아할 수가 없었다. 박성춘은 이름도 없었지만 모삼열 선교사가 이름을 지어 주었으며, 그의 아들 박양서는 모삼열 선교사가 운영하는 곤당골교회 부속 예수학당에 입학하여 신식 교육을 받을 수 있었고, 재중원에서 운영하는 의학 학교에 입학하여 양의학을 배울 수 있는 길도 열려지게 됐다. 이 일로 백장의 아들이었던 박양서는 당당한 의사가 되어 양반들의 병도 진찰하는 등 존경받는 신앙생활을 할 수 있는 예수 양반이 됐다.

박성춘은 모삼열 선교사의 조사로 따라다니면서, 수원에서 백장이라고 천대받고 있는 이들을 규합하여 예수님을 믿게 하는 운동을 열심히 전개해 나갔다. 그리고 박성춘은 독립협회가 조직될 때 당당하게 백장의 대표로 여기에 참가를 하였다. 1898년 독립협회 간부들이 감옥에 구속되는 일이 있었다. 이때 종로 네거리에서 민중대회를 개최할 때 박성춘이 연사로 등단하여 다음과 같이 열변을 토한 일이 있었다. "나는 대한의 가장 천한 사람이고 무지몰각(無知沒覺)한 사람입니다. 그러나 충국애국(忠國愛國)의 뜻은 대강 알고 있습니다. 이네 이국편민(利國便民)의 길인즉 관민이 합심한 연후에야 가(可)하다고 생각합니다. 저 차일(遮日=종로 네거리에 쳐 놓은 천막을 말함.)에 비유하건데 한 개의 장대로 받친즉 역부족이나 많은 장대를 합한즉 그 힘이 심히 견고합니다. 원컨대 관민이 합심하여 우리 대황제(大皇帝)의 성덕에 보답하고 국조(國祚)로 하여금 만만세를 누리게 합시다."

종로 네거리에 수천 명이 모인 장소에서 연설을 했다는 것은 하나의 역사적인 사건이었다. 이처럼 박성춘은 하나님을 믿고 큰 축복을 받았던 사람임에 틀림이 없다. 그의 강연을 들었던 많은 사람들은 세상이 이렇게 바뀌어졌음에 놀라고, 더욱이 이날 참석했던 백장들 그리고 종로 5가 연지골 갖바치들도 힘을 얻고 천민으로부터 해방을 받고 주의 일꾼 된 것을 모두들 자랑하고 다녔다고 한다.

### (4) 모삼열 선교사의 순교

모삼열 선교사는 비록 짧은 삶을 한국에서 보냈지만 그의 묘비는 양화진 한가운데 자리 잡고 있다. 고통받고 살았던 수많은 백장들에게 해방을 주었던 인물이기에 석양에 비추인 그의 묘비는 더욱 찬란하게 빛날 수밖에 없다. 모삼열 선교사는 미국 남북전쟁이 발발하기 전인 1860년 9월 북부 일리노이 주 그랜드 릿지에서 출생하였다. 1889년 몬타나 대학을 졸업하고 새로 설립된 시카고에 있는 맥코믹 신학교에 진학했다. 예수님의 진실한 제자가 되기를 서원하고 입학을 하였기에 그는 더 많은 영적인 생활로 시간을 보냈다. 1892년 신학교를 졸업하고 그해 8월 부인과 함께 샌프란시스코를 떠나 한국에 오게 됐다. 그가 교육사업에 관심을 갖은 동기는, 한국에 오는 도중 잠시 들린 일본에서 미국 개혁파 소속 선교사를 만나 교육 사업이 선교에 많은 도움이 된다는 경험담을 들었기 때문이었다. 그는 자신도 한국에 가면 교육사업을 하겠다고 준비하면서 한국 서울에 첫 발을 내딛게 되었다.

이미 언더우드 선교사가 예수학당을 운영하고 있었지만, 모삼열 선교사도 자신이 설립한 곤당골교회 부속으로 예수학당을 설립하고, 천대받고 자란 백장들의 자녀를 중심으로 교육을 실시하였다. 모삼열 선교사는 처음부터 주기도문을 암송하게 하였으며, 그 일이 끝나면 성경구절을 암송하는 훈련을 시키었다. 이와 함께 한글과 산수를 가르쳤으며, 소요리문답을 가르쳐 모두 예수님의 제자로 만들어 갔다. 점점 학생들이 많아지고 한 학년씩 진급해 가자 과목도 늘리고 한문으로 된 기독교 서적과 국사도 가르쳤다. 이러한 학문을 배운 학생들은 예수학당을 자랑하면서 성장해 나갔다. 학교를 다시 인사동으로 옮겨 가서도 계속 예수학당을 운영해 갔다. 가끔 인사동 골목을 거닐던 모삼열은 늘 마음속으로 이렇게 기도를 하였다. "만약 우리가 큰 소리로 복음을 외치지 않으면 이 많은 영혼을 누가 구원시키겠습니까?" 그의 기도는 옳았다. 한국 선교역사를 저술했던 로즈(H. A. Rhodes)는 이렇게 말하고 있다. "무어 목사는 매서인의 도움을 받아 강변을 따라 여러 고을에서 능력 있는 설교를 하였다. 그는 '기쁜 소식'이라고 명명한 조그마한 배를 이용하여 전도를 하였다. 3년 만에 25개 지역에 기독교 신자들이 생기게 됐다. 그곳 중에 하나가 황해도 배천군인데 그곳에서는 한국인 기독교 교인들이 스스로 헌금을 내어 큰 한옥을 사서 새롭게 단장하여 교회 건물로 사용하게 됐다. …… 무어 목사의 사역은 날로 번성해 져서 853명의 헌신적인 신자와 1년 동안 100여 명의 어른에게 세례를 주게 되었다. 또한 무어 목사는 서울 서부 지역에 동막교회와 대현교회를 설립하였다."

이렇게 열심히 선교를 행하였던 모삼열 선교사는 1906년 12월 성탄절을 3일 앞두고 46세의 젊은 나이에 하나님의 부르심을 받고 말았다. 고별식 예배를 드리던 날 상여 뒤에는 수많은 백장 출신들과 갓바치들이 따랐으며, 평소에 그로부터 복음을 듣고 예수님을 믿었던 많은 사람들이 그 멀고 먼 양화진까지 와서 그의 시신을 안장하는 것을 보았다. 그는 비록 한국 양화진에 묻혔고 그의 영혼은 하나님 곁으로 갔으나, 지금도 많은 한국인들은 주님의 부활을 믿으면서 그의 부활하는 날만 기다리고 있다.

### 2) 갓바치의 벗 기일 선교사

#### (1) 헤론 미망인과 기일

헤론이 사망한 지 3년 만에 장안 4대문 밖 버려진 땅 마포구 합정동에 있는 양화진 양지바른 땅에 헤론의 시신을 안장하게 되었다. 헤론은 부인과 두 딸을 이역만리 한국에 남겼으니 그들을 도울 수 있는 사람은 아무도 없었다. 1889년 캐나다 선교사로 활동하던 게일(J. S. Gale, 이하 한국명 기일로 표기)이 독신이었는데 1892년 헤론 선교사 미망인과 결혼을 하고 그 어린 두 딸과 함께 가족이 되었다. 순교한 헤론은 제중원 원장으로 취임하여 그동안 많은 업적을 남기었다. 원래 홍영식 사가에서 출발했던 이 병원은 이 무렵 헤론이 사망하자 빈톤(C. C. Vinton)이 잠시 원장의 책임을 다하였다. 1893년 내한했던 에비슨이 원장으로 취임하면서 제중원 시설의 미비점을 발견하고, 1899년 안식년을 얻어 일시 귀국해 미국의 세브란스(L. H. Severnce)로부터 거액 1만 달러를 희사받고 한국을 향하였다. 이 무렵 남대문 밖에 대지를 마련한 후 세브란스로부터 희사받은 자금을 갖고 현대식 시설을 갖춘 병원을 신축하고 세브란스 병원이라 불렀다. 이 병원은 지금은 연세대 세브란스 병원이라 부르니 이 병원에서 의과대학까지 운영하여 인재를 배출했다. 헤론은 고향을 떠나 이역만리 한국에서 그의 희생적인 삶을 통해 기독 정신을 우리들에게 전해 주었으며, 그의 부인도 후에 사망하여 그의 곁에 있다.

모두 450여 명의 선교사의 묘가 있는 양화진을 성지라고 말들 하지만 왜 그렇게 초라한지……. 양화진을 외국인 공원묘지로 단장하면서 그 모습이 서서히 한국 기독교에 알리어지기 시작하였다. 양화진은 정부에서 한강 여러 곳에 한양(서울) 방위나 민란을 막기 위하여 송파진, 한강진, 양화진 이렇게 3진을 설치하고 상비군을 주둔해 두었던 곳 중 하나이다. 양화진 옆에는 절두산이 있다. 절두산의 명칭은 1866년에 일어난 두 사건에 기인한다. 그 하나는 토머스 선교사가 평양에서 순교를 당한 사건과 다른 하나는 신부가 조선에서 학살을 당했다 하여 프랑스 함대가 보복한 일이다. 이때 조정에서 함대를 물리치고 천주교 신자를 체포하여 절두산에 끌고 올라가 목을 쳐서 한강에 버렸다 하여 생긴 이름이다.

### (2) 잊을 수 없는 기일

게일 선교사를 한국에서 기일(奇一)이라 불렀다. 기일 선교사는 총각으로서 헤론 부인과 결혼한 후 전 남편에서 낳은 두 딸 앤(6세)과 제시(4세)를 친자녀처럼 잘 보살펴 주었다. 이들의 결혼이 선교사들 사이에는 화제 거리가 되기도 하였다.

기일은 대중적인 선교사였다. 그는 천민들이 모여 사는 연못골에 있는 연동교회 담임목사로 첫 부임을 하면서 목회를 하였다. 그래서 연동교회에서는 기일 선교사를 첫 당회장으로 연동교회 100년사에 기록을 남기고 있다. 그렇다면 기일 선교사는 어떠한 인물이었기에 대중적인 목회를 하였는가? 또한 그가 한국에 남긴 업적들은 무엇이 있을까?

그는 캐나다 온타리오 주 엘로라에서 출생했다. 그의 부친은 스코틀랜드에서 캐나다로 이민 온 농부였으며, 장로교회의 장로였다. 모친은 네덜란드계 미국인인데 기일은 그 사이에서 출생하였다. 기일은 1884년 토론토 대학에 입학을 하였으며, 그 다음 해는 잠시 프랑스로 유학한 일도 있었다. 그는 대학 재학 중 유명한 부흥사 무디의 설교에 은혜를 받고 선교사로 나가기로 결심을 하였다. 1888년 토론토 대학 YMCA에서 연 500불을 받고 8년간 평신도로서 파송을 받아 이름도 잘 모르는 한국을 지원해 오게 되었다. 당시 선교사들은 연 1,000불을 받았지만 원래 돈에 욕심이 없었던 그인지라 무조건 한국에 가서 예수님의 복음을 전해야 한다는 사명 하나로 오게 되었다.

그가 그렇게 오기 원했던 한국 부산에 도착한 것은 1888년 12월 16일이었다. 기일은 일본 나가사키에서 함께 동승했던 윤치호를 통해 한국에 대한 이야기를 자세히 들을 수 있었으며, 이것이 인연이 되어 서울에 있는 동안 자주 만나 한국 선교에 대한 여러 가지 문제를 이야기할 수 있는 좋은 벗이 되었다. 기일은 인천 제물포항을 향해서 출발하는 배에 승선하여 도착 즉시 마부들의 안내를 받아 오류동까지 오게 되었다. 이미 해는 서산에 넘어간 지 오래라 더 이상 갈 수 없어서 할 수 없이 어느 주막에 머물렀는데, 빈대가 얼마나 침공을 했는지 빈대와의 전쟁 때문에 뜬눈으로 밤을 지새야 했으나 첫 서울의 인상은 보다 깊게 새기게 되었다.

### (3) 천로역정과 기일

기일은 마부와 함께 서울 장안 정동 마을에 짐을 풀고 그 다음날 언더우드의 집에서 첫 예배를 드렸다. 예배를 드리는 그의 마음은 감격뿐이었다. 1889년 3월에 한글을 배우기 위해 황해도 장연에 있는 소래교회로 가서 뜻하지 않게 이창직을 만나 평생을 신앙의 동지를 삼고 한국어를 배우게 되었다. 그는 원래 어학에 재간이 있어 남다르게 한국 말을 잘 구사하기도 하였다. 이창직은 황해도 해주 출신이면서 한학자였기에 기일에게는 더 없는 좋은 교사가 되어 주었다.

기일 선교사에게 있어서 가장 큰 업적이 있다면, 헤론 부인과 만나 존 번연의 「천로역정」을 이창직의 도움으로 번역하여 1895년에 한글판을 내게 된 일이다. 이 「천로역정」은 당시로서는 가장 많이 팔린 책이었으며, 구한말 독립협회사건으로 한양감옥에 갇혀 있던 이승만, 이상재, 김정식 등이 모두 「천로역정」을 읽고 감옥에서 예수님을 믿었으며, 이들이 출옥한 후 한때 연동교회에 출석을 했던 일도 있었다. 연동교회는 천민만 다니는 교회로만 알았는데 이들이 출석하면서 연동교회를 다니는 교인을 다시 한번 쳐다보는 일들이 있었다고 한다. 이처럼 「천로역정」에 감동이 되어 예수님을 믿게 되었던 이상재나 이승만은 만나는 사람들마다 기일 선교사가 번역한 「천로역정」을 선물로 주기도 하고, 이 책을 사서 보라고 권유도 해서 요즘 같으면 베스트셀러가 된 책이었다. 이 「천로역정」은 믿지 않는 사람이나 믿는 사람 할 것 없이 아직까지 제일 많이 읽고 있는 책이라니 얼마나 그 내용이 좋은가 생각한다.

기일 선교사는 안식년을 맞이하여 1897년 미국에 갔을 때, 신학을 하진 않았지만 그가 한국에서 선교사로 사역했던 일들이 너무 훌륭해서, 마포삼열 선교사의 주선으로 인디애나 주 뉴알비니 노회에서 목사안수를 받게 되었다. 그리고 다시 한국에 와서 당당하게 성찬예식을 거행하고 설교권도 갖게 되어 1900년에 처음으로 연동교회 담임목사가 됨과 동시에 제1대 당회장이 되는 기쁨도 누리게 되었다. 더욱이 그의 문서활동은 그 누구도 따라갈 수 없을 정도로 많은 책을 번역, 출판하였다. 그중 가장 그에게 귀한 책이 있다면 이창직과 이원모의 도움으로 기독교창문사에서 발행한 1925년 판 「신역 신구약전서」(新譯 新舊約全書)를 기일 역으로 출판했던 일이다. 그가 원고지에 정리했던 그 원고가 연동교회 사료실에 잘 보관되어 있다. 기독교창문사에서 발간했던 기일 역은 구약 창세기에서부터 말라기까지 796쪽이며, 신약은 마태복음부터 묵시록까지 310쪽이나 된다.

### (4) 기일은 누구인가?

1908년 기일 선교사는 부인을 잃고 그 남은 힘을 한국 문화와 풍습을 익히는 데 써야 한다며, 어려운 일임에도 불구하고 12번이나 한반도를 종단했으니 이 일로 그의 정열을 알 수가 있다. 그 후 그는 황해도 소래에서 만난 이창직을 항상 대동하면서 개인적으로 신·구약성경을 번역하는 일에 착수하였다. 때마침 일본 나가사키에서 만났던 윤치호는 정동에 기독교문화출판사업을 한다며 기독교창문사를 만들어 기독교 서적 출간에 힘을 쏟고 있었다.

이 무렵 기일은 첫째 부인을 잃고 충격이 컸던지라 결혼에 대한 생각을 할 겨를이 없었으나, 뜻하지 않게 일본에서 사업을 하고 있는 영국인 실업가의 딸인 세일을 만나 결혼을 하게 되었다. 이때 기일의 나이는 47세, 세일의 나이는 37세였다. 10살의 차이가 있었지만 금술 좋은 부부였다고 한다.

기일 선교사는 진정 한국인들의 좋은 벗이었다. 그는 감옥에서 전도했던 이승만, 이상재, 이원긍, 유성준, 김정식, 안구선 등을 중심으로 황성기독교청년회(YMCA)를 조직하고 초대 회장이 되었다. 그러나 기일은 이들만 상대하지 않고 동대문 근방에서 사는 갓바치, 연못골의 갓바치, 지금의 충신동 일부의 배추장사 등에게 좋은 친구가 되었다. 이러한 관계로 연동교회는 천민이 많이 다니는 교회로 소문이 났으며, 어느 날 장로를 선거하는데 양반은 하나도 안 되고 천민들이 장로로 당선이 되자 1910년 이원긍, 함태영 등을 중심한 양반들이 묘동교회를 세웠다는 일화가 있다.

기일은 자신의 집에서 장구, 꽹과리, 피리소리를 끊어지지 않게 하였다. 천민들이 피리소리를 듣고 모두들 기일 선교사 집에 모여 한마당 놀이를 하면서 지낸 적이 한두 번이 아니었다고 한다. 그래서 요즘 유행하는 말처럼 선교사들 사이에서 왕따를 당한 일이 한두 번이 아니었다고도 한다. 그도 그럴 수밖에 없으니 "신학교 문턱도 가 보지 못하고 목사 안수를 받았으니, 그러면 그렇지 신학을 모르니까."라고 말하며 그가 없는 자리에서는 항상 말들이 많았다. 그러나 기일 선교사처럼 43권이나 되는 책을 번역, 발행한 사람은 아무도 없었다.

1937년 1월 31일 기일은 하나님의 부르심을 받았다. 그의 한국에서의 업적들을 생각할 때 그의 무덤을 영국에 놔둘 것이 아니라 서울 양화진에 옮겨, 한국의 교인들로 하여금 그의 묘비를 보며 "나도 저렇게 살다 가야지……" 하는 마음을 갖게 하면 얼마나 좋을까 하는 생각을 가지게 된다.

### 4. 소외계층 선교

#### 1) 스크렌톤 선교사와 남대문 시장

한때 알렌에게 협조하면서 진료에 임했던 스크렌톤 박사는 정동에 병원을 개원하고, 가난한 환자들을 무료로 진료하는 등 가난한 사람들에게 은혜를 '베푸는 병원'이란 뜻에서 시병원(施病院) 간판을 내걸고 훌륭한 진료의 업적을 남기었다. 서울 장안에 환자들을 무료로 진료해 주고 생활비까지 책임져 준다는 소문이 나돌자 환자 행렬은 줄을 이어 갔다. 그 결과 1886년에서 1887년까지 1년 동안에 2천여 명의 환자를 치료하는 초인적인 활약을 보여 주었다. 특히 콜레라가 번졌던 1887년 5~6월 2개월은 500명을 치료했다는 사실을 볼 때, 얼마나 헌신적으로 한국 민중을 사랑했는가를 단적으로 말해 주고 있다. 이처럼 몰려드는 환자를 감당할 수 없어 제중병원의 헤론 의사도 와서 협력했다고 하니 혼자 힘으로는 감당할 수 없는 매우 벅찬 일이었음에야 틀림이 없다.

당시 유교문화권이었던 한국은 남자 의사가 여자 환자를 치료한다는 것은 용납되지 않는 일이었다. 그래서 스크렌톤 박사의 어머니 요청에 의해 본국 선교부에 여의사를 요청하게 되었고 1887년 10월 하워드(M. Howard)가 시병원에 도착하였다. 하워드는 시병원 한 칸을 빌려 사용하다가 몰려오는 여자 환자를 수용할 수가 없게 되어 단독 건물을 얻어 병원 문을 열었는데, 이곳이 바로 한국 최초 부인진료소인 '보구여관'이다.

스크렌톤 박사가 진료하고 있던 병원은 항상 많은 사람들이 모여들었고, 맥길(W. McGill) 선교사가 도착하여 그를 도왔다. 스크렌톤 박사는 1888년 10월 가난한 남대문 시장통에 사는 민중들을 위해 진료를 하였다. 이후 환자가 몰려오자 정동 시병원을 상동으로 이전하여 상동병원이라 이름을 짓고, 상동병원을 중심해서 상동교회가 설립되게 되었다. 스크렌톤 박사는 의사이면서 목사였기 때문이다. 이어 빈민들의 민중선교를 위해서 남대문 시장으로 옮기고 교회를 세웠는데 현재의 상동교회가 바로 스크렌톤 박사가 설립한 교회이다.

### 2) 스크렌톤 가(家) 선교사 족보

스크렌톤의 풀 네임은 윌리엄 벤톤 스크렌톤(William Benton Scranton)이다. 그는 1856년 5월 29일 미국 커네티컷 주 뉴 헤븐에서 출생하였다. 그의 부친은 평범한 시민으로서 제조업에 종사했으며, 그가 16세 되던 해에 사망했다. 스크렌톤 여사는 나이 40세에 남편과 사별을 해야 하는 슬픈 일을 당했다. 스크렌톤의 어머니 메어리 플레쳐 스크렌톤은 뿌리 깊은 신앙의 가문에서 자랐으며, 그녀의 아버지와 오빠도 감리교회의 목사였다.

그의 아들 스크렌톤은 어머니의 영향을 많이 받아 자연히 신앙적으로 잘 성장할 수 있었으며, 목사와 의사로서 자격을 갖춘 엘리트 선교사가 되었다. 그는 어머니의 영향으로 예일대학 신학부에 진학을 하였으며, 그곳에서 신학수업을 마치고 다시 뉴욕 의과대학에 진학하여 의술을 연마하였다. 의사가 되자 곧 암스(L. W. Arms)와 결혼을 하고 클리브렌드에서 개업을 하였다. 스크렌톤 박사는 그의 일기에서 이렇게 말하고 있다. "그런데 1884년 어느 날 일본에서 선교사로 활동하던 맥클래이 목사가 클레브렌드에 계신 어머니를 뵈러 왔었습니다. 그는 응접실에서 나를 만나자 한국 선교사로 가는 것이 어떻겠느냐고 물었습니다. 나는 그 말을 듣는 순간 '해외 선교에 대해서 전혀 관심이 없습니다. 더구나 '코리아' 라 하는 나라는 전혀 들어 본 일도 없습니다. 그저 저는 이곳에서 인디언 선교와 국내 선교를 조금 돕는 정도뿐입니다.'"

맥클래이 선교사는 스크렌톤에게 거부를 당하자 더 이상 권면하지 않고 실망한 얼굴로 그의 응접실을 빠져나왔다. 그리고 자신의 기도가 부족함을 자책하며 일본으로 돌아오고 말았다. 맥클래이 선교사가 떠난 지 얼마 안 된 여름, 뜻하지 않게 스크렌톤 박사는 지독한 장티푸스 병에 걸렸다. 그때 어린 딸까지 아팠으니 부인은 남편을 돌볼 시간이 없었다. 그 대신 그의 어머니가 스크렌톤 박사를 정성껏 간호를 하면서 하나님께 열심히 기도를 드렸다. 그 후 회복될 기미가 보이자 어머니의 기쁨은 매우 컸다. 스크렌톤은 "어머니, 저는 병상에서 하나님의 음성을 들었습니다. 저를 고쳐 주시기만 하면 아프리카를 빼놓고 어디든지 가겠습니다라고 했습니다. 어머니, 이제 저는 맥클래이 선교사가 요청했던 '코리아' 로 가겠습니다."

스크렌톤 박사의 결심에 놀란 어머니는 그냥 있을 수가 없어서 자신도 아들과 함께 한국 선교사로 가기로 결심을 하고, 미국 감리교회 해외여선교회에 서신을 보내게 됐다. 이 서신을 받은 해외여선교회에서는 그의 신앙고백서를 받아 보고 모두들 깜짝 놀랐다. 이렇게 나이든 여자가 어떻게 선교사로 나가서 일을 할까? 그러나 기도하고 보냈던 서신이었기에 이들은 모두 감동이 되어 아들 스크렌톤 부부와 딸이 함께 갈 수 있도록 우선 허락을 해 주었다. 그 후 스크렌톤 박사는 미국 감리교회 해외선교부에 찾아가서 한국 선교사로 나가겠다고 지원서를 제출하자, 모두들 기뻐하였다. "이제 맥클래이 선교사의 기도가 이루어졌습니다.

빨리 수속을 해서 온 가족이 선교사로 갈 수 있도록 수속을 밟아 주도록 합시다."

이렇게 하여 스크렌톤 박사는 미국 감리교회 해외선교부의 주선으로 1884년 12월 4일 뉴욕에서 목사안수를 받고 한국을 갈 수 있게 되었다. 스크렌톤은 의학박사이면서 목사안수까지 받았기 때문에 선교사로서 전여 부족함이 없는 좋은 조건을 갖추고 있었다. 때마침 아펜젤러 선교사 부부도 이들과 함께 1885년 2월 3일 샌프란시스코에서 일본으로 가는 배를 타고 그리운 가족, 친지들을 뒤로 남겨 두고 그 기나긴 태평양 항해 길에 올랐다. 아침이 되면 그 넓은 바다 한가운데서 떠오르는 태양은 이들의 한국 선교행을 축복이나 해 주듯이 찬란하게 비추어 주었고, 저녁이 되면 붉은 노을이 그들이 도착할 서쪽 하늘을 아름답게 장식해 주었다. 이럴 때마다 이들 두 가정이 모여 더 열심히 하나님께 기도하였고, 맥클래이 선교사가 기다리고 있는 일본 요코하마 항에 2월 27일에 도착을 하였다.

스크렌톤 박사 가정을 만난 맥클래이 선교사는 자신이 머물고 있는 동경에 있는 집으로 안내를 하였다. 때마침 그곳에서 한국 출신인 이수정을 비롯해서 개화파 지도자들인 김옥균, 서광범, 홍영식, 서재필, 유성준 등을 만나 인사를 나누었다. 한편 일본 동경에서 한국 감리교회 선교사회의로 모였다. 1차로 아펜젤러 가족이 언더우드 선교사와 함께 떠나게 되었고, 2차로 스크렌톤 박사 네 가족과 헤론 선교사 가족이 함께 출발하기로 하였다.

### 3) 제중원 원장 헤론

광혜원이 제중원으로 이름을 바꾸었다. 그동안 원장으로 수고했던 알렌은 선교사의 일을 접어 두고 주미 한국 공사로 일자리를 옮기어 갔다. 1887년 9월 헤론이 원장으로 취임했으며, 이 무렵 간호원이었던 엘러스(A. J. Ellers)가 여기에 참여하였다. 1886년 제중원의 건물을 구리게(현 명동 입구)로 옮기었다. 헤론은 한국 의료선교를 자신의 몫으로 알았다. 본국에 보낸 서신 중에 이런 내용이 있다. "단순히 나 자신의 의학 기술을 시행하는 데에 있지 않음을 잊을 수 없습니다. 나는 그들을 위해 돌아가신 구세주를 이 사람들에게 알리기를 열망합니다. 이하 생략." 헤론은 위대한 의사가 바로 예수님이라는 사실을 분명하게 밝히고 있다. 그리고 많은 사람들을 기독교로 개종하는 일에 힘을 쏟았다. 이 무렵 엘러스의 후임으로 홀튼(L. S. Horton)이 부임하여 부인과를 진료하였다. 홀튼은 정동에 모화관 진료소를 개설하고 진료에 힘을 기울였다. 그 후 홀튼은 언더우드와 결혼을 하였다.

헤론이 제중원 원장으로 취임하자 그의 일은 점점 바빠지기 시작하였다. 알렌이 관료적인 권위를 갖고 진료를 하였다면 헤론은 그렇지 않았다. 한국의 가난한 환자를 진료하는 일이 바로 예수님의 사랑을 실천하는 일이라고 생각하며 치료에 임했다. 그의 정신은 그 누구도 따라갈 수 없었다. 이러한 결과로 제중원은 점점 확장되어 가고 있었다.

이처럼 헌신적으로 진료에 임한 헤론은 1856년 6월 영국에서 회중교회의 목사 아들로 출생하였다. 14세 때 미국 이민의 대열에 끼어 미국에 도착하여 메리빌 대학을 거쳐 테네시 대학 의학부를 우등생으로 졸업하였다. 대학 당국에서는 그가 의학부에 머물러 연구할 교수요원으로 남아 달라고 요구를 하였지만, 병들어 죽어 가는 가난한 나라 한국에 가서 생명 살리는 운동을 해야 한다면서, 미국 북장로교회 선교부를 방문하여 한국 의료선교사로 지원을 하였다. 이 지원서를 접했던 미국 북장로교회는 깜짝 놀랐다. 장래가 촉망되는 대단한 의사가 자진해서 병으로 시달리고 있는 수많은 가난한 한국인을 위해, 그것도 위생시설이 열악한 곳에 선교사로 사역하겠다는 말에 모두들 놀랐으며, 또한 감사한 마음으로 한국에 파송하였다. 헤론은 예정대로 일본에 도착하였으며, 일본 요코하마 헵번의 집에 얼마 동안 머물면서 이수정으로부터 한국어도 배우고, 선교사로서의 필요한 자질을 선배인 의사 헵번으로부터 배우게 되었다.

### 4) 선교사들만의 조직체인 공의회

헤론 선교사는 비록 한국 선교사의 선두주자가 되지는 못했지만 한국 의료선교에 큰 공을 쌓기도 하였다. 처음에는 제중원에서 의사로서 진료를 하였지만 알렌이 사임한 후로는 그 많은 업무를 모두 자신이 떠맡게 되었다. 그러나 이것도 하나님의 큰 축복으로 알고 일을 감당했다. 그는 기도만이 신앙의 에너지가 된다면서 이미 법률로 예배행위가 금지되었지만 그가 서울에 도착한 지 일주일 후인 1885년 6월 28일 밤에 알렌 부부, 헤론 부부, 스크렌톤 의사와 그의 어머니, 부인 등이 참석한 가운데 예배를 시작하였다.

비록 외국인 중심의 예배였지만 한국에 첫 예배는 제중원에서 시작하였다. 예배가 금지되었던 한국 땅에 첫 예배를 드렸던 이들의 마음이 얼마나 감격스러웠을까.

헤론은 그 누구보다도 책임감이 강한 의사였다. 헤론은 제중원의 원장이라는 직책만 그의 사명으로 알지 않고, 모든 한국인들의 영과 육이 함께 구원을 받아야 한다는 의식을 가졌다.

매 주일이 되면 선교사들은 제중원에 모여 예배를 드렸다. 물론 예배 인도는 목사인 언더우드, 아펜젤러, 스크렌톤 등이 담당했다. 스크렌톤은 목사이면서 의사였기에 이들과 함께 돌아가면서 설교를 하였고, 주일 예배를 진행하였다. 이 예배는 제중원이 구리게로 이동해서도 여전히 계속 진행되었다.

일본에서 이수정이 발간했던 마가복음으로는 전도에 부족함을 느낀 이들은 1887년 언더우드, 아펜젤러, 헤론, 스크렌톤, 알렌 등이 모여 성경번역작업을 위한 기초를 형성하는 데 큰 공을 세우기도 하였다. 그 후 1889년 10월 호주 장로교회의 선교사로 파송을 받고 서울에 도착한 데이비스(J. H. Davies) 선교사가 내한하자 선교사공의회를 조직하고 초대

회장에 헤론, 서기에 데이비스가 선임되었다.

또한 1890년 6월 새로 한국에 도착한 선교사들을 대거 참여시켜 '대한성교성회'(현 대한기독교서회)를 창설하였다. 헤론 선교사는 환자를 진료하는 데에 매우 적극적이었다. 그는 항상 가방 속에 성경책, 진료기, 비상약품 등을 챙겨 들고 다녔다.

## 5. 외국인의 영원한 안식처 양화진

### 1) 헤론 선교사의 순교

헤론은 제중병원에 입원에 있는 환자들은 간호사에게 맡기고 따갑게 내려 쬐는 햇볕을 받으면서 진료가방을 챙겨들고 100리 이상되는 원거리로 다니면서 전염병을 진료하였다. 어느덧 초여름이 가까워지면서 7월이 다가오고 있었다. 7월이 되어 서울에 있는 선교사들이 경기도 광주에 있는 남한산성 선교사 휴양지로 떠날 채비들을 하고 있었다. 그동안 한국인 환자와 씨름하면서 진료에 임했던 헤론도 가족과 함께 남한산성에 가서 쉴 수 있는 기회가 오게 됐다. 그는 가족을 이끌고 남한산성 휴양지로 옮기어 갔고, 제중병원은 간호사에게 맡기고 떠났다. 그런데 짐을 풀어놓은 지 몇 일이 안 되어 제중병원 종업원이 말을 타고 급히 달려왔다. "선교사님, 지금 한 한국 사람이 중한 병에 걸려 수술하지 않으면 안 될 위험에 놓였습니다. 빨리 이 말을 타시고 가야 합니다."

이 말을 들은 헤론 선교사는 가족과 다른 선교사들을 뒤로하고 말을 몰아 서울 제중병원으로 달려갔다. 그런데 뜻하지 않게 폭풍우가 몰아치면서 앞이 전혀 보이지 않는 상태가 되었다. 또한 길은 평탄치 않았다. 가다가 말이 발을 잘못 내딛는 바람에 넘어지는 일도 있었다. 몸 상태가 말이 아니었다. 도저히 환자를 살펴볼 수 있는 기력도 없었다. 수술해야 할 환자는 보지도 못하고 자신이 먼저 병상에 눕고 말았다. 참으로 딱하였다. 옆에 있는 간호원의 수고도 헛되어 결국 과로에 피로가 겹쳐 그만 헤론은 일어나지 못하고 병상에서 다른 의사의 도움을 받아야 할 처지에 놓이고 말았다. 이 소식이 남한산성에 있는 헤론 부인과 두 딸에게 알리어지자 급히 내려와 병실을 찾았지만, 이미 그의 육체는 소생할 가망이 없었다.

결국 그는 한국에서의 선교사역을 자신을 구원시키신 예수께 맡기고 아버지 품으로 향하였다. 헤론은 떠나기 전 자신을 향해서 눈물을 흘리고 있는 부인과 두 딸 그리고 한국인 환자들에게 이런 말을 남기었다. "예수는 여러분을 사랑합니다. 주님은 여러분을 위해 그의 생명을 바쳤습니다. 주님을 믿으십시오!" 이 얼마나 훌륭한 유언인가.

### 2) 양화진에 첫 안장

헤론이 하나님의 부름을 받은 후 그의 시신을 안장하는 데 문제가 생겼다. 원래 외국인들이 사망하게 되면 인천 외국인 묘지로 가야 했다. 그러나 따갑게 내려 쪼이는 7월인지라 인천까지 운구할 수 없는 처지에 놓였다. 그래서 선교부 대표들은 4대문 안에 안장하려고 하였지만 이 일이 허락되지 않자, 할 수 없이 정동에 있는 헤론의 집 마당 옆에 있는 조그마한 땅에 임시로 가매장하였다. 서울에 사는 시민들이 이 소식을 접하고 매일같이 "양놈의 시신을 파내어 인천으로 옮기어 가라. 옮기어 가라!"는 구호를 하루가 멀다 하고 외치며 매일같이 정동으로 사람들이 모여들기 시작하였다.

결국 사람이 살고 있는 서울 장안에 사람을 매장했다는 소문이 정부 고관의 귀에 들어가고 말았다. 그리고 그가 사망한 지 3년 만에 장안 4대문 밖 버려진 땅인 마포구 합정동에 있는 양화진의 양지바른 땅에 헤론의 시신은 안장되게 되었다.

1884년 9월에 입국한 알렌 의료선교사

미국 북장로교회 선교사 언더우드가 1885년 4월 5일 인천 제물포항에 아펜젤러(감리교회) 선교사와 함께 상륙

1885년 5월 고종 황제로부터 홍영식 저택을 하사받아 광혜원을 개원

그해 광혜원 원장으로 취임하면서 제중원으로 명칭을 바꾸었던 헤론 선교사

모삼열은 1893년 곤당골(현 롯데호텔)에서 백장을 모아 놓고 교회를 설립하고 인사동으로 옮기면서 승동교회라 불렀다. 평생을 백장해방운동을 전개하였으며, 그의 묘는 양화진에 있다.

미국 북장로교회 선교사 일동(1893년 서울에서)
첫째 줄 그리함 리 옆에 도티, 에비슨, 라우렌스, 밀러부인(흰 드레스)
둘째 줄 언더우드 부부, 베어드 부부, 스왈렌 부부, 무어 부부
셋째 줄 왼쪽부터 게일, 브라운, 미쓰 어벅클, 마펫, 키포드 부부

1886년 언더우드가 세운 예수학당(1891)

3·1운동 시 탑골에서 독립선언서를 낭독했던 정재용(좌측) 독립선언서를 작성했던 최남선(1954. 탑골공원에서)

1900년 사망했던 헤론 선교사 묘비가 양화진에 자리 잡고 있다.

2부 한국에 입국한 선교사들 85

1893년 서울에서 4개 선교부 선교사(호주, 캐나다, 미국 남·북장로교회)가 모여 선교공의회 조직(회장 이눌서, 서기 마삼열)에 참여한 선교사 일동

1901년 조선예수교장로회 공의회를 서울에서 조직하였다.
첫째 줄 전킨, 포트, 아담슨, E·H 밀러, 게일, 샤프, 바레트 / 둘째 줄 로스, 사이드보드햄, 렘, 번하이슬, F·S 밀러, 불레어
셋째 줄 마펫, 미래아, 반트, 불, 브리엔, 한드, 베어드 / 넷째 줄 데이트, 아담스, 해리슨, 웟테모, 웰톤, 스왈렌, 엥겔

# 3부 영남 지방에 내한한 선교사들

1. 부산선교부 선교사들
2. 대구선교부 선교사들
3. 안동지역

# 3부
# 영남 지방에 내한한 선교사들

## 1. 부산선교부 선교사들

### 1) 배위량 선교사의 첫 부산 상륙

부산에 기독교가 소개되기는 개항 이후 일본 요코하마에 있는 스코틀랜드 성서공회 총무 톰슨(J. H. Thomson)이 중국 심양에 있는 로스 선교사로부터 로스 역 한글판 쪽복음 2천여 권과 전도지를 받아, 1882년 일본인 신자 나까사까(長坂)를 파송하여 책을 팔도록 하면서부터였다. 이어 1884년에는 총무 자신도 함께 일본인 스가노(管野), 미우라(三浦) 등을 대동하여 부산에 건너와, 동래부사(東來府使)의 영접까지 받으면서 비교적 순탄하게 성경을 판매할 수 있었다. 더욱이 장날이 되면 쪽복음은 불티나듯 팔려 나갔는데, 부산 사람들은 새로운 기독교에 대해서 많은 호기심을 갖게 되었다.

그러나 1886년 스가노가 죽고 미우라가 해직되자 자연히 성경보급소는 문을 닫게 됐다. 비록 짧은 기간이었지만 부산 사람들에게는 큰 영향을 주었으리라고 생각된다. 이러한 뜻을 알았던 영국 성공회에서도 부산 선교에 관심을 갖고 기도하던 중 1885년 중국 복주(福州)에서 선교를 하고 있던 영국 성공회 소속 울푸(J. H. Wolfe) 부주교가 중국인을 대동하고 부산에 도착을 하였다. 이들이 가는 곳마다 복음은 쉽게 전달되었다. 이미 일본인들이 성경을 뿌리고 다녔던 결과라고 생각된다. 이러한 반응을 얻었음에도 불구하고 영국 성공회 선교회에서는 한국 부산까지 선교할 재정적인 문제가 해결되지 않자, 할 수 없이 울푸 부주교는 호주에서 발간하는 선교잡지에 부산 선교에 긴박성을 알렸다. 이 글을 읽은 호주의 젊은 청년 남매인 데이비스(J. H. Davies) 목사와 호주 장로교회 선교사로서 누이 미스 데이비스(Miss M. T. Davies) 선교사는 함께 부산 선교의 한 알의 밀알이 되겠다는 의지를 갖고 그 멀고 먼 호주를 떠나서 한국에 선교사로 오게 되었다.

이들이 한국에 오기 전 이미 부산에는 1891년 3월부터 베어드(W. M. Baird 이하 한국명 배위량으로 표기) 선교사가 미국 북장로교회 선교사로 파송을 받고 부산에 왔다. 또한 캐나다에서도 의료선교사로 하디(R. A. Hardie 이하 한국명 하리영으로 표기)가 오게 됐다. 때마침 부산에 콜레라와 천연두가 널리 퍼져 있었기 때문에 의료선교사인 하리영의 인기는 대단하였다. 부산에 자리를 잡고 일을 하던 배위량 선교사는 매우 바쁜 시간을 보냈다. 이미 구입한 땅에 선교사 주택을 짓고 건축 자재를 구입하기 위해서 일본을 자주 왕래해야 하는 일들은 그를 더욱 바쁘게 만들었으며, 시간이 나면 경상남도에 속해 있는 여러 지방을 방문하는 일정에 의해서 선교하는 것이 보통 힘든 일이 아니었다. 그는 약 1년 7개월 동안 마산, 진주, 김해, 동래, 상주, 안동, 울산, 밀양, 대구 등지를 두루 다니면서 예수님의 깃발을 휘날리고 다녔지만, 미국 북장로교회 선교정책에 의해 1894년 부산을 접어 두고 대구로 선교지를 옮기게 되었다.

### 2) 영남 지역 첫 순교자 데이비스

미국 북장로교회 선교사들만이 서울에 정착을 하고 있을 때 앞으로 많은 교단에서 한국에 선교사를 보낼 것을 생각해, 이들은 서울에 도착하자 한국 선교사공의회를 조직하고 회장에 헤론 선교사, 서기에 데이비스 선교사를 각각 선출하였다. 1889년 10월 한국 선교사공의회 결의에 따라 부산을 선교지로 결정하고 난 데이비스의 결심은 대단하였다. 그래서 성경책과 전도지, 몇 가지 약품을 준비해서 1890년 4월 데이비스는 누이를 서울에 남겨 둔 채 부산으로 어학교사와 조사를 수행하러 출발하게 되었다. 4월이 되었지만 꽃샘추위는 그 어느 때보다 더 심하여, 10일 이상 말을 타고 항도 부산을 향해 간다는 것은 보통 힘든 일이 아니었다. 10여 일이란 긴 여행은 보통 힘든 일이 아니었다. 산적이나 무서운 짐승을 만날지도 모른다는 것이 이들에게는 하나의 공포의 대상이 됐다.

그러나 조금도 두려워하지 않고 힘차게 내딛었던 발걸음은 어느덧 목적지인 부산항에 1890년 4월 11일에 도착하였다. 이들이 움막과 같은 집에서 머무는 동안 밤만 돌아오면 빈대, 벼룩, 이가 우글거리기에 잠자리가 보통 걱정이 아니었다. 더욱이 부산에 도착한 지 얼마 되지 않은 때 그 움막에서 데이비스는 큰 병으로 고생하게 되었다. 그들은 캐나다 선교사로 부산에서 활동하는 기일 선교사에게 연락하여 구원을 요청하였다. 이 소식을 접한 기일 선교사는 데이비스 선교사가 누워 있는 움막집을 찾아 나섰다. 이미 병이 많이 진척된 그를 우선 움막에서 자신의 집으로 옮기어 놓고, 부산 시내에서 개업하고 있는 일본인 의사를 불렀다. "기일 선교사님 가망이 없습니다." "의사 선생님 이분을 꼭 살려 주어야 합니다." "이미 급성폐렴과 함께 천연두까지 있어서 제 의술로는 살릴 수 있는 가능성이 없습니다." 의사의 말을 들은 데이비스는 자신이 부산 선교를 위해 한 알의 밀알이 되기를 바라며 하나님을 향해 기도하였다. "제가 주님의 명령을 받고 그 멀고 먼 호주에서 이곳까지 왔지만, 선교 한 번 해 보지 못하고 하나님의 나라를 가는 것은, 저로 하여금 밑거름이 되라는 뜻으로 알고 기쁜 마음으로 주님 곁으로 가겠습니다." 이러한 말을 남기고 그는 주님의 부르심을 받았다. 1890년 4월 15일 외국인 선교사로서는 최초로 영남 지방에서의 첫 순교였다.

### 3) 호주 선교사들의 내한

기일 선교사는 동료의 죽음을 더 이상 슬퍼할 수 없어서 호주가 있는 남쪽 하늘을 바라보면서 "데이비스 선교사의 죽음이 헛되지 않기를 바란다."며 몇 번이고 소리쳤다. 기일 선교사는 한국인의 도움을 얻어 부산시에서 그리 멀지 않은 외곽에 그의 시신을 묻고 이런 말을 남기었다. "선교사님, 당신의 죽음은 한 알의 밀알이 되었습니다. 앞으로 부산에 놀라운 기적의 역사가 일어날 것입니다." 그의 조사들은 애석한 마음을 안고 서울로 발걸음을 옮겼지만 발걸음을 놓을 때마다 그렇게 무거울 수가 없었다. 데이비스 선교사의 어학 교사와 조사는 미어지는 듯한 가슴을 안고 다시 서울로 돌아와야 하는 딱한 처지에 놓이게 되었다. 그의 누이에게 무엇이라고 말을 해야 좋을지 보통 걱정이 아니었다. 그들은 데이비스의 누이에게 데이비스의 죽음을 알렸고 이에 충격을 받은 누이는 잠시 쓰러져 있었지만 곧 정신을 차렸다. 데이비스의 누이는 이 사실을 본국에 알리기 위해 호주를 향해하는 배를 찾아 일본 고베로 갔으며, 다시 일본 고베에서 호주로 가는 배에 승선하였다. 그리고 몇 번이고 오빠의 죽음이 헛되지 않기를 간절히 기도하면서 호주에 도착을 하게 됐다.

한편 서울에 머물고 있던 선교사들은 데이비스의 죽음이 데이비스의 일로만 끝난다고 생각지 않았다. 어쩌면 곧 자신들에게도 닥쳐 올 수 있음을 알고 각오를 단단히 하고 있었다. 이러한 때에 그가 사망한 지 3개월 만에 헤론 선교사가 과로가 겹쳐 하나님의 부르심을 받았으니 두 번째 만난 비극이었다. 데이비스 여선교사는 슬픈 마음을 안고 한국을 떠났지만 오빠의 죽음의 피가 헛되지 않기 위해서 곧 귀국하여, 멜버른에 자리 잡고 있는 빅토리아 노회에 가서 한국 상황을 상세하게 보고하고 다녔다.

### 4) 맨지스와 일신여학교

부산에 선교사들이 자리를 잡고 선교활동을 했던 결과로 1891년 부산진교회를 설립하면서 부산은 데이비스 선교사의 죽음을 헛되지 않게 하였다. 부산선교부가 출범하자 여기저기 선교여행을 다녔고, 1893년에는 부산 초량교회를 설립하는 등 활발하게 교회를 개척해 나갔다. 그러나 이러한 과정에서 또 한 사람의 선교사가 병들어 죽어야 하는 슬픔을 만나게 된다.

부산은 아직도 생활 환경이 좋지 못하였다. 특히 선교사들이 살 수 있는 주거가 제일 문제였는데, 일본인이 사용하던 빈 창고를 개조해서 그런 대로 방을 꾸미고 얼마 동안 안식할 수 있었지만, 겨울을 만나자 부산 앞바다에서 불어오는 세찬 바람이 너무도 차가와 견딜 수 없었다. 마침내 매케이 부인이 병에 걸리고 말았다. 이때 캐나다에서 의료선교사로 파송을 받고 진료를 하고 다니던 하리영 선교사 마저 원산으로 선교지를 옮기어 갔기 때문에 그의 병을 치료해 줄 분이 주님밖에 없었다. 이때 선교사들은 밤을 지새우면서 하나님께 호소하는 기도를 열심히 드렸다. 그러나 부산에 도착한 지 3개월 만에 하나님은 그녀를 불러 가고 말았다.

매케이 선교사는 부인을 잃었으니 얼마나 마음이 아팠을까. 그는 몇 날을 뜬눈으로 보내며 주님을 향해 기도하였다. 이미 데이비스 선교사가 부산에서 떠나 버렸고 이어 두 번째로 죽음을 만났으니 다음은 누구의 차례일까. 그러나 이러한 일들을 접어 두고 모두들 생사를 하나님의 뜻에 맡기고 선교사역에 매진하였다. 결국 데이비스, 매케이 선교사 부인의 죽음의 터 위에 부산진교회가 자리를 든든하게 잡아 가고 있었다. 매케이 선교사는 이듬해 동료 선교사인 포세트와 재혼을 하고 다시 선교사역에 임하였다. 그러나 두 번째 부인인 포세트도 알 수 없는 병에 걸렸고 고생하는 모습을 더 이상 볼 수 없었던 그는, 1893년 8월 선교사직을 접어 두고 따뜻하고 환경이 좋은 고향 호주로 귀국하고 말았다.

비록 환경이 좋지 않지만 한국인과 함께 죽겠다는 각오를 했던 독신녀 멘지스, 페리 선교사들은 3명의 한국 고아들을 자신의 거주지에 모아 놓고 함께 생활을 하였다. 이러한 소식이 어느덧 부산 시내에 알리어지자 아이들이 하나둘 모여들어 어느새 많은 고아들이 모여들었다. 선교사들은 이들을 정성껏 돌보았으며, 이 소식이 호주까지 알리어지자 시내 좌천동에 한 초가집을 살 수 있는 선교헌금이 보내졌다. 이러한 후원에 힘을 얻어 1895년 5월 "날마다 새롭게 살자"는 슬로건을 내걸었고 그 명칭이 일신(日新)여학교가 됐다. 역시 초대 교장은 멘지스가 맡았으며, 페리 선교사는 사감으로 학생을 맡아 수고를 하였다.

### 5) 왕길지 선교사 내한

일신여학교는 이름 그대로 날마다 새로워지는 학교로 발전을 하였다. 1900년 10월 호주 장로교회 선교사로 파송을 받고 왔던 엥겔(G. Engel, 이하 한국명 왕길지로 표기) 선교사 부부는 호주 장로교회 해외선교부 실행위원들의 환송을 받으면서 부인과 함께 부산에 도착을 하였다. 왕길지 선교사는 원래 1864년 10월 독일에서 출생하였다. 스위스 바젤에서 미술과 신학을 연구하였으며, 그 후 영국에 유학하여 에딘버러에서 연구생활을 하였다. 1893년 인도 교육선교사로 파송을 받고 활동을 하다가 가족이 호주로 이민을 떠나자 호주로 이주하게 됐다. 인도에서 선교했던 경험을 되살려 다시 한국 교육선교사로 나왔으며, 일신여학교 제2대 교장을 맡아 수고를 하였다.

왕길지 선교사는 일신여학교 교실을 센타로 정하고 매년 농한기를 만나면 부산뿐만 아니라 경남 일대 농촌 교회 지도자들을 모아 놓고 사경회와 달성경학교를 운영하였다. 당시는 철저하게 유교 문화권에 속해 있던 때라 남자는 남자 선교사들이 맡아서 교육을 시키고, 여자는 멘지스, 페리, 무어, 여기에 왕길지 부인도 참여하여 가르쳤다. 그런데 그렇게 열심히 일하던 왕길지 선교사 부인이 1906년 과로와 함께 밀려오는 알 수 없는 병에 그만 사망하고 말았다. 이 일은 부산에 있는 여자 선교사들에게 큰 충격이었다. 혹시 자신에게 죽음이 대기하고 있지 않을까 걱정한 것도 사실이다. 그러나 이들은 이러한 걱정을 모두 하나님께 맡기고 그 멀고 먼 마산, 진주, 하동까지 다니면서 선교활동을 하였다.

왕길지 선교사는 멘지스가 설립했던 일신여학교 제2대 교장직을 맡았으나 혼자 생활할 수 없었던 그는 일시 귀국하여 한국 선교 상황을 보고하고, 그곳에서 브라운(A. Browon)을 만나 재혼하여 1907년 다시 부산으로 부인과 함께 부임하게 됐다. 왕길지 선교사는 어학에 재간이 있어서 헬라어, 히브리어 교수로 부산과 평양을 오르내리면서 목회자들을 양성하였으며, 이와 함께 숭실대학에서도 헬라어와 히브리어를 강의하였다. 그는 1937년 정년이 넘는 73세에 두 학교와 호주 선교사를 사임하고 귀국하였다. 그는 총회에 공헌한 일이 하도 많아 1913년 9월 서울 소안동교회(현 안동교회)에서 모인 조선예수교장로회 총회에서는 제2대 총회장으로 선임되기도 했다. 당시 많은 선배들이 있었지만 선배들을 제치고 총회장이 됐다는 것은 호주 선교사로서는 처음이고 크나큰 명예이기도 했다. 그 후 왕길지 선교사는 노후를 호주의 고향에서 잊을 수 없는 제2의 고향 부산의 하늘을 바라보면서, 일제가 그 무서운 폭력적인 전쟁에서 패하고 하루 속히 조선이 해방되기를 간절히 기도하다가 1939년 5월 24일 하나님의 부르심을 받고 멜버른에서 생을 마감하였다.

### 6) 손안론 선교사와 창신학교

멘지스, 페리 여선교사에 의해 설립된 부산 일신여학교는 여걸 박순천 여사 같은 걸출한 인물을 양성했는가 하면, 1919년 3월 11일에는 이 학교의 교사인 주경애, 박신연 등 학생 11명이 밤을 새우면서 태극기 50매를 만들어 밤 9시에 시민학생들과 함께 부산에서 독립만세를 부르짖은 일도 있었다. 이 일로 이들은 모두 체포되어 각각 형을 받고 수감되었다. 그 후 이 학교는 동래구 복천으로 이전을 하고 동래일신여학교라 부르게 됐다. 그러나 신사참배 문제로 호주 장로교회 선교부에서 손을 떼자 이 지역의 교회 신자인 노태환, 임명호 등이 사재를 털어 학교를 인수하였고, 1940년에 일신여학교 졸업식으로 마감을 하였다. 그 후 동래학원을 설립하고 일신여학교를 동래여학교라 하였고, 오늘에 이르러서는 동래여자중·고등학교로 운영해 가고 있다.

1984년 아담슨(A. Adamson, 이하 한국명 손안론으로 표기) 선교사 부부는 호주 빅토리아 청년 신우회 후원으로 내한하여, 부산 초량교회와 항서교회를 설립하는 등 많은 공을 세웠다. 그런데 그의 부인이 부산에 도착한 지 1년 만에 그만 알 수 없는 병에 걸려, 의사들과 선교사의 노력에도 불구하고 세상을 떠나고 말았다. 손안론 선교사는 그 이듬해에 페이네 여선교사와 결혼을 하고 선교구역을 마산으로 옮기어 마산선교부를 설립하였다. 마산 시내에는 많은 일본인들이 와서 살고 있었으며, 일본인들은 마산에 1901년 성호학당, 1902년 월영학당을 각각 설립 운영하고 있었다.

손안론 선교사는 일본인 교육에 뒤질세라 마산에 도착하자마자 그의 첫 사업으로 성경을 가르치는 청소년 교육에 선교적 관심을 갖고, 1905년 마산 창신학교를 설립하고 교장직을 맡음과 동시에 마산포교회(현 마산문창교회)를 설립하여 당회장이 됐다. 원래 손안론 선교사는 호주에서 출생하였지만 영국 성공회 파송으로 중국에서 6년간 선교활동을 하다가 한국으로 임지를 변경하게 된 것이다. 이미 영국 성공회에서 교육과 전도의 중요성을 인식했기 때문에, 창신학교에서 마음껏 성경을 가르침과 동시에 매주 토요일과 주일이 되면 조사를 대동하고 마산 근방에 있는 교회를 순회하였고 성경을 배포하는 일에 힘을 쏟았다.

창신학교는 선진국가가 운영하는 방식으로 남녀를 구별하지 않고 전인교육을 실시하기 위해 남녀공학으로 출발하였지만, 역시 유교의 영향을 받고 있던 사회라 여러 가지 말들이 오고 가자 1913년 28명의 여학생을 따로 교육시킬 수 있도록 교사를 신축하고, 의신여학교라는 이름으로 교명을 갖고 초대 교장에 맥피(Miss I. Mcphee) 선교사가 취임하였다.

한편 손안론 선교사는 몸이 허약하여 더 이상 선교사역을 할 수 없음을 직감하고 1914년 영국으로 귀환하였지만, 치료도 별 효과를 보지 못하고 1915년 영국 런던에서 생을 마감했다.

### 7) 의신여학교와 맥피 선교사

창신학교를 설립했던 손안론 선교사에게 뒤질세라 맥피 선교사도 호주 장로교회 선교부의 도움으로 교사를 신축하고, 새로운 모습으로 서양문화를 소개하는 일에 한몫을 담당하였다. 그리고 주님의 인도하심으로 이 학교에 오정모 교사가 부임하면서 학교는 활기를 띠기 시작하였다. 오정모 교사는 학생들과 기숙사에 머물면서 이들을 신앙적으로 잘 인도하였으며, 주일이 되면 어김없이 기숙사에 머물고 있던 학생들을 깨워 아침 일찍 교회 갈 준비를 하게 하였다.

원래 오정모 교사는 1903년 평안남도 강서에서 출생하였다. 어려서부터 부모의 손에 이끌리어 고향 모래기교회에 출석하면서 바른 신앙을 잘 배웠다. 보통학교를 졸업하지 못했던 오정모는 곧바로 보통학교 졸업 검정시험에 합격을 하고 감리교회에서 운영하는 평양 정의여학교 고등과를 졸업하고, 그 멀고 먼 마산 의신여학교의 청빙을 받아 마산까지 오게 됐다. 그녀는 마산 문창교회에 출석하면서 교회학교 교사로 봉사했는데, 언제나 겨울 방학도 접어 두고 기숙사에 남아서 문창교회, 의신여학교 일로 방학을 모두 보냈다. 가끔 맥피 선교사의 도움을 받아 의신여학교 학생이 출석하는 시골 교회도 순방을 하였다.

그런데 그가 열의를 다해 의신여학교와 문창교회를 위해 봉사하고 있을 무렵 주기철 목사가 그 부인과 사별하게 됐다. 사별할 무렵 주기철 목사의 부인 안갑수는 오정모 교사에게 마지막 유언으로 "주 목사님을 잘 부탁합니다."라는 마지막 유언을 남기고 1933년 5월 생을 마감하게 됐다. 부인을 먼저 보낸 주기철 목사는 그렇게 마음이 허전할 수 없었다. 처녀의 몸으로 마산에 왔던 오정모 교사는 주기철 목사의 설교를 들을 때마다 마음이 뜨거움을 느끼자 결국 결단을 내려 1935년 여름에 결혼을 하였다. 1936년 9월 주기철 목사가 평양 산정현교회의 초빙을 받고 떠나게 될 때 문창교회 교인들은 그렇게 서러울 수가 없었다. 1938년 주기철 목사는 신사참배를 반대했다 하여 그 후 평양형무소를 네 번씩이나 드나들다가 결국 평양형무소에서 1944년 4월 옥사를 당하게 된다. 이러한 일이 있기까지는 오정모 부인의 신앙이 컸다는 것을 모든 사가들은 전하고 있다. 한편 맥피 선교사는 1937년 마산에서 사역을 하다가 결국 56세의 아까운 나이에 영양실조로 생을 마감하였다. 호주를 바라볼 수 있도록 양지바른 노산 이은상의 선영에 안장을 하였다. 그의 생을 보면 마산을 그가 얼마나 사랑했는가 알 수 있다. 이 얼마나 값진 삶인가! 그의 영향을 받았던 오정모 부인은 한국교회에 귀한 사모상을 남겼다. 후대 모든 목사 부인들은 그녀가 걸었던 길을 걸어야 할 것이다.

### 8) 한센병과 매켄지

부산에 최초로 한센병 진료소를 개설했던 선교사는 어을빈(Dr. C. H. Irvin) 선교사 부부였다. 이들 부부는 1893년 미국 북장로교회 선교사로 파송을 받고 전킨 기념병원을 인수하여 어을빈 병원으로 이름을 바꾸고 체계적으로 병원을 운영하였다. 새로운 의사가 미국에서 왔다는 말에 부산 시민은 말할 것 없이 호주 선교사 선교구역에 있는 많은 환자들이 모여들었다. 어을빈 선교사는 한국의 젊은 청년들에게 서양 의술을 가르치기 위해 이들을 조수로 채용하여 의술을 전수했다. 남쪽 지방이라 자연히 한센병도 많았고 이 때문에 억울하게 가족들과 생이별하는 일들이 생겨났다. 이들이 거리를 헤매게 되자 어을빈 선교사는 이들을 위한 병원으로 상애원(相愛院)을 부산 감만동에 개설하였다. 그리고 그 수가 어느덧 30명으로 증가하게 됐다. 이 무렵 영국 구라협회 베일리 부부가 부산에 도착하여 상애원을 시찰한 후, 이들의 삶이 너무나 처참함을 보고 1,500불을 기증하니 한센병 환자들에겐 큰 희망이 됐다. 1910년 미국와 호주 선교부에서 선교구역을 협의하였는데, 그 결과 부산과 경남은 호주 장로교회가 맡게 되었다. 자연히 어을빈은 선교사직을 사임하고 개인자격으로 남아 계속 병원 사업을 하였다.

어을빈 의사는 만병수(萬病水)라는 약을 개발했는데 이상하게 이 약이 만병통치약으로 선전이 되면서 갑자기 많은 돈을 벌게 됐다. 어을빈 의사가 많은 돈을 벌게 되자 자연스럽게 여성들이 그를 따라 함께하는 일이 발생했고, 어을빈 부인은 이혼을 하고 위자료를 받아 일본 교토에 있는 교토 한인교회를 지원하면서, 도시샤(同志社) 여자대학 음악교수로 활동을 하였다. 때마침 교토 한인교회 재건축을 할 무렵 어을빈 여선교사가 많은 헌금을 하게 되자 교회에서는 어을빈 선교사 기념교회라 이름을 부쳤으니, 지금도 교토 교회 주춧돌에는 '어을빈기념교회당'이라는 글이 남아 있다.

상애원에 원장으로 취임했던 매켄지 선교사는 1912년 부산에서 활동하고 있던 켈리 여선교사와 결혼을 하게 된다. 이들 부부는 네 딸을 얻었다. 장녀인 매혜영(Helen Mackenzie), 차녀인 매혜란(Cathernine Mackenzie)은 일신병원에서 봉사하였다. 이들은 일제의 신사참배 강요와 마지막에는 외국인을 추방시키자 다른 선교사와 함께 호주로 귀국하게 됐다. 매켄지 목사는 귀국 후 얼마 있지 않다가 1940년 빅토리아 장로교 총회 총회장을 역임하였다. 1945년 한국이 해방됐다는 소식을 듣고 상애원에 오고 싶은 마음이 많았지만 이미 정년을 맞이하였기에 조용히 안식관에서 여생을 보내다가 1956년, 부인 케리는 1964년 각기 하나님의 부르심을 받았다.

## 2. 대구선교부 선교사들

### 1) 배위량과 안의와

경상북도 선교를 위해 선교사들은 부산에 선교부를 설치하고 경상북도를 담당하려는 계획을 세웠다. 이러한 차에 미국 북장로교회 소속 선교사인 베어드(W. M. Baird, 이하 한국명 배위량으로 표기)는 부인과 함께 1890년 부산에 상륙하여 선교사역을 하였다. 그는 부산에서 배를 이용하여 낙동강을 거슬러 올라 선편으로 대구에 도착하게 됐다. 바로 그가 도착한 1893년 4월을 대구 지방 선교의 출발로 보고 있다. 대구에 도착한 배위량 선교사는 대구 종로에 임시 숙소를 정하고 예배를 드린 것이 대구제일교회의 시작이 됐다. 배위량 선교사는 다시 낙동강을 이용하여 부산으로 되돌아갔으며, 그 후임으로 아담스(J. E. Adams, 이하 한국명 안의와로 표기) 선교사가 1896년에 대구로 부임하게 됐다.

이후 배위량 선교사는 1896년 평안남도 평양으로 이동하여 숭실학당을 설립하였다. 그러나 그렇게 사랑하던 부인을 평양에서 잃게 되는 아픈 일을 당하였다. 그의 부인이 젊은 나이에 사망을 하자 숭실학당 학생들과 교직원들이 한마음이 되어 학교장으로 장례를 치렀다. 이것도 모자라 숭실학당 교정에 기념비를 세웠다. 기념비 내용을 살펴보면 "배부인 위애리 미국인은 1865년 9월 15일 출생, 1890년 부군 배위량 목사와 함께 한국에 건너와 6년 동안 남부 지방에서 사역을 하다가 평양 숭실학당을 설립하여 다시 교역자를 양성하다가 1916년 6월 9일 별세"했다는 기록이 남겨져 있다.

배위량 선교사는 대구를 떠났지만 평양에서 많은 인재를 양성하는 데 큰 공을 세웠다. 미국 북장로교회 선교부에서는 부산선교부를 호주 선교부에 넘겨주고 그 대신 대구에 선교부를 설치하게 되었다. 배위량은 자신의 후임으로 역시 부산선교부에서 사역하고 있던 안의와 선교사를 불러 대구선교부 책임자로 일을 맡기었다.

안의와 선교사는 대구 선교사로 임명을 받고 김재수 조사와 함께 부산을 출발하여 대구로 향하였다. 대구 성문을 닫기 전에 대구에 도착을 하려고 하였지만 그만 시간이 늦어져 성 안으로 들어갈 수가 없었다. 수문장에게 사정을 하였지만 시간이 지났기 때문에 문을 열 수 없다는 것이었다. "수문장님, 여관에 가서 미국에 계신 부모님에게 서신을 쓸려고 하니 문 좀 열어 주시면 감사하겠습니다." 이러한 사정을 듣고 수문장은 곧 상관에게 사실을 알리었다. 이러한 내용을 감찰사에게 알리었더니 감찰사의 말이 걸작이었다. "아니 선교사들도 부모에게 효도를 다 할 줄 아느냐? 참으로 기특하다."면서 문을 열어 주도록 하였다. 이것이 인연이 되어 대구 감찰사는 안의와 선교사를 어디든지 갈 수 있도록 통행증과 함께 신분 보장을 해 주었다는 뒷 이야기도 있다.

### 2) 부해리 선교사

이미 대구에 선교의 근거지를 마련했던 관계로, 안의와 선교사는 자연히 제일교회를 터전으로 하여 대구 시내에 나가 밤낮을 가리지 않고 열심히 전도를 하였다. 그가 부임한 지 얼마 안 된 1899년 9월에 브루엔(H. M. Bruen, 이하 한국명 부해리로 표기)이 부임하였다. 안의와 선교사는 서자명 조사를 대동하고 경산 지방, 영천 지방, 청도 지방을 순회하면서 개인 전도를 실시하며 교회를 개척하였다.

부해리 선교사는 김기원, 김영채, 이희봉 조사와 함께 선산 지방, 군위 지방, 김천 지방, 칠곡 지방을 순회하면서 교회를 개척하였다. 안의와 선교사는 다시 고령 지방, 영일 지방, 경주 지방, 청송 지방을 순회하면서 교회를 개척하였다. 원래 부해리 선교사는 기도의 능력이 있었다. 선산 지방에 이르렀을 때 귀신 들린 자의 소식을 접하고 곧바로 그 가정을 방문하였다. 부해리 선교사와 조사가 그 집을 방문하자 귀신은 어느새 도망을 갔는지 환자가 금세 낫는 기적이 일어났다. 이 소식이 선산 읍내에 알려지자 귀신의 포로가 됐던 사람들이 부해리 선교사에게 안수기도를 받고 병을 깨끗하게 고침을 받았다. 이 일로 선산읍교회에는 귀신 들렸던 사람들이 모여 교회를 세웠다는 일화가 지금까지 전해지고 있다.

다시 에드먼(W. C. Erdman, 이하 한국명 어도만으로 표기) 선교사가 대구선교부에 부임하자 김성삼 조사와 함께 군위 지방, 의성 지방, 선산 지방을 순회하면서 교회를 세웠다. 그런데 어도만 선교사가 선산읍에 갔을 때 그 지역 주민 몇 사람이 귀신에게 붙잡혀 몹시 고생하고 있다는 소식을 들었다. 한편 동양 귀신은 예수님의 이름만 불러도 도망친다는 소문을 듣고 그 읍내 유지 몇 분이 찾아와 상담을 하였다. 어도만 선교사도 역시 귀신 들린 마을 사람들을 불러 모아 기도하였고, 그 귀신들은 다 도망을 쳤다. 이후에 선산읍내에 귀신 이야기는 아주 사라졌다고 한다.

안의와 선교사는 1900년에 어린 청소년들을 그냥 둘 수 없어서 대구 제일교회 내에 희도학교를 설립하고 자신이 친히 교장의 책임을 맡았다. 대구 지방에서는 최초의 학교였기에 많은 청소년들이 몰려왔으며, 이에 자극을 받은 대구에서는 1906년 최초로 계성학교를 설립하였다. 이러한 사실을 미루어 볼 때 안의와 선교사는 대구에서 선각자적인 지혜를 갖고 교회와 교육사업에 힘을 쏟았음을 알 수 있다.

한편 남성에게만 교육의 기회를 줄 것이 아니라 여성들에게도 주어야 한다면서 부해리 선교사 부인인 마르다 브루엔(Mrs. Martha S. Bruen, 한국명 전마태로 표기) 선교사는 1901년 자신의 사랑채에서 몇 명의 어린 여학생을 모아 교육을 실시하였는데, 의외로 반응이 좋자 1907년 신명학교라 이름을 짓고 대구 및 경북 일대의 여성을 교육시키는 산실이 되었다.

### 3) 대구 의료사업

대구 지방의 의료사업은 일반 병원인 대구 동산기독병원(이하 동산병원으로 표기)과 한센병 병원인 애락원으로 나누어서 생각할 수 있다. 동산병원은 1898년 존슨(Dr. W. O. Johnson, 이하 한국명 장인차로 표기) 의료선교사가 대구에 도착하여 제일교회 방 한 칸을 빌려, 부해리 선교사의 도움으로 방을 깨끗하게 정돈하고 진료를 실시함으로 시작됐다. 여기에 서자명 조사의 협력으로 대기하고 있는 환자들에게 일일이 전도지를 나누어 주면서 기독교를 전파하였다. 이러한 일이 좋은 반응을 얻자 장인차 의사는 더 많은 기도로 시간을 보내면서 좋은 의사와 전도자가 될 수 있도록 해 달라고 기도를 하였다.

토요일이 되면 서자명 조사와 부해리 선교사와 함께 조랑말에 약품과 전도지를 가득 싣고 낙동강 주변에 널려 있는 마을을 순회하면서 진료를 하였다. 이들이 가는 곳마다 마을 사람들은 선교사가 오기를 간절히 기다리고 있었으며, 선교사들은 그렇게 많이 모여든 환자들을 친절하게 진료하고 진료 전이나 후에는 꼭 예수님을 믿으라고 권하기도 하였다. 어떤 때는 거의 사경을 헤매는 환자가 왔는데, 이럴 때는 보통 걱정이 아니었다. 왜냐하면 만일 진료를 잘못하여 사망한다면 선교의 길이 막힐 수 있기 때문이었다. 그래서 이들은 그 어느 때보다 더 많은 기도를 해야 하는 부담도 있었지만, 진찰을 받고 기쁨으로 돌아가는 환자들의 뒷모습을 보면서 더 많은 하나님의 희망이 함께하고 있음을 느낄 수가 있었다.

자전거가 나온 지 얼마 안 된 때 선교사들은 자전거를 타고 다니면서 순회 전도를 하였다. 장인차 의사와 부해리 선교사, 여기에 서자명 조사까지 자전거를 타고 일 열로 시골 좁은 길을 달리면, 논밭에서 일하는 농부들이 이 신기한 광경을 일손을 멈추고 그 자전거가 보이지 않을 때까지 멍하니 바라보았다고 한다. 당시 사람들은 두 안경알이 굴러가는 것 같다하여 자전거를 '안경 말'이라고 부르기도 하였다. 의료선교사들은 자신을 파송하고 기도하고 있는 기관에 매월 월말 보고를 하였다. 이 보고서를 접한 선교부에서는 1905년 대구에 종합병원을 만들어야 한다며 많은 의사를 파견해 주었다. 이 일로 1909년 2대 원장으로 부임했던 프렛처(A. G. Flethcher, 이하 한국명 별리추로 표기) 의료선교사는 사업을 확장하였다. 시골에 진료를 나가다 보면 길거리에는 수도 없이 쓰러져 누워 있는 환자들이 있었고, 다리 밑에 움막을 치고 생을 연명하는 병든 사람들을 보고 놀라기도 했다. 그런데 그들이 사람만 보면 도망하는 일을 보고 이상하게 여겨 부해리 선교사에게 그 이유를 물어보았다. "그들은 가정에서 쫓겨난 한센병환자입니다." 이러한 이야기를 들은 별리추 선교사는 곧 미국으로 연락하여 1913년 대구 교외에 부지를 마련하고 한센병환자들이 모여 살 수 있는 이들만의 천국을 만들어 주었다.

### 4) 계성학교와 신명여학교

교육사업은 이미 앞에서 소개한 대로 계성학교와 신명여학교로 모두 선교사들이 설립한 학교이다. 계성학교는 학교의 표어를 "여호와를 경외하는 것이 지식의 근본"(잠 1 : 7)이라고 정하고 교육을 실시하였다. 계성학교는 성경 중심으로 가르쳤기 때문에 이들에게는 민족의식이 여타 공립학교에 비교하여 훨씬 강하였다.

이러한 이유는 바로 이스라엘 백성이 430년 동안 애굽의 종살이를 하였지만 모세를 통해서 해방된 민족이 됐다는 말에, 모든 학생들은 스스로 하나님께서 언젠가는 일제로부터 한국을 해방시켜 줄 것을 믿게 되었기 때문이다. 이런 교육의 결과로 1919년 3월 1일을 기해서 대구 지방의 독립만세운동은 계성학교 학생 및 계성학교 출신들이 주도적인 역할을 담당하였다. 그 대표적인 인물이 대구 지방의 총책을 맡아 수고했던 대구 제일교회(당시는 남성정교회) 이만집 목사와 남산교회 조사 김태련 등이었다. 또한 이 학교 출신인 이갑성의 역할도 컸다. 이갑성은 계성학교를 졸업하고 서울에 있는 세브란스 의학전문학교 제약과에 진학하였다. 이 학교를 졸업한 후 세브란스 병원 제약과 주임으로 근무하였다. 대구 출신이었기에 자연히 이만집 목사와 3 · 1운동에 대하여 의논하고 모교인 계성학교에까지 연락을 하였다.

이러한 결과로 대구 지방에서는 1919년 3월 8일 정오 대구 시장터에 모여 만세를 불렀다. 만세를 부르기 전에 김태련 조사가 손수레에 올라가 독립선언서를 낭독하려고 하였지만, 독립선언서를 일경에 빼앗겨 버려 할 수 없이 공약 3장만 힘차게 낭독을 하였다. 그 후 바로 이만집 목사가 등단하였다. "지금이야말로 한국이 독립할 수 있는 때입니다. 이에 힘을 모아 어떠한 위협이 온다 해도 힘차게 만세를 부릅시다." 그리고 나서 이만집 목사는 목이 터져라고 "대한독립만세"를 힘차게 외치자 시장터에 모인 모든 군중들이 따라서 만세 삼 창을 부르고 곧바로 시가 행진을 실시하였다. 맨 선두에 이만집 목사, 그 뒤를 이어 계성학교 학생들, 여기에 신명여학교 학생까지 참여하였다.

때마침 장날이라 장꾼들은 말할 것도 없이 장터에 나왔던 시골 촌노까지 합세하여 만세를 불렀다. 이 만세 소리에 힘을 얻었던 강학봉이라는 구두방 주인도 종업원을 데리고 나와 계성학교 학생과 함께 만세를 불러 일본 경찰과 일본 헌병들을 놀라게 해 주었다. 이 3·1운동은 이날로 종료한 것이 아니라 3월 10일에도 덕산시장에서 만세를 불렀는데, 모두 계성학교 출신인 이갑성과 이만집 목사의 주동적인 역할로 이루어지게 됐다.

3·1운동을 주도했던 인사들은 모두 일본 경찰에 의해 체포됐으며, 이들은 보안법 및 출판물 위반으로 체포되었는데 이만집 목사, 김태련 조사, 계성학교 교사인 김영서, 백남채, 정재순, 정광순, 최경학 등이었으며, 이외에 70여 명이 재판을 받고 각기 대구형무소에서 옥살이를 하였다.

### 5) 대구 성경학교와 선교사들

한국교회가 쉽게 그 지역에 뿌리를 내릴 수 있었던 것은 성경학교의 대중화였다. 으레 선교사들이 자리를 잡게 되면 짧은 기간에 교육을 시켜서 세상에 내보내는 일을 하였다. 이러한 일은 대구에 있는 선교사들도 마찬가지였다. 이미 대구선교부에 크게 공헌했던 안의와 선교사를 비롯해서 부해리 선교사, 사이드보담(한국명 사보담) 선교사 등이었다. 때로는 부산에서 활동하던 왕길지 선교사도 동참하였다.

대구의 성경학교는 1901년 1월로 거슬러 올라간다. 이 학교는 1월 농한기를 이용하여 15일간 집중교육을 시켰다. 이렇게 시작한 성경학교는 매년 농한기를 이용했기 때문에 주로 농촌 출신들이 많이 참가하였다. 이리하여 1902년에는 14명, 1903년에는 30명, 1904년에는 200명으로 증가하였다. 이렇게 해마다 증가해 갈 수 있었던 것은 농촌에서 농한기만 되면 많은 사람들이 일거리가 없었기 때문이다. 당시 사람들은 일거리가 없기에 자연히 주막집에 모여 술과 화투놀이로 세월을 보내게 되었는데, 이 일이 가정을 파탄으로 몰고 가는 원인이 되기도 하였다. 이러한 사실을 알았던 선교사나 조사들은 농촌 깊숙이 파고 들어가 기독교를 전하면서 이들을 성경학교로 인도하여, 1908년에는 900명이나 모여서 성경을 공부하였으며 1910년에는 쪽복음인 마가복음이 자그마치 1,600권이 팔릴 정도로 사람들의 관심을 갖게 했다.

더욱이 기독교는 남녀 구별 없이 교육을 받아야 한다는 여선교사들의 권유로 1902년에 대구에서 여자성경반이 시작됐다.

이때 여자들은 해방이나 맞이한 듯 자녀들과 함께 먹을 양식, 밑반찬, 이부자리 등을 머리에 이고 양손에는 작은 보따리를 들고 70리 내지 100여 리 떨어진 곳에서도 몰려들었다. 한글을 모르는 사람들에게는 한글반을 편성해서 한글을 가르쳐 주기도 하였다. 농촌에 있는 여성들에게는 큰 도움이 됐다.

대구선교부에서는 열심을 다해 성경공부를 하려고 하는 이들을 그냥 둘 수 없다고 판단했기 때문에, 1913년 정식으로 대구 성경학교를 개설하여 약 3개월간 교육을 집중시킨 후 3년이 지나면 졸업을 시키었다. 졸업을 하게 되면 남자들은 대개 조사로 활동을 하였으며, 여성들은 전도부인(Bible Women)으로 목회 현장에 나가는 일들이 하나둘 생겨나게 됐다. 이들은 경상북도의 많은 농촌에 파고 들어가 선교사들의 좋은 협력자가 됐다.

### 6) 3대를 이어 온 선교사 가족

이미 부산에 상륙하여 선교활동을 하다가 대구로 진출했던 배위량 선교사는 자신의 처남인 안의와 선교사에게 거처만 마련해 주고 대구선교부를 맡기고 평양으로 떠났다. 배위량 선교사는 안의와 선교사의 누님인 엔니 로니 아담스와 결혼을 하였기에 남다른 관심을 갖고 매형이 남기고 간 그 자리를 정성을 다해서 지키게 됐다. 이미 평양을 향해 떠난 배위량 선교사는 평양 숭실학교를 설립하였으며, 그의 부인은 1906년 9월 15일에 개교한 평양 외국인학교 교사로 활동을 하였다.

그런데 배위량 선교사 부인이 1916년 그만 불치의 병에 걸려 더 이상 평양에 머무를 수가 없었다. 그러나 미국에 가서도 그의 병을 고칠 수 있는 의사는 아무도 없었다. 그녀는 한국 평양 쪽을 바라보면서 몇 번이고 하나님께 호소를 하였다. "하나님 제가 다시 평양에 가야 합니다. 평양에는 남편과 저를 위해서 빨리 완쾌되어 돌아오기를 바라는 사람들이 많이 있습니다." 그러나 그녀는 살아서 돌아오지 못하고 그녀의 유언대로 시신은 평양 외국인 묘지에 안장되었다. 이 일은 평양에 있는 선교사들만이 아니라 전국에 있는 선교사들에게 큰 감동을 주기도 하였다. 안의와 선교사의 여동생 돌디 D. 아담스는 평양 외국인 여학교 사감으로 일을 하다가 태평양전쟁을 눈앞에 두고 강제로 철수를 당하였다.

또한 대구선교부에서 사역하던 안두와 선교사는 1906년 계성학교를 설립하여 충성스럽게 사역하였으나 불행하게도 부인이 1909년 대구에서 생을 마감하는 비극을 만났다. 1912년 안두와 선교사는 귀국하여 다시 재혼을 하였다. 안두와는 농사에 관심이 많았기에 많은 종류의 과일나무를 재배하면서 살았다. 그는 1929년에 생을 마감하게 되었다. 그러나 그가 정성껏 개량해서 보낸 사과나무들은 대구선교부 내에 많이 심겨졌으며, 대구의 기후와 토질에 적합하여 농촌 지역에 있는 교인들에게 보급, 재배하여 오늘의 유명한 대구 사과의 원조가 됐다.

또 안두와 선교사의 아들인 에드워드 아담스(한국명 안두화) 선교사는

1921년 한국 선교사로 파송을 받고 황해도 재령에서 선교 활동을 하였다. 1925년 아버지가 활동했던 대구선교부로 이동을 하고 대구 성경학교 교장과 농촌 선교사로 활동을 하다가 일제의 추방령에 의해 잠시 귀국하였다. 해방 후 다시 대구선교부에 부임하여 1954년 계명대학 초대 이사장으로 선임되었으며, 학교 발전에 크게 기여하였다. 제2대 학장으로 1958~1961년까지 그 직무를 수행하다가 정년 퇴임을 하니 1963년 7월에 그렇게 정들었던 캠퍼스를 뒤로 하고 귀국하였다. 귀국한 지 2년 만인 1965년에 생을 마감하였다. 안의와 선교사의 손자인 딕크(Dick Adams)는 3대째 한국에 있는 주한 미국 대사관에 근무한 일이 있으며, 그는 1965년 서울 용산 육군 기지 내에 있는 국방학교 교장으로 취임하였다. 1973년에는 서울 국제학교를 설립하는 데도 큰 공을 세우기도 하였다. 이렇게 하여 안의와 선교사의 가족은 100년 동안 미국인 가족으로서 한국 선교역사에 최초로 아름다운 생의 기록을 갖게 됐다.

### 3. 안동 지역

#### 1) 유생의 고장에도 복음의 꽃은 피다

유생의 고을로 유명한 경상북도 안동에 미국 북장로교회의 파송을 받고 대구에서 선교부를 설치한 배위량 선교사가, 1889년 경상북도 관할 하에 있던 안동 지방을 방문한 일이 선교의 첫 시작이었다. 그 후 그는 평양으로 떠나면서 대구에 부임한 안의와 선교사에게 안동 지방을 부탁하고 떠났다. 1902년 미국에서 선교사로 파송을 받고 내한했던 베럿(W. M. Barret) 목사를 안동 지방 책임자로 임명을 하였다. 경안 지방은 14개 군으로 이루어진 곳이었기에 황금어장이나 다름이 없던 곳이었다. 이러한 관계로 그는 쉬는 날도 잊은 채 빨리 복음을 전하기 위하여 무리하게 활동을 하다가 그만 건강의 악화로 생명의 위험을 느끼자 그는 곧 귀국하게 되었다. 대구선교부에서는 그 자리를 그냥 비워 둘 수 없어서 부해리를 임시로 파송하여 베럿 선교사가 맡았던 구역을 맡아 다시 선교사업을 진행했다.

그러나 미국 북장로교회 해외선교부에서는 그렇지 않아도 대구선교부의 선교사 숫자가 부족한데 부해리 선교사까지 빼올 수가 없어서 잠시 어도만, 맥파렌드(E. F. McFareland, 한국명 맹의와로 표기)를 파송하였으며 이들의 수고로 교세는 1천 명까지 확보를 하였다. 안동에서 활동하던 선교사들의 보고가 미국 교회에 알리어지자 보덴(Mrs. M. Borden) 부인이 이 사실을 알고 안동선교부 설치 기금으로 사용해 달라고 100불을 미국 북장로교회 해외선교부에 헌금을 하였다.

이것이 계기가 되어 1907년 쏘텔(C. C. Sawtell) 선교사가 안동에 상주하게 됐다. 때마침 강원도에서 선교활동을 하던 웰번(A. G. Welbon, 한국명 오월번으로 표기) 선교사가 장·감의 선교구역 조정으로 안동 지방에서 선교사역을 맡게 됐다. 쏘텔 선교사는 그 선교의 사명에 감사해서 10일 동안 무리하게 활동하였는데 그만 장티푸스에 걸리고 말았다. 동산병원에 입원하여 정성어린 의료선교사의 진료도 아무 효과를 보지 못하고, 자신의 선교구역 안동을 다른 선교사에게 인계하고 이역 만리 대구에서 생을 마감하는 비극을 만나고 말았다. 쏘텔 선교사의 후임으로 크로터스(J. Y. Crothers, 이하 한국명 권찬영으로 표기) 선교사가 부임하였다. 권찬영은 쏘텔 선교사의 여동생과 결혼하고 그가 은퇴할 때까지 40년간 안동의 선교를 수행하였기에 별명이 '미스터 안동'으로 불리었다. 또 다시 선교사들이 병으로 고생할까봐 동산병원에 있는 별위치 의사를 안동에 파송하여 안동진료소(현 안동성소병원)를 개설하였다. 그런데 별위치 의사가 건강에 이상이 있자, 동산병원 장인차 의사를 임시로 안동진료소에 파송하였지만 그도 3개월 만에 건강에 이상이 오자 다시 대구로 돌아오고 말았다. 비록 짧은 기간이었지만 유생을 포함해서 무려 600명이나 진료하여 완쾌되는 기쁨도 만나게 됐다.

### 2) 안동성경학원과 인노절 선교사

앞에서 소개한 바 있는 권찬영 선교사는 1938년 제27회 총회에서 신사참배를 결의할 때, 당당하게 총회장석으로 달려가 신사참배는 불법이라고 항의하다가 일본 경찰의 저지를 받고 강제로 퇴장했던 분이다. 이처럼 강직하고 복음주의적인 선교사가 있었던 지역인 안동이 아무리 유생들의 고장이라고 말들 하지만 결국 성령의 힘에는 모두들 무릎을 꿇고 말았던 것이다.

1920년 안동성경학원을 권찬영 선교사와 함께 설립했던 윈(R. E. Winn, 이하 한국명 인노절로 표기) 선교사는 권찬영 선교사와 협력하면서 성경학원을 잘 이끌어 나갔다. 양반들이 많다고 자랑하던 안동도 결국은 유생들이 개종하면서 기독교로 돌아오고 있었다. 이러한 사실을 알았던 인노절의 하루하루 살아가는 그 기쁨은 누구도 맛볼 수 없는 것이었다. 농한기를 이용하여 문을 열었던 안동성경학원은 젊은 청년들이 그 조그마한 강의실을 가득 채웠다.

달성경학교가 방학이라도 실시하면 그는 자신의 학교에 적을 둔 성경학원 학생들이 출석하고 있는 교회까지 가서 상담을 통해 지도도 해 주고, 교역자가 부족했던 때라 설교를 하면서 한국인의 삶 속에 함께 살아가고 있었다. 시골의 잠자리는 참으로 견디기 어려웠지만 그러한 것도 개의치 않았으며, 끼니 때가 되어도 걱정이 없었다. 인노절 선교사는 한국인과 똑같은 생활을 했기에 그는 여러 가지 위험 부담을 안고 다녔다.

이렇게 열정을 쏟았던 인노절 선교사는 1922년 11월 22일 이질로 안동진료소에 입원을 하게 되었고 의사의 정성어린 진료에도 병은 완쾌되지 못했다. 결국 그는 안동성경학원이 더 잘되기를 바라면서 주님 곁으로 영영 떠나고 말았다. 이 사건으로 충격을 받은 경안노회에서는 그냥 있을 수 없어서 1923년 1월 12일 추도예식을 거행하였다. 학생들도 울고 교역자들도 울고 그를 아는 모든 성도들이 울었다. 더욱이 그렇게 기독교를 반대하던 유생들도 인노절 죽음 앞에서는 머리를 숙이며 그를 존경했다고 한다.

또한 안동성경학원에서는 그냥 있을 수 없어서 경안 지역 내에 있는 교회와 교인들이 특별 기금을 마련하여 1925년 인노절기념성경학원을 신축하였으며, 이 건물을 현재도 안동성경학원 건물로 사용하고 있다. 이 학교를 졸업한 많은 졸업생들이 목사가 되어 인노절 선교사가 하지 못했던 일들을 여기저기서 열심히 하고 있으며, 그 중에 대표적인 인물로는 한국에서 새벽기도회 시간에 몇 만 명씩 모인다는 명성교회 김삼환 목사가 있다. 인노절 선교사의 부인은 안동여자성경학원 강사로 활동을 하다가 1925년 귀국하였으며, 인노절 선교사의 묘소는 경안고등학교 뜰 안에 안장되었다.

### 3) 평신도운동의 아버지 안대선 선교사

오늘의 남선교회의 모체는 안동 지방에서 선교사로 활동하던 엔더슨(W. Anderson, 이하 한글명 안대선으로 표기) 선교사이다. 농촌에 있는 젊은 청소년들을 모아 놓고 "그리스도와 교회를 위하여"라는 슬로건을 내걸고 열심히 그들을 가르쳐 희망과 용기를 심어 주었다. 1919년 3월 1일에 일어났던 독립운동으로 한국은 일제로부터 독립을 맞이할 줄 알았지만 남은 것은 허탈뿐이었다. 이러한 때에 안대선 선교사는 안동 지방에 나타나 좌절감에 빠져 있는 농촌 청년들에게 "그리스도에게 소망을 갖고 살라."고 외치고 다녔다.

이 운동을 가리켜서 면려회(Christian Endeavour, 약칭 C. E.)운동이라 하는데, 이 운동은 1892년 미국 회중교회 목사인 클라크(F. E. Clark) 박사에 의해서 창설됐다. 이 운동이 전 미국에 알려지자 갑자기 젊은 청년들이 교회에 몰려들기 시작하였다. 이러한 광경을 지켜보았던 많은 목회자들이 이 운동을 도입하여 전개하였다. 당시 북미 캐나다, 심지어 유럽까지 알려지게 되자 클라크 목사는 목회 성공사례를 발표하기 위해 유럽 교회까지 여행을 다녀야 했다. 이렇게 해서 철저하게 외세를 배격

했던 중국 상해까지 알리어졌고, 클라크 박사는 상해를 거쳐서 일본까지 오게 됐다.
　이처럼 전 세계가 면려회운동을 통해서 교회가 성장하고 있었다. 한국에서도 직접 이 운동에 참여한 경험이 있던 안대선 선교사가 미국 북장로교회 선교사의 파송을 받고 내한하여 농촌 오지인 안동 지방에서 사역을 하게 됐다. 이미 언급했지만 독립운동으로 일제로부터 독립을 얻을 줄 알았지만 이 일이 실패로 돌아가자 그는 직접 농촌에 뛰어들었다. 그리고 그는 외쳤다. "첫째, 하나님께 충성을 다하자. 둘째, 정직한 내가 되자. 셋째, 사람에게 신의를 지키자." 그는 면려회운동의 기초적인 3대 주의를 주입시키면서 다시 4가지 주장을 내세웠다. "첫째, 쉬지 않고 나를 교양하자. 둘째, 나의 교회를 도와주자. 셋째, 방방곡곡에 전도하자. 넷째, 외지 전도에 힘쓰자."
　이 말을 들은 안동 지방의 산골 교회에서조차 살아 움직이는 이 뜻이 교회마다, 청년들에게 새로운 생각을 갖게 했다. 여기에 자신을 가졌던 안대선 선교사는 안동읍교회 당회에 이 운동을 전 안동 지방에 확산시켜 나가자고 주장을 하자, 1921년 2월 5일 안동읍교회 당회에서 이를 정식으로 결의를 하고 안대선 선교사에게 힘을 실어 주었다. 4개월이 지난 6월 7일에는 30여 교회에 면려회가 조직됐으며, 이 조직체를 하나로 묶어 '경안지방연합회'를 발족하였다. 그런데 이상하게도 산간 오지에서부터 농촌에 이르기까지 면려회가 조직된 교회들은 활기를 띠기 시작했으며, 이 일로 경북 지방 일대에서는 인정을 받는 단체가 됐다.
　때마침 1921년 9월 평양 장대현교회에서 모이는 제10회 장로교 총회에서는 전남노회의 헌의를 받아들여 전국 교회가 이 조직을 권장하도록 하였다. 그동안 면려청년회가 없어서 교회 내의 청년들의 구심점이 없었지만, 이 조직체가 형성이 되자 이를 중심해서 청년들이 자신의 신앙 성장과 민족심을 기르는 일에 앞장서게 된 것이다.
　안대선 선교사는 곧 전국대회를 조직하기 위해서 얼마 동안 총회 본부가 있는 서울 피어선 성경학원에 방 한 칸을 빌려 놓고 전국 조직을 위한 모임을 가졌다. 드디어 1924년 12월 2일 창립총회를 갖게 됐다. 공식 명칭은 "만국기독청년면려회 조선연합회"였다. 회장은 남대문교회 박현식이 선임됐으며, 총무는 안대선 선교사가 맡았다. 그 후 안대선 선교사는 피어선 성경학원에 사무실을 마련하고 상임 총무로 이 운동에 적극 참여하였다. 그러나 일제는 이 운동을 불순 세력들의 단체라 규정하고 순천중앙교회 회장 황두연 장로를 구속시켰으며, 역시 총무 안대선 총무는 강제로 출국을 당하는 아픔을 만나기도 하였다. 그리고 면려회운동은 정식으로 일제의 철통 같은 명령에 의해 해산을 당하고 말았다.

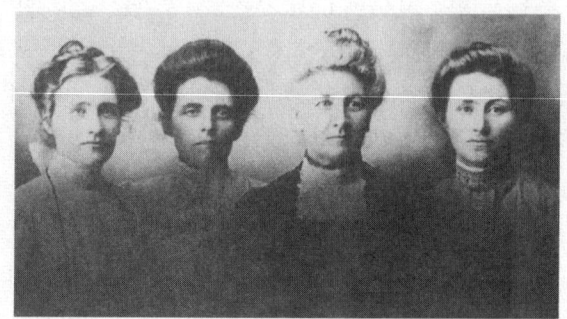

부산에서 활동했던 호주에 파송한 니븐, 브라운, 멘지스, 페리 여선교사들(왼쪽부터)

경남·진주선교부에서 활동하던 선교사들
앞줄 왼쪽부터 대목사 부인, 방문자, 덕순이 양, 대지안 의사, 양요안 선교사
뒷줄 위대서 양, 가불란서 양, 대목사, 서오성 양, 대마가례 양, 전은혜 양, 안한애 목사

1915년에 호주 선교부에서 설립한 경남 성경학교

매켄지 선교사

1903년 호주 선교사 매켄지가 설립한 부산 전킨기념병원

1895년 대구선교부 최초의 건물과
아담스(좌측), 존슨(우측) 선교사, 한국인 교사들

경북 안동선교부 선교사 일동(1934)

3부 영남 지방에 내한한 선교사들 117

1911년에 호주 선교사 왕길지와 하퍼 선교사가
설립한 부산 일신여학교(초대교장 멘지스)

1906년 아담스 선교사 주택에서 출발한 대구 계성학교

1899년 미국 북장로교회 존슨 선교사가 설립한 대구동산병원(1933)

대구 한센병원 내 소년단이 훈련받는 모습

3부 영남 지방에 내한한 선교사들 119

낙동강 하류에서 의료선교 활동을 하고 있는 존슨 선교사

부르엔 선교사가 경북 김천 지방 선교여
행을 위해서 강을 건너가고 있다.

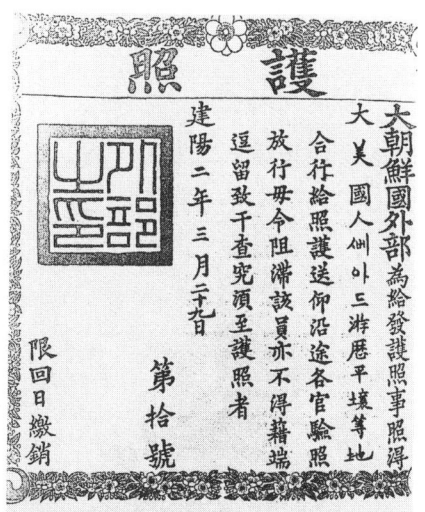

베어드(배위량) 선교사의 여행 허가증명서

# 4부 호남 지방 선교사들

1. 언더우드 선교사의 강연
2. 7인 선교사들의 내한
3. 전북 지방 선교사들

# 4부
# 호남 지방 선교사들

## 1. 언더우드 선교사의 강연

언더우드 선교사는 안식년을 맞이하여 일시 귀국을 하였다. 그러나 미국 교회는 그에게 안식할 수 있는 기회를 주지 않았다. 그가 도착한 지 얼마 안 된 1891년 9월 시카코 맥코믹 신학교에서 한국 선교에 대한 보고강연 연사로 초청을 받았다. 그는 그동안 한국에 있었던 일들을 몇 날 밤을 지새우면서 정리를 하였다. 언더우드는 맥코믹 신학교 학생회 안내를 받고 강당에 모인 학생들 앞에서 한국 선교 보고강연을 하였다. 그는 한국 선교를 보고하면서 한국인의 종교심이 강한데 미신을 많이 믿고 있다는 사실을 설명하면서 한국에 선교할 일꾼이 필요함을 강조하였다. 이때 난데없이 이 학교의 졸업반 학생인 데이트가 손을 번쩍 들고 나섰다. "선교사님, 한국 선교에 관심을 갖고 한국 선교사로 지원하려고 하는데 받아 주실 수 있습니까?" "네, 지금 한국에는 많은 젊은 일꾼들이 필요합니다."

이때 확신에 가득 찬 데이트는 강연을 다 들은 후에 언더우드 앞으로 나가 자신에 대해서 자세하게 설명하였다. 이에 대해 언더우드는 이렇게 답했다. "네, 알았습니다. 학생은 미국 남장로교회 소속이기 때문에 남장로교회 해외선교부에 지원하시기를 바랍니다." 이 이야기를 들은 데이트는 곧 미국 남장로교회 총회선교부가 있는 애틀랜타에 연락을 하였다. 그러나 대답은 간단했다. "지금 학생이 지원하고 있는 한국은 우리가 전혀 알지 못하고 선교사를 보낼 수 있는 여건이 안 되어 있습니다." 이러한 소식을 접했으나 데이트는 조금도 실망하지 않고 더 열심히 기도를 하라는 뜻으로 알고 그 후부터 한국을 선교지로 놓고 기도하였다. 그런데 맥코믹 신학교에 이상한 포스터가 하나 붙었다. 전국신학생선교협의회의 주최로 10월 네시빌에서 언더우드와 윤치호를 강사로 청빙하고 한국 선교에 대한 보고강연회를 개최한다는 것이었다. 데이트는 너무 기뻐서 학교에 출석계를 제출하고 네시빌로 향했다. 선교에 뜻이 있는 신학생들도 네시빌로 모이고 있었다. 먼저 윤치호 씨의 강연이 시작됐다. 윤치호는 한국에서 개화파의 일원이고 미국 남감리교회의 추천으로 벤다빌트 대학에 유학 온 한국인이었다. 그는 한국의 국내외 정세를 소상하게 이야기해 주었다. 이어서 언더우드 주 강사가 등장하자 모두들 뜨거운 박수로 그를 환영해 주었다. 언더우드는 한국인들이 종교에 관심이 많다는 것을 이야기하며, 아직 미개한 백성들이지만 한 번 믿기만 하면 기독교를 버리지 않고 충성스러운 예수님의 제자가 됨을 전하였다. 이 강연을 들은 사람들은 감명을 받았다. "여러분, 미국에서만 남지 말고 해외선교를 위한 모임인 만큼 한국으로 선교사역자로 나가시면 그 이상 좋은 일이 없습니다."

이 말에 감동을 받은 존슨과 레이넬즈는 너무나 큰 은혜를 받고 그 자리에서 결심을 하고, 미국 남장로교회 총회선교부에 선교사 지원서를 제출하였지만 여전히 반려를 받고 말았다. 그러나 조금도 낙심하지 않고 언더우드 선교사와 의논을 하고 미국 남장로교회 구역을 순회하면서 한국 선교의 긴박성을 이야기하기 시작하였다.

## 2. 7인 선교사들의 내한

### 1) 태평양의 찬양의 파도

언더우드 선교사의 선교 열정에 모두들 감동을 받고 차차 한국 선교에 관심을 보이자 선교헌금자가 생겨나게 되고, 언더우드의 형인 존 언더우드 장로도 얼마의 선교기금을 내놓게 됐다. 언더우드 선교사도 각 교회에서 모금한 선교비를 남장로교회 선교부에 모두 헌금을 하였다. 재정을 확보하게 되자, 총회 선교부에서는 데이트를 비롯해서 다른 선교사들에게 서류를 준비해서 제출하고 한국 선교를 떠날 준비를 하라는 연락을 취했다. 리치먼드 유니온 신학교에 다니던 레이넬즈는 기뻐서 어찌 할 줄을 몰랐다. 곧 졸업을 하고 목사안수를 받고 여기에 결혼까지 하여 두 부부가 한국 선교를 떠난다고 생각하니 그저 기쁠 따름이었다.

비단 이러한 기쁨이 레이넬즈 부부에게만 온 것은 아니었다. 처음으로 지원했던 데이트 남매에게도 소식이 왔으며, 전킨 부부에게도 연락이 왔다. 여기에 처녀의 몸이지만 독신으로 한국 선교를 위해서 떠나는 데이비스도 여간 기뻐하지 않았다. 그런데 데이비스 선교사가 떠나려고 할 때 어머니는 병환으로 누워 계셨다. 그래서 선교사로 출발하라는 그 소식을 차마 말할 수가 없었다. "어머니 제가 한국 선교사로 지원을 했는데 떠나라고 하는 소식이 왔습니다. 아무래도 어머니의 건강이 회복된 후 떠나야 할 것 같습니다."

이에 깜짝 놀란 데이비스 어머니는 병석에서 벌떡 일어나 하는 말이 "애야, 내 걱정은 하지 말고 지금 수많은 영혼들이 기다리고 있는 곳으로 빨리 가라."고 다그치기 시작하였다. 그러나 어머니에 대한 효심이 깊었던 데이비스는 떠난다는 말을 다시 입밖에 내놓을 수 없었다. 그런데 하루는 어머니가 그를 불렀다. "내 병은 하나님이 알아서 다 치료해 주실 것이니 걱정하지 말고 어서 떠나거라." 이 말에 더 이상 머뭇거리지 않고 데이비스는 동생들에게 어머니의 병간호를 맡기고 다른 선교사들과 함께 떠나게 되었다. 이들은 애틀랜타에 있는 미국 남장로교회 총회 선교부 주관으로 애틀랜타 장로교회에서 파송예배를 드리고 부모님과 형제, 일가 친척, 친지들을 뒤로하고 한국으로 가기 위해서 샌프란시스코로 향해 떠나게 됐다.

1892년 7월 7일 저녁 시간에 일본으로 떠나는 배에 데이트 남매와 데이비스 이렇게 3명이 먼저 승선을 하였다. 나머지 레일넬즈 부부, 전킨 부부는 그 다음에 출발하기로 하였다. 모두 일본 요코하마에서 만나기로 약속하고 헤어지게 되었다. 이처럼 뒤에 오기로 한 레이넬즈 부부와 전킨 부부 일행 중 전킨 선교사는 후두염으로 수술하지 않으면 안 될 형편에 이르게 됐다. 그래서 할 수 없이 두 부부는 전킨 선교사의 수술이 끝나는 데로 떠나기로 하였다. 1차로 떠났던 일행이 승선했던 배 안에 뜻하지 않게 한국인 영사관에서 근무했던 이자윤 부인을 만나게 되어, 태평양을 횡단하는 데는 별 지루함 없이 일본 요코하마까지 도착하게 됐다.

### 2) 첫 상륙자 데이비스

데이비스는 일본 요코하마에서 미국 남장로교회 선교사의 영접을 받고 잠시 머물렀다가 곧 한국으로 출발하는 배에 승선하였는데, 영사 이자윤 부인과 시간 가는 줄 모르고 잘 지냈다. 그녀는 철저한 유교신자였기에 좀처럼 기독교에 대해서 이해하진 못했다. 데이비스 선교사는 몰래 선상에 올라가 그 한 사람의 영혼을 구원시키지 못하면 선교사의 자격이 없다면서 하나님께 매달려 기도를 하였다.

기도할 때마다 그 부인의 얼굴이 점점 달라지기 시작하였으며, 준비해 가지고 왔던 성경책을 펴 들고 예수 그리스도가 이 땅에 오신 목적을 설명하기도 했다. 그리고 자신의 가정 형편도 소상하게 이야기하자 어느덧 부인은 데이비스 선교사의 그 열정적인 기독교적 사랑에 감동이 되고 말았다.

데이비스는 버지니아 주 아빙돈에서 출생하였다. 어릴 때 아버지를 잃고 어머니의 손에 자랐다. 어머니는 신앙심이 좋기로 그 지역에서 소문난 사람이었다. 어머니는 누가 병들어서 고생한다면 열 일을 제쳐 놓고 병든 자를 위해서 심방도 하고, 혹시라도 병원에 입원했다 하면 가사일은 뒤로 미루어 놓고 달려가서 그 병실에서 고생하는 자매를 위해 병 낫기를 기도하는 그 누구보다도 강한 열정을 가졌던 진실한 신도였다. 이러한 일들을 어깨 넘어 배웠던 데이비스는 어머니의 그 헌신적인 삶이 어디서 왔을까 늘 생각하며, 아침마다 가정예배를 통해서 어렴풋이 어머니의 사상을 배웠다. 데이비스는 이때부터 어머니처럼 이웃을 위해서 살겠다는 마음을 갖고 성경학교에 지원을 해서 3년간 성경을 배웠다. 그리고 그녀는 미국 남장로교회 선교부에서 가까운 멕시코로 지원하라는 권유를 받았지만 뿌리치고, 멕시코보다 더 가난하고 어려운 환경에 놓여 있는 아프리카 쪽을 택하여 가겠다고 지원을 하였다.

그런데 때마침 한국 선교사로 가라고 하는 선교부의 말에 순종하고 한국을 위해서 떠나게 된 것이다. 병든 어머니 곁을 떠나 한국까지 오게 된 경위를 들은 이자윤 부인은 그의 말에 감동을 받았다. 목포 앞바다를 지나 군산 앞바다를 거쳐 1892년 10월 18일 인천 제물포항에 도착을 하였다. 데이비스 선교사는 미국 남장로교회 선교사로서는 처음으로 한국에 첫 발을 내딛인 선교사였기에 다른 여성 선교사들의 안내를 받으면서 서울 정동에 도착하게 되었다.

### 3) 일본 요코하마에서 만난 기쁨

뒤늦게 출발하게 됐던 레이넬즈 부부와 전킨 선교사 부부는 다시 샌프란시스코에서 만나 일본 요코하마를 향하여 떠나는 배에 승선을 하게 됐다. 후두염으로 고생했던 전킨 선교사는 다행히 믿음 좋은 의사의 극진한 진료와 수술로 어느새 완치되었고 더 좋은 목소리를 낼 수 있었다.

레이넬즈와 전킨 부부는 모두 신혼 부부였다. 리치먼드 유니온 신학교를 졸업하여 곧 안수를 받고 결혼식을 올렸지만 신혼 여행도 포기하고 한국행 배에 올랐던 것이다. 한국 선교사로 떠나는 이 배 안이 신방이었고, 선교지 한국이 신혼여행 장소였다. 약 25일간의 기나긴 항해에도 불구하고 오직 한국 백성을 구원시키겠다는 열정으로 두 부부들은 이 배에 승선하였고, 승선하는 그 순간부터 찬송과 기도의 소리는 끊어질 줄 몰랐다. "전킨 선교사님, 한국에 대해서 궁금한 일이 한두 가지가 아닌데 혹시 무슨 정보라도 있으신가요?" "글쎄요, 저는 저와 한방 기숙사를 사용했던 존슨에게 들은 이야기가 전부입니다. 저에게 한국을 가자고 권유했던 존슨 친구는 일본으로 간다며 한국 가는 것을 포기해 버렸습니다. 그 친구가 일본으로 갔기 때문에 한국에 대해서는 더 깊이 알 수가 없습니다."

그랬다. 두 선교사 가정은 한국을 잘 알고 떠났던 사람들이 아니었다. 다만 사도행전 1 : 8에 나온 말씀대로 "오직 성령이 너희에게 임하시면 너희가 권능을 받고 예루살렘과 온 유대와 사마리아와 땅 끝까지 이르러 내 증인이 되리라"는 이 말씀에 순종하고 떠나게 된 것이다. 특별히 네시빌에서 언더우드 선교사의 한국 선교보고 강연에서 레이넬즈 선교사는 큰 감동을 받았고, 이때 그는 결심하기를 "예, 제가 가겠습니다."라고 서원했다. 이것이 그의 받은 은혜였다. 전킨 선교사는 직접 언더우드 선교사의 선교보고를 들을 찬스를 얻지는 못했지만 친구 존슨의 제의를 받고 한국 선교를 위해서 기도했던 일이 결정적인 원인이 되었다. 이렇게 서로 이야기를 주고받던 중 어느새 일본의 관문인 요코하마에 가까이 왔다. 갑판에 나와 보니 큰 교회가 눈앞에 다가서고 있었다. 일본을 자주 왕래하는 선박이었기에 갑판 위에 올라가 항해사에게 물었다. "저기 보이는 것이 혹시 교회가 아닙니까?" "네, 맞습니다. 미국인 바라 선교사가 1872년 설립한 교회인데 일본에서는 최초의 교회로서, 이름은 요코하마 가이칸 교회라고 부릅니다."

선교사들은 교회라는 말에 너무 기뻐서 어찌 할 줄을 몰랐다. 선장은 요코하마 항에 거의 도착했다는 뱃고동 소리를 울리면서 요코하마 가이칸 교회가 있는 쪽으로 배를 서서히 항해하고 있었다. 미국 남장로교회 선교사로 파송을 받아 거주하던 훌톤 박사 일행들이 부둣가에 나와서 이들 두 부부 선교사 일행을 영접하고 자신의 집으로 안내했다.

**4) 한국에 상륙**

훌톤 선교사는 미국 남장로교회 선교사로 일본에 파송을 받고 왔었지만 그는 메이지 대학 신학부 교수로 활동하고 있었다. 이미 일본에서 정통주의 신학자로 알려져 있던 선교사였다. 훌톤 박사의 집에 머물었던 이들은 마음이 그렇게 편안할 수가 없었다. 약 23일간의 항해에 지쳤던 몸인지라 편히 쉴 수 있었고, 그렇게 분위기도 안온할 수가 없었다. 더구나 아침 햇살이 태평양 바다 속에서 떠오르는 그 모습은 정말 장관이었다. 하나님 창조의 신비를 깨달을 수 있는 좋은 기회였다.

해가 지며 붉게 물감을 뿌리는 저녁 노을도 장관이었다. 일본에서 제일 높은 3천 미터나 되는 하얀 눈으로 덮여 있는 후지 산을 바라보는 순간 다시 한번 하나님의 창조의 신비를 체험할 수가 있었다. 이들은 요코하마와 도쿄를 왕래하면서 선교사들이 사역하고 있는 교회와 학교를 차례로 방문하였고, 다시 선교의 목적지인 한국을 향해 가는 배에 몸을 실었다.

이 배에 승선한 사람들은 거의 일본인들이었으며, 한국인은 별로 없는 것 같았다. 때마침 미리 와 있던 데이트 선교사 남매를 만나서 같이 한국을 향하게 됐다. 데이트 남매는 데이비스 선교사와 함께 한국으로 가지 않고 이미 약속했던 대로 합세해서 함께 가자고 했기에, 이들이 오기만 기다리고 있다가 이때 만나 함께 승선하고 한국으로 향하게 된 것이다. 이들 6명은 그 어느 때보다 소망에 젖었다. 그러나 멀리 보이는 부산, 목포, 군산 앞바다는 그렇게 초라할 수 없었다. 당시로서는 생활이 어려웠고 미개한 나라에 속해 있었기에 이들은 지나면서 만나는 아름다운 자연은 참으로 좋았지만, 살고 있는 집은 미국 통나무집과도 비교가 되지 않는 초라한 것에 놀랐다. 그러나 낙심하기보다는 더욱 새로운 각오를 하기 시작하였는데 그 힘이 어디서 왔을까. 그것은 합심기도의 힘이었다. 자신들도 몰랐지만 합심기도의 힘은 그들의 마음에 초라한 한국을 아름답게 바라보게 하였다. 드디어 1892년 11월 3일 인천 제물포 항에 도착을 하였다. 마포삼열, 이길함 선교사, 빈톤 박사의 뜨거운 영접을 받고 인천 제물포를 떠나 마부들의 수고로 말을 타고 서울을 향해 전진해 갔다. 마포삼열과 이길함, 빈톤 선교사가 머물고 있는 종로 5가 연지동의 선교사들이 모여 사는 집으로 가서 우선 짐을 풀고 얼마 동안 그곳에 머물게 됐다. 당시 종로 5가 일대는 천민들이 모여 살던 곳이기 때문에 선교사들의 눈에는 천하게 보였지만, 이들이 예수님만 믿으면 하나님의 축복을 받을 수 있다는 확신 속에서 선교활동을 하였다. 얼마 동안 종로 5가에 머물다가 미국 남장로교회 선교사들은 임시로 살 수 있는 지역을 찾던 중, 서대문 밖 프랑스 영사관 근방에 집 두 채를 마련하고 그곳으로 이사를 하였다.

이미 상상했던 대로 주택은 초라하였으며, 사람들이 옷을 입고 다니는 모습도 너무나 초라하였다. 그러나 더욱 열심히 일해서 이들을 다 하나님의 백성으로 만들면 한국이 언젠가는 미국과 같은 환경을 갖고 살 수 있음을 믿었고, 이를 위해 더욱 열심히 사역해야 함을 몇 번이고 다짐하였다.

### 3. 전북 지방 선교사들

#### 1) 전주선교부 개설

**(1) 데이트 남매의 활동**

미국 남장로교회 선교사들은 흔히들 호남 지방 7인 선교사들이라고 부르고 있다. 이들은 예양협정에 따라 전라도 지방과 충청도 지방 서남 일부(장항, 서천, 보령, 부여 등)를 맡아 선교에 임하였다. 1893년 6월 이 눌서 선교사와 조사 정해원이 전주 외곽 은송리에 선교사 주택을 마련하고 첫 예배를 드린 것이 오늘의 전주 서문교회가 됐다. 이 교회는 호남 최초의 교회로서 호남 지방의 선교요람지가 됐다. 그 후 메티 데이트 (M. S. Tate, 이하 한국명 최마태로 표기), 그의 오빠 데이트(L. B. Tate, 이하 한국명 최의덕으로 표기) 남매가 함께 1894년 이곳에 정착을 하여 선교를 전개하였지만 유생들의 반발로 크나큰 어려움을 당했다. 유생들은 밤만 되면 최의덕 선교사 집에 몰려와 "이곳을 떠나지 않으면 집에 불을 놓겠다."고 위협을 하였지만 남매는 오직 기도만이 이 문제를 해결할 수 있다는 소신이 있었기에 기도에 온 힘을 쏟고 있었다.

    그런데 이들이 부임한 지 얼마 안 되어 동학농민운동이 일어났다. 때 마침 주일이 끼었는데 교회당 앞에는 이상한 광고가 붙어 있었다. "누구든지 서양종교를 믿으면 처단한다."는 내용이었다. 이 일로 그 주일에는 교인들이 교회의 문 앞까지 왔다가 그냥 돌아가 결국 이날은 선교사들과 선교사들의 마부만 출석하여 예배를 드렸다. 전주가 완전히 동학농민들에 의해 점령됐다는 소식을 미국 영사관으로부터 접하고 철수하라는 전달을 받은 이들은, 곧 군산에서 배편을 이용하여 철수를 하였다. 동학농민군은 전주를 거쳐 공주 우금치까지 진격을 하였으나, 일본군의 지원을 얻은 조정은 전라 지방을 평정하여 다시 원상회복이 됐다.

    이 소식을 접한 최의덕 선교사 남매는 다시 전주로 내려와서 선교를 재개하게 됐다. 그러나 유생들은 여전히 성안으로 들어가려 할 때마다 위협을 가하곤 하였기에 이 일도 잠시 뿐이었다. 그러던 어느 날 한의사의 아들 김창국이 아버지와 함께 어머니의 등에 업혀 해리슨(W. B. Harrison, 이하 한국명 하위렴으로 표기) 선교사가 운영하는 약국에 문을 열고 들어 왔다. 하위렴 선교사는 허리를 구부리고 들어오는 것을 유심히 보고 혹시 기생충으로 인해 배가 아파 구부리고 있는 줄 알고 약을 제조하다가 이상한 느낌을 가져, 다시 김창국 곁에 가까이 가서 살펴보니 누군가가 등에 침을 꽂아 놓은 것을 발견하였다. 이때 그의 아버지는 황급히 문을 박차고 쏜살같이 도망하고 말았다.

하위렴 선교사는 등에 꽂혀 있는 침을 빼고 정성껏 치료하였더니 소년은 살아났다. 이 일이 너무 기뻐서 김창국은 이 집 사환으로 일을 하였으며, 그의 아버지는 얼마 후에 세상을 떠나고 말았다. 영특했던 김창국은 선교사의 집에 있으면서 함께 서문교회에 출석을 하면서 신앙을 갖게 됐다. 하위렴 선교사가 임시로 약국을 개설하였지만 정식으로 의사 면허증을 갖고 온 잉골드 선교사에 의해 1897년 예수병원이 완산동에 문을 열면서 오늘의 전주 예수병원의 역사가 이루어지게 됐다. 잉골드 의사는 후에 최의덕 선교사와 결혼하여 그의 선교는 더욱 활기를 띠기 시작하였다.

### (2) 신흥학교와 기전여학교

하위렴 선교사는 1900년 자신의 집에서 김창국 소년을 중심해서 전주신흥학교를 설립하였다. 최마태도 자신의 집에서 여학생을 중심해서 전주기전여학교 문을 열었다. 신흥학교는 1명의 학생으로 출발했지만 하위렴 선교사의 노력으로 8명의 학생으로 증가됐다. 1904년 중화산동으로 이사를 하여 유서백(J. S. Nisbet)이 교장직을 맡으면서 현대식 건물에 의해 교육을 받게 됐다.

1919년 3월 1일 전국적으로 일어났던 3·1운동에도 적극 가담하여 그해 3월 13일 장날에 전주 신흥학교와 기전학교 학생들이 중심이 되어서 만세를 불렀으며, 이 일로 많은 학생들이 옥고를 치뤄야 하는 수난을 당하였다. 1930년 린톤(W. A. Linton) 선교사가 교장으로 부임하였다. 1933년 신흥고등보통학교로 승격을 하면서 계속 발전해 갔지만 1937년 신사참배 문제로 자진 폐교하고, 재학생들은 일본인 마스도미 장로가 설립했던 고창고등보통학교로 모두 전학을 갔으며, 린톤 선교사는 다른 선교사와 함께 강제출국당해 귀국하게 됐다.
　역시 기전여학교도 신흥학교와 같은 수난의 길을 걸었다. 일제의 감시는 더욱 심해졌으며, 교실마다 일본 천황의 사진을 걸게 하였다. 매일 교실에서 천황의 얼굴을 보아야 하는 일이 지겨워 어느 날 학생들이 천황의 사진에 있는 두 눈을 손으로 뽑아 버린 소동이 일어났다. 이 일로 선교사들이 경찰서에 불려 다녔지만 다시 원상 회복이 됐다. 그러나 역시 이 학교에도 신사참배의 거센 물결이 몰려오자 학교 스스로 문을 닫고 폐교에 들어갔다.

### (3) 머슴이 먼저 장로 되고

　전주에서 그리 멀지 않은 곳, 김제군 금산면 금산리 조덕삼 지주 집에 난데없이 이자익이라는 어린 소년이 개나리 봇짐 하나를 들쳐 매고 나타났다. 때마침 조덕삼 지주는 일꾼들이 필요한 차인지라 경상도 남해도에서 왔다는 이 소년을 즐거운 마음으로 맞이하였다. 16세밖에 되지 않는 소년이었지만 그의 근면성에 놀란 조덕삼은 이자익을 친자녀처럼 대하였다. 어느 날 전주선교부에서 사역하던 최의덕 선교사가 금산리를 방문하여 조덕삼과 함께 대화할 수 있는 기회가 생겼다. 먼저 최의덕 선교사는 미국의 발전 과정을 조리 있게 이야기를 하고 기독교를 믿으라고 많은 설교를 하였다. 이때 조덕삼 지주는 혼자 듣기가 너무나 가까워 이자익을 불러서 같이 합석시켜 최의덕 선교사의 이야기를 듣기 시작하였다.
　이때 조덕삼과 이자익은 그 자리에서 예수님을 믿기로 작정을 하고 1900년 조덕삼 지주 집에서 최의덕 선교사의 인도로 주일 예배가 시작됐다. 이러한 일이 있은 지 얼마 안 되어 조덕삼, 이자익, 박희서 등이 세례문답을 받고 처음으로 성찬예식이 거행됐다. 이렇게 해서 출발한 금산교회에 점점 교인이 증가하자 1905년에는 기억자 교회(현재 문화재로 지정)를 건축을 하고 헌당식을 가졌다. 그런데 교인이 점점 증가하자 금산교회에서는 장로 2인을 전라노회에 청원을 하였다. 1908년 장로 2명을 선거하는데 지주인 조덕삼은 낙선되고 그 집 머슴인 이자익이 장로로 선출되는 기이한 일이 발생하였다. 이때 조덕삼은 공동의회 의장으로 왔던 최의덕 목사에게 발언권을 얻고 앞으로 나섰다. "당회장 최의덕 목사님, 그리고 교우 여러분 이자익 집사를 장로로 선출해 준 일에 대해서 너무나 감사합니다. 더 많은 기도를 부탁드립니다."

이 말에 놀란 교인들은 한결같이 참으로 훌륭하신 분이라고 입을 모았다. 이렇게 해서 금산교회의 초대 장로가 된 이자익은 장로로서 금산교회에서 설교를 하게 됐으며, 지주인 조덕삼 집사는 그의 설교를 맨 앞자리에서 듣곤 하였다. 2년 후에 조덕삼 집사는 장로가 됐으며, 조덕삼 장로는 이자익 장로의 그 진실하고 책임감 있는 장로직을 인정하고, 목사로 세우기 위해 자신의 사비로 평양에 있는 장로회신학교에 진학을 시켰다.

이자익 장로는 1915년 신학교를 졸업하자 다시 금산교회 제2대 위임목사가 됐다. 세월이 흘러 노회원들이나 같이 공부했던 모든 동창들은 그의 명석한 두뇌를 잊지 못해 1924년 제13회 총회에서 총회장으로 선임하였다. 그 후 해방을 맞이해서 교계가 어려울 때인 1947년과 1948년 2회에 걸쳐서 총회장을 역임했던 기록도 남기게 됐다. 3회에 걸쳐서 역대 총회장을 역임한 것이 이자익 목사뿐임을 생각할 때, 최의덕 선교사뿐만 아니라 조덕삼 장로와 금산교회 교인들이 얼마나 훌륭했는가 하는 생각이 든다.

### 2) 군산선교부 개설

#### (1) 영명학교와 멜본딘 여학교

전주에서 그리 멀지 않은 군산에 1894년 전킨(전위렴)과 뚜르(Dr. A. D. Drew, 이하 한국명 유대모로 표기) 선교사가 군산에 상륙하여 군산선교부를 설치하였다. 군산에 상륙했던 이들은 곧 금강 옆에 있는 조그마한 어촌 마을에 군산교회와 함께 군산진료소를 설치하여 복음과 함께 군산에 있는 농어촌민을 상대로 의료선교를 실시하였다. 진료소에는 아침부터 수많은 사람들이 모여들기 시작하였으며, 이때 진료소 밖에서 대기하고 있던 이들에게는 전위렴 선교사가 복음을 전하였고, 복음을 먼저 받았던 환자들은 조수들의 안내를 받으면서 유대모 의사의 진료를 받았다.

그러나 개항이 이루어지자 일본인들이 몰려오니 더 이상 그곳에 머물지 못하고, 전도의 대상이 일본인이 아니라 한국인이었기에 해로와 육로의 교통이 편리한 구암 쪽으로 이동을 하게 된다. 구암 쪽은 만경강과 금강을 연결할 수 있는 좋은 장소였다. 전위렴과 유대모는 곧 그곳에 교회와 병원을 신축하였는데, 그 넓은 지역을 담당한다는 것이 보통 힘든 일이 아니였다. 유대모는 조그마한 배를 제작하여 배를 타고 의료 진료기와 약품을 싣고 조사와 함께 만경강과 금강을 오르내리면서 마을을 찾아 진료를 하였다. 이 일에 지친 유대모 선교사는 건강의 악화로 더 이상 활동을 못하고 휴양 차 귀국을 하게 됐으나, 군산에 죽어 가는 많은 환자를 눈앞에 두고 떠나가는 그의 마음이 얼마나 아팠겠는가!

여기에 새로 온 의료선교사인 알렉산더(A. J. A. Alexander, 이하 한국명 안력산으로 표기) 선교사가 잠시 와서 유대모의 몫까지 맡았지만 그의 부친의 사망이란 급보를 접하고 귀국하고 말았다. 그 후 다니엘(T. H. Daniel, 단의사로 표기)이 부임하였지만 그도 역시 얼마 있지 못하고 군산을 떠나게 됐다. 이러한 일이 올 것을 예비했던 선교부에서는 한국인 오긍선을 미국으로 유학시켜 의학을 연구케 하고, 그로 하여금 군산 예수병원을 맡게 하였다.

구암으로 이사를 했던 전위렴 선교사는 1902년 군산 지방의 많은 청소년들을 교육시키기 위해 그의 사랑채에서 군산영명학교(현재 군산제일고등학교)를, 그의 안체에서는 여학생을 모집하고 멜본딘 여학교(현 군산영광여자고등학교)를 설립하였다. 여기에 전위렴 선교사, 여자 선교사로 온 데이비스가 합세하였지만 여전히 일은 많았다. 그 후 하위렴 선교사가 증원되어 군산에서 활동을 하였다. 데이비스는 주로 여성을 상대하여 선교활동을 하였다. 군산선교부는 군산 지역만 맡아 일하지 않고 익산 지방 일부와 김제 지방 일부, 부안 지방까지 다녔으니 그들의 활동범위가 얼마나 컸는가를 알 수 있다.

군산영명학교는 군산 및 옥구 지방을 중심해서 익산, 부안, 김제 지방은 말할 것도 없이 멀리는 금강 건너편에 있는 충남 서남부 지역에 있는 청소년들이 모여들기 시작하였다. 이 일로 군산영명학교 학생들은 그 어느 곳보다 학생도 많았을 뿐만 아니라, 많은 인재들이 모여들기 시작하였다. 이미 전위렴 선교사가 하나님의 부르심을 받았지만 그 후 불(W. F. Bull, 부위렴으로 표기) 선교사가 와서 학교운영 책임을 맡았다. 이 무렵 박연세 장로가 이 학교의 역사와 한문선생으로 부임하면서 민족의식이 서서히 싹트기 시작하였다. 이 학교 졸업생들 가운데 김병수는 세브란스 의학전문학교에 진학하여 서울의 인맥을 파악하면서 은사인 박연세 장로에게 많은 정보를 제공해 주었다. 이미 서울에서는 3월 1일을 기해 3·1운동을 준비하고 있을 때, 김병수는 자신의 은사인 박연세 장로에게 전북 지방의 책임을 맡아 달라는 부탁을 전하면서, 인쇄된 독립선언서를 한 뭉치 꺼내 주며 적극 협력해 달라는 부탁을 하고 상경했다.

평소에 남다르게 애국심이 강했던 박연세는 그 길로 같은 동료 교사인 이두열, 김수영 등을 불러 서울에서 진행된 사항들을 알려 주었다. 이들은 즉시 3·1운동 시위를 준비키 위해서 학생 조옥초를 서울로 보내어 김병수, 이갑성 등을 만나 구체적인 계획을 알아 오도록 하였다. 이와 함께 박연세는 곧 군산영명학교 기숙사에 기거하고 있는 전세종, 김영후, 송기옥 등을 찾아가 태극기를 그리도록 부탁함과 함께, 독립선언서의 매수가 부족하므로 일부 학생들은 학교 등사기를 학교 옥상 방으로 옮기어 복사하는 일에 온 힘을 쏟았다. 이렇게 태극기와 독립선언서 3,500매를 제작하여 일본 경찰의 눈을 피해 전 군산에 비밀리에 전해 주었다. 거사 일을 3월 6일로 정하고 준비를 했었지만 하루 전날인 3월 5일 아침 일본 경찰 10여 명이 군산영명학교를 급습하여 박연세와 이두열, 김수영 교사 등이 체포되었고, 군산영명학교는 물론 그 옆에 자리 잡고 있는 멜본딘 여학교, 구암 예수병원까지 수색을 당했다. 이러한 사실을 안 학생과 교사들은 즉시 비상종을 치고 영명학교 운동장에 모여 시위를 벌이면서 "일제는 물러가라! 조선은 독립을 했다!" 등의 구호를 외치면서 군산 시내로 진입을 하였다.

이러한 광경을 지켜본 군산초등학교 학생들도 이에 합세를 하고 시민들도 함께 가담함으로 인원은 어느덧 500명으로 증가되었다. "조선독립만세"를 군산 시내가 떠나갈 듯이 외치기 시작하였으며, 이 행렬은 군산 경찰서까지 계속되었다. 엄청난 수에 놀란 일본 경찰들은 즉시 익산에 주둔하고 있던 헌병대까지 불러들여 시위대를 진압하였으며, 이 일로 박연세 등 10여 명이 체포되어 형이 확정되고 대구형무소로 이감되어 모두 옥살이를 하게 됐다. 이러한 수난을 당하는 모습을 보았던 부위렴 선교사는 미국 교회에 편지를 보내어 억울하게 당하고 있는 한국인을 위해서 많은 기도를 요청하기도 하였다.

익산 지방의 3·1운동도 군산영명학교 교사 박연세의 역할이 컸다. 문용기(또는 문정관)는 오산출신으로서 박연세 은사를 만나 3·1운동을 남전교회에 출석하며 준비하고 있었다. 문용기는 목포 왓킨스 중학교(현 영흥고등학교) 1회 졸업생으로서 1917년 남전교회에 부임한 최대진 목사의 영향을 많이 받는다. 그는 젊은 청년들을 모아 놓고 애국운동의 시발을 서서히 진행해 가고 있었다. 이 무렵 이 교회 젊은 청년 김만순과 최대위(서울 중동학교 학생)도 참가하였다. 때마침 김병수가 중앙으로부터 연락 책임을 맡고 모교 박연세 교사를 만나 의논을 하면서 일을 진행하였다. 김만순의 집에 모여 숙의한 끝에 1919년 4월 4일 김만순의 부친 김내문의 제의로 장소를 익산 장날로 정하고 인원 동원에 대한 계획을 수립하였다. 제1대는 최대위, 제2대는 문용기, 제3대는 김만순이 맡기로 하였다. 드디어 4월 4일 익산 장날이 다가왔다. 제1대는 익산 역에 모여 만세를 부르면서 시장으로 향하였다. 제2대도 시장으로 향하여 전진하였다. 제3대는 동익산 역에서 출발하여 시장으로 향하고 있었다.

이처럼 동서남북에서 모여든 익산 군중은 어느덧 1천여 명이 모여 익산시장을 온통 태극기 물결로 가득 채우고 말았다. 정오가 되자 모인 군중들이 "대한독립만세"를 외쳤고 시장은 온통 태극기 물결로 가득 찼다. 이에 놀란 일본 헌병들은 그냥 있을 수 없었다. 겁에 질린 이들은 군중을 향해 착검을 휘두르면서 무차별 공격하자 이 일로 현장에서 5명(박도현, 문용기, 장경춘, 박영문, 서정만, 이충규)이 쓰러졌으며, 10여 명이 부상을 입기도 하였다. 여기에 고현교회 오덕근 장로도 교인들과 함께 참여하다가 3·1운동 시위 도중 체포되어 옥살이를 하였다. 이들의 귀한 뜻을 영원히 남기기 위해 중앙시장 내에 순국열사비가 자리를 잡고 있다.

당시 부위렴 선교사가 미국에 보낸 비밀문건이 그날의 사항을 잘 설명해 주고 있다. "정한 시간이 되자 그들은 태극기를 흔들며 '독립만세'를 외치기 시작했다. 만세 소리에 놀란 군인들은 공포를 쏘며 시위 군중을 해산시키려 했으나 막을 수 없었다. 그 후 군인들은 현장에서 발포를 하자 수명의 사상자가 나왔다. 동시에 소방대원들이 군중들 속으로 뛰어 들어가 닥치는 대로 곤봉과 손도끼를 휘둘러 많은 부상자를 냈다. 일본 군인 하나가 시위대를 이끌던 젊은이를 붙잡아 연행하려 하자 그는 '죄 지은 게 없으니 갈 수 없다.'고 버텼다. 군인은 '그렇다면 여기서 죽일 수도 있다.'고 위협하자 그는 머리를 곧추세우고 가슴을 내민 채 '죽일 테면 죽여라. 그러나 내 입에서 만세 소리만은 막지 못한다.' 하였다. 군인이 칼을 뽑아 그의 가슴을 찌르자 그는 피를 쏟으며 땅에 넘어졌다. 가슴에 꽂았던 칼을 빼는 군인을 향해 그는 이렇게 외쳤다. '네가 나를 죽인다만 하나님께서 이 일로 일본을 벌 주실 것이다.' 그는 마지막 숨을 쉬면서 '대한독립만세'를 세 번 크게 외쳤다고 한다. 그날 현장에서 살해된 사람은 모두 기독교인이었다."

### (2) 두 선교사의 순교

전위렴 선교사는 과로가 겹쳐 더 이상 활동할 수 없어 1904년 전주로 이거하였다. 전주에서 4km 이상 활동하지 못한다는 전주 예수병원 잉골드 여의사의 제안이 있었지만, 그는 이러한 것도 잊은 채 하루 빨리 한국인에게 복음을 전하기 위해 선교에 힘쓰다 부인과 자녀를 남겨 둔 채 하나님의 부르심을 받고 말았다. 전주에 있는 교회나 전위렴 선교사가 설립했던 군산 지역, 전주 지역 할 것 없이 모두들 크게 성장하여 그의 죽음의 유산의 힘으로 교회들이 든든하게 성장해 나갔다.

이보다 1년 먼저 데이비스 선교사도 하나님의 부르심을 받았다. 데이비스는 하위렴 선교사와 결혼한 지 얼마 안 되었을 때 전주 예수병원에 입원해 있는 어린아이들을 돌봐야 한다면서 병원에서 얼마 동안 활동하다가, 그만 어린아이들로부터 병균이 전염되어 이국 땅 전주 예수병원에서 숨을 거두고 말았다. 이때 잉골드 여의사는 그를 살리려고 최선을 다하였지만 그의 정성어린 손길도 소용이 없었다. 1905년 잉골드는 독신으로 선교활동을 하던 최의덕 선교사를 만나 결혼을 하고, 그와 함께 매주 토요일이면 전주 교외에 있는 여러 시골 교회나 시골 마을을 순회하면서 무료진료와 함께 복음을 전하는 등 많은 믿음의 소득을 얻는 데 공을 세웠다.

하위렴 선교사의 합세로 군산 선교는 더욱 힘을 받게 됐으며, 이미 군산에서 활동하던 데이비스 선교사와 결혼한 하위렴 선교사는 특별히 익산 지역 일부를 맡아 익산 지역의 모교회인 고현교회를 설립하는 데 큰 공을 세웠다. 고현교회는 이제 100주년 기념을 준비키 위해서 힘을 쏟고 있으며, 익산 지방의 모교회답게 대교회로 성장하였다. 또한 100주년을 앞두고 「고현교회 95년사」를 발간하였으며, 100주년기념관을 건립하는 등 다양한 사업을 계획성 있게 진행하고 있다.

전주선교부에서는 전위렴 선교사의 그 희생적 선교 정신을 높이 기리기 위해서 전위렴기념학교라는 칭호로 기전여학교(Junkin Memoreal

Girl's School)라 부르게 됐다. 그 이름은 지금까지 사용하고 있으며, 기전여학교는 중·고등학교, 기전여자대학 등 큰 학교로 발전을 하였다. 이미 앞에서도 언급하였지만 전주 신흥학교나 기전여학교는 3·1운동시 학생들이 앞장서서 독립만세를 외치다가 감옥에 간 이들이 많았다. 그 후 호남에 있는 미션 학교 들은 모두 신사참배를 할 수 없다고 하면서 자진 폐교를 하였으며, 선교사들은 이곳을 철수하였다. 해방을 맞이한 군산영명학교 동창생들을 중심해서 데이비스 선교사의 그 귀한 뜻을 늦게나마 알고, 1958년 그의 기념비를 그가 죽었던 예수병원에서 그리 멀지 않은 경내에 세웠다.

### 3) 목포선교부 선교사들

#### (1) 배유지 선교사 부인의 순교

군산선교부를 설치했던 남장로교회 선교부에서는 전라도 목사(牧使)가 거주하고 있는 나주에 선교부를 설치하려고 1897년 3월 벨(E. Bell, 이하 배유지로 표기), 하위렴 선교사로 하여금 나주에 땅을 매입함과 동시에 선교사가 기거할 주택까지 마련을 하였다. 이때 유림의 본산지인 나주 향교를 중심으로 선교사 철수를 요구하는 시위가 끊이지 않았다. 만일 나주에서 철수하지 않으면 불을 놓겠다고 위협을 가하자 할 수 없이 이들은 목포가 곧 개항한다는 소식을 접하고 목포로 내려갔다. 목포는 배유지 선교사와 오웬(C. C. Owen, 이하 한국명 오원으로 표기) 선교사가 자리를 잡고 정착을 하려고 하였지만 보통 고통이 아니었다. 할 수 없이 유달산을 바라볼 수 있는 목포 양동 초분에 자리를 잡고 선교사 주택과 함께 교회당을 겸해서 사용할 수 있는 거처를 마련하였다. 이곳은 초분(草墳)이 널려 있는 마을로 밤만 되면 혹시라도 도깨비가 나타나지 않을까 걱정을 하였다. 그러나 선교사가 거주할 수 있는 거처가 있어서 매일 밤마다 기도를 하였다. "주여 감사합니다. 나주에 자리를 잡으려고 하였지만 주의 뜻이 아닌 것 같아서 이곳에 자리를 잡았습니다. 목포가 변화되게 해 주세요."

감사가 이들의 기도의 전부였다. 더욱이 오원 선교사는 목사이면서 의사였기에 그의 선교활동은 참으로 활발하였다. 오원 선교사는 목포진료소를 역시 초분이 있는 곳에 설치하고 진료에 임하였다. 오원 선교사는 주로 해남, 진도, 완도, 강진, 장흥 지방을 순회하면서 진료 겸 선교를 실시하였으며, 배유지 선교사는 내륙 지방을 전적으로 공략하였다. 더 구체적으로 이야기하면 함평, 영광, 장성, 나주, 광주 지방이 그의 선교 지역이었다.

1901년 배유지 선교사는 부인과 두 딸을 목포에 남겨 놓고 내륙 지방으로 선교여행을 떠났다. 마침 전주선교부에 머물고 있을 때 날벼락 같은 내용의 전보가 날아왔다. "부인 사망, 목포 오원" 이 소식을 접한 배유지 선교사는 먼저 하나님께 기도를 하고 마음에 안정을 찾았다. 전주에서 목포까지 말을 타고 가는 것은 너무 많은 시간이 걸리기 때문에 군산으로 달려가서 목포로 가는 화물선에 몸을 맡겼다. 그렇게 빨리 가는 배도 천천히 가는 것만 같았다. 배유지 선교사는 선실에 들어가 하나님께 기도를 하였다. "주여, 긍휼을 베풀어 주소서." 이외 다른 말이 나오지를 않았다.

목포에 도착한 배유지 선교사는 숨도 제대로 돌리지 못하고 빠른 걸음으로 양동 초분이 있는 마을로 갔지만, 이미 아내의 시신은 싸늘하였으며 어린 두 딸은 어머니를 붙잡고 울고 있었다. 배유지 선교사는 시신을 만져 보며 마음속 깊이 한없이 울었으며, 또한 울고 있는 두 딸을 달래는 데 안간힘을 썼다. 그녀의 장례식은 동료선교사들과 목포교회 교인들이 모인 자리에서 고별식으로 거행하고, 시신은 서울에 있는 양화진 양지 바른 헤론 선교사 곁에 안장을 하였다.

(2) 영흥학교와 정명여학교

오원 선교사는 미국 북장로교회 의료선교사인 화이팅(G. Whiting)과 결혼을 하고 목포에서 활동했기 때문에 목포진료소는 활기를 띠기 시작하였다. 이 무렵 목포에 스트레퍼(F. E. Straeffer, 한국명 서부인으로 표기) 선교사는 1902년 목포교회에 어린아이를 모아 놓고 교육을 실시하였는데, 이것이 목포 정명여학교(현 정명여자중·고등학교)로 출범하게 된다. 1903년 배유지 사랑채에서 남자아이들을 중심해서 모여 설립했던 학교가 목포 영흥학교(현 영흥고등학교)가 됐다. 이렇게 설립된 학교는 이 나라 근대화에 크게 공헌했을 뿐만 아니라 민족과 국가관을 심어 주는 데도 크게 공헌을 하게 된다.

목포에 많은 인재를 내놓을 수 있었던 것은 목포에 부임한 맥콜리(H. D. MaCallie, 이하 한국명 맹현리로 표기) 선교사의 영향이 컸다. 그는 신안군 일대를 다니면서 복음을 전파하였다. 자신의 집에 연락하여 정명여학교를 석조 건물로 신축할 자금을 마련하였고, 최초의 서양식 건물을 지었다. 정명여학교 고등과 1회 졸업생 가운데 여류작가 박화성 씨는 한국문단에서 빼놓을 수 없는 인물이다. 박화성 여류작가는 선교사들의 영향을 많이 받고 여기에 기독교의 평민사상에 기초한 농민, 노동자의 궁핍한 삶과 지배계급의 기생적인 생산양식을 파헤치는 데 크게 공헌하는 작품을 많이 발표하였다.

많은 인재를 키웠던 맹현리 선교사는 신안 앞바다에 묻혀 있던 여성들을 목포에 유학시키는 데 크게 공헌을 하였다. 원래 그의 가정은 미국에 유전(油田)을 갖고 있는 석유 재벌이었기에 선교비에 있어서는 다른 어떤 사람보다 넉넉하게 사용할 수 있었다. 다만 고생스런 일은 신안 지방이 섬으로 구성된 지역이었기에 움직이는 것이 힘이 들었다. 그는 자그마한 배를 제작해서 조사들과 함께 파도를 헤치며 다녀야 했다.

그가 하는 사역은 보통 힘든 일이 아니었다. 매일같이 배를 타고 다니면서 성례전을 앞두고 문답을 실시하고, 때로는 열악한 위생 시설을 갖춘 어촌에서 먹고 자야 했으므로 그에게 여간 큰 고통이 아니었다. 그러나 이러한 일들을 신앙과 선교사란 그 사명 하나로 견뎠다. 그는 매년 농한기를 이용하여 목포에서 달성경학교나 사경회를 개최하는 일이나, 자신의 선교구역 교회 교인들을 챙기는 일 등에 특별한 관심을 갖고 있었다. 그러나 1930년 이러한 일도 더 이상 계속되지 못하고 더 이상 건강을 유지할 수가 없어서 목포에 온 지 23년 만에 선교사역을 마감하고, 그렇게 정들었던 목포교회 교인들과 정명여학교 학생들의 환송을 받으며 한국을 떠나야 했다.

영흥학교는 배유지 선교사의 헌신적인 활동으로 날마다 든든한 기초를 만들어 갈 수 있었다. 그러나 학교가 출범한 지 얼마 안 된 1904년에 배유지 선교사와 오원 선교사는 광주로 이거해 갔으며, 그 후임으로 프레스톤(J. F. Preston, 이하 한국명 변요한으로 표기) 선교사가 교장으로 부임하였다. 그 후 변요한 선교사도 광주로 이거해 갔다. 그는 미국 남장로교회 왓킨스 씨의 도움으로 목포 영흥학교를 석조 건물로 완성하고 왓킨스 중학교라 부르게 됐다. 이 일로 신안 앞바다에 널려 있는 많은 섬에 살고 있는 청소년들이 꿈을 안고 목포 영흥학교로 유학 왔다. 여기에 목포 인근에 있는 많은 청소년들이 유학하여, 목포교회에 부임했던 윤식명 목사의 지도와 선교사들의 채플 인도로 알찬 신앙을 계승해 갈 수 있었다.

이들은 일반 과목을 배울 뿐만 아니라 성경과목을 하나 더 배웠으며, 채플 시간에 부른 찬송은 이들에게 희망과 용기를 불어넣어 주었다. 그 후 크래인(P. S. Crane), 컴잉(D. J. Comming, 이하 한국명 김아각으로 표기) 등이 차례로 교장의 직책을 맡았다. 남다르게 역사 의식이 강했던 김아각 교장은 채플 시간을 통해서 조선 민족의 독립을 노골적으로 학생들에게 전해 주었다. 여기에 자극을 받아 기회가 주어지면 독립운동을 하겠다는 굳은 의지를 갖는 학생들도 생겨나게 됐다.

이미 광주에서는 숭일학교와 수피아 여학교를 중심해서 3·1운동을 일으켰다는 소식이 항도의 도시인 목포까지 오게 됐다. 이러한 소식을 접했던 이 학교의 졸업생인 양일석은 그냥 있을 수가 없어서 밤마다 기숙사를 찾아다니며 태극기를 만드는 데 힘을 쏟았다. 이때는 혹시나 누가 염탐하지 않을까 하여 기숙사의 문을 굳게 걸어 잠그고 극비리에 일을 진행하였다. 양일석은 정명여학교 학생 이은득을 시켜서 광주까지 올라가서 독립선언서를 등사할 등사기를 구해 가지고 오도록 하였다. 드디어 거사일인 3월 21일 오전 학교 수업을 마치고 잠시 쉬는 15분간 체육시간에 김옥남 학생이 비상종을 올리자 이미 암호로 정했던 관계로 책가방을 들고 책가방 속에 있는 태극기를 들고 운동장에 집합을 하였다. 어느새 200여 명의 학생들이 운동장에 모여 있는 것을 지켜보고 있던 양동교회 교인들도 이에 합세를 하였다. 여기에 목포교회 이경필 목사가 선두에 서자 영흥학교, 정명여학교 학생들은 "대한독립만세"를 부르면서 남교동을 지나 무안동에 있는 재판소, 경찰서까지 시가행진을 단행하였다. 태극기 물결이 온 목포 시내를 뒤덮고 다니자 일본 경찰과 헌병들이 착검을 하고 위협을 가하였다. 이때 정명여학교 김마르다 여선생은 헌병을 향해 "내 가슴에 총을 쏘아라." 하고 외쳤다. 이 일로 이경필 목사를 비롯해서 100여 명의 학생 및 신도들이 목포형무소에 수감됐으며, 이러한 사실을 목격한 김아각 교장은 미국에 이러한 사실을 알리기도 하였다.

### 4) 광주선교부 선교사들

#### (1) 광주에서 첫 번째 크리스마스

배유지 선교사는 전남 내륙 지방을 순회하면서 선교를 하였다. 사실 목포에서 내륙 지방인 전남 나주, 광산, 장성, 담양, 곡성, 영광 지방을 떠맡아 선교한다는 것은 보통 힘든 일이 아니었다. 그것은 오원 선교사도 마찬가지였다. 화순, 보성, 고흥, 여천, 광양 지방을 떠맡아 한다는 것이 여간 힘든 일이 아니었다. 이러한 관계로 1904년 배유지 선교사의 조사 김윤수를 광주에 파송하여 광주군 효천면 양림리에 선교사 주택을 마련하고, 12월 25일 눈이 내리는 성탄절 배유지 선교사, 오원 선교사, 김윤수 조사의 가족과 함께 예배를 드린 것이 광주선교부의 시작이 됐으며, 이날이 광주교회(현 광주제일교회)의 창립일이 됐다. 광주교회에 점점 광주 지역 주민들이 모여들자, 1905년 양림리에서 광주와의 거리도 있고 해서 시내로 옮기고 북문안교회라 부르게 됐다. 그 후 광주제일교회는 광주중앙교회를 분립해 주었고 다시 양림교회를 분립해 주었다.

한편 오원 선교사는 목사면서 의사였기에 광주 양림리에 광주진료소(현 광주기독병원)를 개설함과 동시에 전남 동남 지역을 맡아 수고를 하였다. 배유지 선교사는 목포에서 같이 청소년 교육에 뜻을 두었기에 1907년 자신의 저택에서 조사들의 자녀들과 기타 교인들의 자녀를 중심해서 교육을 실시하였다. 그러나 교인들이 점점 증가하자 1908년에 남녀를 구별하여 정부로부터 각각 인가를 받아, 숭일학교는 배유지 선교사가 수피아 여학교는 그래함(Miss E. I. Graham, 이하 한국명 엄언라로 표기) 선교사가 맡아 수고를 하였다.

### (2) 숭일학교와 수피아 여학교

숭일(崇一)학교는 유일신 하나님을 공경한다는 뜻을 가지고 있다. 숭일학교는 미국 남장로교회 선교부의 적극적인 지원 아래 1909년 여름에 기공했던 교사가, 1910년 4층으로 된 현대식 건물로 우뚝 서자 광주 시민들이 모두 놀라워했다. 건물이 완공되자 1911년 6월 14명의 첫 졸업생을 배출하는 영광도 맞이하게 됐다. 그뿐만 아니라 숭일학교 강당은 광주 시민들의 문화공간으로 사용되면서 각종 강연회, 음악회 등 주요 행사는 이 강당에서 실시하였다.

여기에 광주여학교라 불렀던 학교도 1911년 미국인 스턴스 니 수피아(M. L. Sterns nee Speer) 여사의 기금을 받아 회색 벽돌 3층으로 교사를 신축하고, 그의 뜻을 영원히 기리기 위해 수피아 여학교라 부르게 됐다.

이렇게 해서 양림동에 자리 잡고 있던 두 미션 학교는 광주 지방에서 최초로 근대교육에 힘을 쏟았다. 다시 1910년 탈메지(J. V. N. Talmage, 이하 한국명 타마자로 표기), 맥퀸(Miss A. McQueen) 선교사가 부임하여 남녀학교의 책임자가 되면서 많은 민족지도자들을 배출하였다. 이 남녀학교 출신들이 해마다 배출되면서 도시는 물론 농촌까지 활동하자 자연히 지역교회는 민족운동의 요람지가 됐다.

광주 지방 3·1운동은 3월 5일 밤 숭일학교 남궁혁 교감 집에 이 학교 교사인 김강, 최병준 학생 등과 수피아 여학교 교사 및 학생, 여기에 제일교회 교인이 함께 모였다. 최병준의 지도를 받으면서 독립선언서, 태극기 제작에 힘을 쏟아 밤낮을 가리지 않고 준비를 하였다. 드디어 3월 10일 오후 3시가 되자 밤새껏 준비했던 태극기, 독립선언서를 학생들에게 배포를 하고 나머지는 가마니에 싣고 지나가는 사람들에게 나누어 주었다. 양림천을 지나 북문안통을 향하여 만세를 부른 사이 어느덧 1천여 명이 모여 광주경찰서 앞까지 전진하였다. 이때 일제는 헌병과 경찰을 동원하여 무차별 총을 쏘며 학생들을 체포하기 시작하였다. 이때 체포된 학생만도 100여 명이나 됐다. 일단 구속된 많은 교사 및 학생들은 적게는 징역 6개월부터 많게는 3년 6개월까지 형을 언도받았다.

이러한 운동에 적극적으로 참여할 수 있었던 것은 선교사들이 채플과 성경수업 시간에 출애굽의 역사를 가르쳐 학생들 자신도 모르게 민족심이 생겨나면서부터이다. 학생들이 너무 많이 구속되자 선교사들은 이 사실을 미국에 알리는 데 온갖 정성을 다 쏟기도 하였다. 그 후 수원 제암교회 학살사건이 광주에 알려지자 광주에 있던 노라복 선교사, 배유지 선교사 부인, 크레인 선교사는 지프차를 몰고 수원으로 갔다. 그러나 병촌 건널목에서 그만 기차와 부딪혀 배유지 선교사는 그 자리에서 즉사하고, 노라복 선교사는 왼쪽 눈을 실명하는 등 큰 사고를 만나기도 하였다.

### (3) 한센병 환자를 껴안은 어느 선교사

광주에 선교부가 상설되면서 내륙 지방은 물론 동남 지방의 선교도 활발하게 진행됐다. 동남 지방을 떠맡았던 오원 선교사는 고흥 지방에서 선교활동을 하다가 갑자기 급성폐렴을 만나게 되었다. 당시 교통편이란 보통 열악한 것이 아니었다. 고흥 지방에 있는 조사들이 보성을 지나서 화순 지방에 올라왔다는 소식을 접했던 광주진료소 윌슨(Dr. R. M. Wilson) 의사는 목포진료소에서 활동하고 있는 의사 포사이드(Dr. W. H. Forsythe, 이하 보의사로 표기)를 불렀다. 윌슨에게서 오원 선교사가 위급하다는 소식을 듣고 곧 목포항에 나가 영산포 포구로 향하는 배 한 척을 빌려 타고 영산강을 거슬러 올라갔다. 영산포 포구에 도착한 보의사는 곧 말을 타고 광주로 향하던 중 나주 지역에서 뜻하지 않게 길거리에 쓰러져 있는 한 여자를 만나게 된다.

혹시나 하고 말에서 내려와 그 여자 곁에 갔더니 코를 찌를 듯한 냄새와 손가락도 이상하고 코도 약간 찌그러져 있었으며, 눈썹도 없는 여자를 만나게 됐다. '아! 한센병자이구나.' 보의사는 그 여자를 자신이 타고 온 말에 태우고 광주로 향하였다. 열심히 말을 몰고 갔지만 광주에 도착하기 전 1909년 4월 오원 선교사는 싸늘한 시신으로 변해 있었다. 간단한 사망진단서를 발급한 후 장례 절차를 밟도록 하고, 밖에서 기다리고 있는 그 여자를 양림동에 있는 광주진료소에 입원을 시키고 안식할 수 있도록 마련해 주었다. 그런데 입원해 있던 환자들이 아우성이었다. 할 수 없이 두 의사는 의논을 하여 건너편에 있는 봉선동의 가마 굽는 굴 한 칸을 깨끗이 정돈을 하고 그 여자의 안식처를 마련해 주었다. 한편 사람들은 한센병에 걸려 있는 환자를 대하는 보의사의 행동을 보고 모두들 놀라워 했다.

그 후 이 여자는 보의사의 지극한 사랑을 받으면서 예수님을 구주로 영접을 하고 날마다 주님을 향한 뜨거운 기도를 계속 드렸다. 보의사의 기록에 의하면 "그 여자는 1개월 정도 예수를 영접하고 고통도 없고 멸

시도 없는 주님이 계신 하늘나라로 훨훨 날아갔다."고 말하고 있다. 보의사는 따뜻한 지방에 한센병이 많이 있는 것을 발견하고 광주 시내 양림천을 배회하고 있는 한센병환자를 모두 봉선동 마을로 불러 가마 굽는 굴에 기거하도록 하였다.

보의사의 사랑에 대한 소식이 온 광주뿐만 아니라 전남 지방 각 지역에 알려지자 모두들 봉선동으로 모여들기 시작하였다. 보의사는 목포와 광주를 왕래하면서 윌슨 의사와 함께 이들을 돌보고 있었다. 그런데 광주에 그 유명한 최흥종이란 사람이 이러한 소식을 접하고 배유지 선교사 사댁을 찾아왔다. 최흥종은 원래 구한말 경찰간부였지만 나라를 빼앗긴 후로는 자신의 부하들을 데리고 광주 장날만 되면 횡포를 부렸던 불량자였다. 그런 최흥종이 자신의 부하를 거느리고 양림동에 나타났으니 모든 사람들이 걱정이었다. "아니, 저 사람들 선교사를 혼내 주려고 가는 것 아니냐!" 하지만 그들은 자신들도 예수님을 믿고 보의사처럼 사회를 위해서 봉사할 수 있는 길이 있지 않을까 하고 배유지 선교사 집을 찾아 나섰던 것이다.

"저 같은 사람도 예수님을 믿을 수 있습니까?" 이 말을 들은 배유지 선교사는 최흥종 등 그의 부하 30여 명을 모두 광주교회 교인이 되게 했으며, 최흥종은 몰려오는 환자들에게 일일이 복음을 전하고 얼마 동안 나환자병원에서 조수 역할을 하였다. 광주 나환자병원에 한센병환자로 입원하는 사람들은 비록 한센병에 걸렸지만 조금도 부끄럽게 여기지 않고 스스로 하나님의 나라를 확장해 갔다. 이러한 소식이 전 호남 지역에 알려지자 너도나도 앞을 다투어 광주 나환자병원으로 모여들었다. 이 병원은 한국에서 최초의 한센병 병원이었기에 여러 지역에서 모였다. 600여 명이나 모일 정도로 병원이 확장되자, 광주에 사는 시민들은 빛고을 광주에 혐오가 되는 한센병 병원이 있는 것은 좋지 않다고 생각했다. 많은 광주시민들이 철거를 요구하면서 연일 시위를 행하였다.

전남 도청과 광주 시청에서는 더 이상 견딜 수 없어 총독부의 주선으로 1925년 전남 여천군 율촌면 신풍리 바닷가가 보이는 언덕으로 이동을 명하였다. 여기에 15만 평이 되는 넓은 대지를 마련하고 자립할 수 있도록 각종 지원을 받았다. 1936년에는 광주 나환자병원을 애양원으로 이름을 바꾸고 현대식 시설로 이들을 수용하게 됐다. 계속해서 윌슨 선교사는 이 병원의 원장으로서 환자를 신앙으로 잘 지도하였으며, 여기서 신앙이 좋고 학력이 좋은 한센병 환자들도 신학할 수 있는 기회를 주기 위해서 애양원 부설 신학원을 개설하였다. 이렇게 남장로교회 선교부의 지원하에 신학원도 운영하여 여기저기 집단으로 모여 있는 이들을 신앙으로 잘 인도하였다.

1941년 일제가 선교사를 추방함으로 많은 어려움도 있었지만 다시 해방이 되자 미국 남장로교회 선교사인 보이어(E. T. Boyer, 이하 한국명 보이열로 표기) 목사가 이곳에 부임하여 신앙으로 잘 인도하였다. 애양원이 한국교회에 널리 알려지기는 손양원 전도사가 애양원교회를 부임하면서부터였다. 그는 환자들을 자신의 가족으로 알고 아픈 상처를 감싸 주면서 치유의 목회를 하였다. 일제 말엽에는 신사참배를 반대한다고 하여 옥고를 치루었지만 하나님의 은혜로 해방을 만나 감옥에서 풀려 나와 다시 애양원교회에서 사역을 하였다. 그러나 1948년 10월 14일 연대반란사건으로 순천에서 두 아들을 잃는 슬픔을 만났다. 손양원은 두 아들을 죽인 장본인을 양아들로 입적하여 그들을 감싸 안으므로 사랑의 사도로 온 세상에 알리어졌다. 또한 6·25 전쟁이 나자 한센병환자들과 애양원교회를 사수하다가 공산당 당원에 체포되어, 여수 돌짝밭 미평에서 같은 순천노회 회원이었던 덕양교회 조상학 목사와 함께 찬송을 부르다가 순교를 당하였다.

(4) 과부의 벗 서서평 선교사와 이일성경학교

평생을 가난한 과부와 거지를 돌보았던 간호사인 쉐핑(Miss E. J. Shepping, 이하 한국명 서서평으로 표기) 선교사는 예수님의 제자답게 예수님의 말씀을 실천하면서 복음을 증거했던 처녀 선교사로서, 한국에 엄청난 삶을 남기고 광주에서 1934년 54세의 나이로 생을 마감한다. 그녀가 하나님의 부르심을 받자 광주시에서는 광주에 그의 삶이 너무나 깊이 흔적으로 남아 있다 하여 광주시가 생긴 이래 최초로 광주 시민장으로 고별식을 거행하였다. 이때 그녀의 상여 뒤에는 고아, 과부들의 긴 행렬이 이어졌으며 양림 동산에 시신을 안장하였다.

　서서평 선교사는 1880년 독일에서 출생하여 할머니 집에서 성장하다가 미국으로 이민을 간 부모를 그곳에서 만났다. 부모는 천주교회를 출석하고 있었다. 서서평은 뉴욕 간호학교를 졸업하고 다시 뉴욕 비브리칼 신학교를 졸업하였다. 그녀는 이때 기독교로 전향하고 1912년 미국 남장로교회 해외 선교사로 파송을 받고 한국에 도착하여, 세브란스 병원과 군산 구암예수병원에서 잠시 근무를 하다가 광주 제중병원 간호사로 봉사를 하였다. 특별히 봉선동에 있는 광주 나환자병원에서 한센병으로 고생하는 부녀자들을 돌보는 데 솔선수범을 하였다. 당시 한국 문화를 잘 이해했던 그녀는 아들을 낳지 못한 여인들과 과부들이 설자리가 없음을 알았다. 서서평 선교사는 이들에게 기술 교육을 시켜 사회에 진출할 수 있는 길을 열어 주기 위해 1922년 광주 이일기념성경학교를 설립하였다.

　처음에는 자신의 숙소에서 광주여자성경학교를 시작하다가 그의 귀한 뜻을 미국에서 알고, 미국 노스캐롤라이나 주에 있는 니일(Miss Lois Neel of Charlotte)의 도움으로 새로운 빌딩을 신축하고 이일기념성경학교라 간판을 달고 교육을 시작하였다. 일부 과부들에게는 누에 키우는 기술을 교육시키는 한편 성경을 가르쳤으며, 초등과 과정을 나오지 못한 여자들에게는 보통과라 하여 교육을 시키었다. 한편 미국에서 선교비가 오게 되면 언제나 그가 찾아가는 곳이 있었다. 그녀는 매월 1회씩 양림천 다리 밑에 살고 있는 거지들을 찾아가 그들을 인솔하여 목욕을 시키고, 옷가게에 가서 새로운 옷을 사 주는 등 어머니의 역할을 하였으며, 고아출신인 몇 명의 여아들을 친히 양녀로 키우는 등 헌신적인 봉사를 하였다. 매년 농한기에 모이는 달성경학교나 여자사경회 강사로 강의를 하게 되면 무슨 댁이라 부르며 여자들을 호칭으로 이름 부르기 운동도 전개하였다.

　이러한 말이 전남 지역에 알리어지자 많은 과부, 소박맞은 여인들이 학교에 와서 성경과 기술을 배웠으며, 이 과정을 마치면 시골 교회에서 전도사로, 양잠기술지도자로 생활을 하면서 활동할 수 있는 길을 열어 주었다. 그리고 매월 마지막 날에는 항상 자신이 밀가루 빵을 만들고 양녀들과 함께 식탁을 나누면서 사랑의 어머니의 역할을 하였다. 여기에 부인 조력회를 조직하여 일선에서 목회하는 교역자를 돕는 데도 한몫을 담당하였다.

### 5) 순천 지방의 수난

#### (1) 순천선교부

　순천 지방에 최초로 선교사가 방문했던 일은 1894년 5월로 거슬러 올라간다. 이눌서 선교사는 전라 지방 전역을 순회하던 중 지나갔으며, 4년 후인 1898년 최의덕 선교사가 전주에 머물면서 순회 전도차 순천에 내려와 장터에서 전도지를 배포한 일이 있었다. 실질적으로 순천 지방에 선교가 시작되기는 1904년 광주선교부를 개설했던 오원 선교사가 이곳까지 내려왔을 때이다. 그는 전남 동남 지방인 고흥, 보성, 광양, 여수 등지로 다니면서 순회전도를 하였으며, 1906년부터는 자신의 조사인 지원근을 보내에 보성 지방 일대를 담당하였다.

　그런데 뜻하지 않게 보성의 젊은 한학자 조상학이 예수님을 믿겠다고 나서자 그 지역의 유생들의 마음이 흔들리기 시작하였다. 조상학은 지난날의 유교에 젖어 있던 모든 것을 털어 버리고 새로운 시대는 새로운 종교를 믿는 것이 좋겠다는 생각을 가지고 예수님을 영접하였다. 조상학은 보성에서만 머물지 않고 여천 장천까지 갔고, 장천에 있는 조의환이 예수를 믿기 시작하자 이 지역 조씨 문중들이 한꺼번에 기독교로 개종하면서 장천교회가 설립됐으며, 조의환이 한태원을 전도하자 그도 곧 예수님을 믿기로 작정하고 그 길로 신황리교회를 설립하였다. 이미 보성에 자리 잡고 있던 조상학의 활동은 대단하였다. 보성 지방의 무만동에 살고 있는 조상학의 옛친구 김일현과 정태인을 전도하여 1905년 무만동교회가 설립됐다.

여기에 조상학은 순천 지방의 중심지인 순천 읍내에 사는 최사집을 전도하였으며, 이 일로 1909년 순천읍교회가 설립됐다. 조상학이 전도했던 이들이 모두 평양에 있는 장로회신학교에 입학하여 목사가 되는 기적도 만나게 됐다. 그런데 전남 동남 지방에서 선교활동을 하던 오원 선교사가 과로가 겹쳐 그만 급성폐렴으로 도저히 활동할 수 없게 되자 고흥에서부터 조사들과 그 지역 교인들의 도움으로 릴레이식으로 지게로 그를 광주진료소까지 옮기었으나, 끝내 생을 마감하고 말았다.

그는 비록 하나님의 부르심을 받고 갔지만 그의 희생으로 보성이나 순천 지역에 선교부를 개설하는 것이 좋겠다는 여론이 일자, 1909년 오원 선교사가 사망한 지 얼마 안 된 그해 변요한 선교사가 현지를 답사하였다. 선교회에서는 순천에 선교부를 설치하는 것이 좋겠다는 의견이 모아지자 광주선교부에서 영수로 일하던 김윤수를 순천에 파송하여 순천읍교회 김억평과 의논하여 대지를 매입하고, 선교사들이 부임할 때 아무런 어려움이 없도록 만만의 준비를 하였다. 특별히 선교부를 순천에 설치하는 이유 중 가장 큰 이유는 앞으로 전라선 철도가 연결되는 지역이기 때문에 광주, 광양, 여수 모두 다 기차를 이용하면 좋겠다고 하여 이렇게 결정이 됐다.

### (2) 자리 잡는 선교부

변요한 선교사는 이미 목포선교부, 광주선교부를 거치면서 많은 노하

우를 축적했던 경험을 갖고 있었다. 그러므로 다른 지역에 비교해서 순천은 비록 늦게 출발하였지만 별 어려움 없이 자리를 잡고 전남 동남 지역의 교회들이 왕성하리라는 확신에 찬 마음을 갖고 있었다. 그런데 순천에 선교부를 상설한다고 결정을 하였지만 국내에서는 인원을 빼 낼 수 있는 처지가 아니었다. 그래서 호남에서 일할 33명의 선교사가 요청되었는데, 이렇게 해야만 순천에도 새로운 선교부가 설치되고 인원도 확보할 수 있다는 생각에서였다.

변요한 선교사는 1911년 안식년을 맞이하여 귀국길에 오르게 됐다. 때마침 부족한 선교사를 모집하러 가는 길에 안식년까지 겸했으니 그에게는 자랑할 것이 한두 가지가 아니었다. 미국에 도착할 무렵 다행히 미국 남장로교회 해외선교부에서 평신도선교운동 붐을 이루고 있었다. 좋은 기회라고 생각하고 평신도선교운동의 도움을 받아 개 교회를 방문하였다. 여기에 선교사만 모집한 것이 아니라 재정을 모금하는 일까지 할 수 있도록 분위기가 대단히 고조됐다. 특별히 변요한 선교사가 가는 곳마다 선교보고를 하면 모두들 놀라워 했다. "한국인들이 예수를 믿고 좋아하는 모습을 보면 평생 잊을 수가 없습니다. 저는 몇 번이고 선교사 된 것을 자랑스럽게 생각을 하고 있습니다. 여러분 다만 얼마라도 여기에 재정적으로 참여하면 호남선교는 그 어느 지역보다 활발하게 잘 진행될 것으로 믿습니다."

변요한 선교사가 가는 곳마다 선교 헌금을 하겠다는 사람이 자연스럽게 많이 생겨났으며, 여기에 평신도 선교사로 한국에 나가 같이 일할 수 있도록 기회를 달라는 사람들도 많이 생겨나게 됐다. 그가 얼마나 많은 기도를 했는지 선교비와 함께 선교사로 지원하고 나선 인원이 13명이나 됐다. 이들은 모두 순천에서 일할 일꾼들이었다. 변요한 선교사는 모든 임무를 마치고 다시 광주로 돌아와서 1912년 순천에서 일할 일꾼들을 확정하였다. 이미 순천선교부 설치를 위해서 많은 기도를 했던 변요한 선교사를 비롯해서 코일(R. T. Coit, 이하 한국명 고라복으로 표기), 프라트

(C. H. Pratt), 리딩함(Dr. R. S. Leadingham) 선교사 등이었으며, 미혼 여성으로는 비거(M. L. Biggar), 듀퓨이(L. Dupuy), 그리어(N. L. Greer), 팀몬스(Dr. H. L. Timmons) 등이었다.

1913년 4월 주택이 거의 완성되어 입주하는 데는 별 지장이 없어 변요한과 고라복 선교사 가족이 이사를 하고, 순천선교부를 위한 계획과 함께 새로 부임할 이들의 일까지 전부 준비하였다. 그러나 순천에 도착한 지 2주일밖에 되지 않았던 고라복 선교사의 두 자녀가 이질로 부모의 곁을 떠나고 말았다. 그의 부인도 감염이 되어 사망 직전까지 이르게 됐으나, 하나님의 은혜 중 다시 건강을 찾을 수 있었다.

### (3) 활발한 선교활동

다른 지역 선교부처럼 순천선교부도 개설되자 곧바로 학교와 병원을 설립하여 그 지역 많은 사람들에게 교육과 의료 혜택을 주기로 하였다. 이 일을 위해서 1913년 순천 매산학교를 시작하였으며, 시설을 완성한 후인 1916년, 1915년 각기 남녀학교 시설을 완성하고 조선 총독부에 인가 신청을 냈다. 그러나 조선 총독부에서는 매산학교 책임자인 크레인(J. C. Crane)에게 다음과 같은 내용을 보냈다. "귀하의 학교가 교과과목에서 종교교육 과목을 제거하지 않고 설립허가 신청을 내는 것은 분명히 현행법상 위배되는 것이므로 이에 귀교에 대해 교육 행위의 금지를 명하는 바이다."

이러한 내용을 받은 매산학교 당국에서는 할 수 없이 문을 닫고 말았다. 당시 남학교 학생은 75명이, 여학생은 35명이 있었다. 그러나 1921년 4월 문화정책이 이루어지면서 다시 문을 열자 남녀 학생이 매산 동산에 모여들기 시작하였다. 그러나 이 학교도 다른 미션 학교들처럼 신사참배를 강요하자 더 이상 버틸 수 없다는 판단 아래 1937년 자진 폐교를 단행하였다. 역시 순천 지방도 다른 지방과 같이 미션 병원을 설립하였다. 언제나 선교사가 가는 곳에는 병원이 설립되었는데 순천에 알렉산

더 기념병원이 1917년 설립되면서 로제세(J. M. Rogers) 의료선교사가 부임했다. 그는 의료선교사로 한국에서 빼놓을 수 없는 사람이었으며 의술이 대단하였고, 일반 민중들에게 크게 인기가 있는 의사였다. 그의 동료가 그의 의술 활동을 보고 한국에 있기는 아깝다 할 정도의 활동을 하고 있었다. 이러한 관계로 한국에서 손가락 안에 드는 병원을 만들어 놓았다. 여기에 광주에서 옮기어 온 애양원병원도 순천선교부에서는 빼놓을 수 없는 기관이었다. 윌슨 의사가 애양원병원에 부임을 하였지만 그의 뒷바라지를 한 언거(J. K. Unger) 선교사의 그 자상한 목회자의 배려로 애양원병원도 많은 환자들이 그의 위로를 받고 열심히 살아갔다.

광주에 있는 돋슨(Miss M. Dodson), 루트(Miss Frorence Root, 한국명 유화래) 선교사 등이 차례로 애양원을 돕고 있다가 이들도 결국은 퇴거 명령을 당하게 됐다. 비록 순천선교부는 철수를 하였지만 여수 애양원은 계속해서 일제의 총독부 의료 관리들이 보살피고 있었다. 목회자를 빼앗겼던 애양원교회는 손양원 전도사(후에 목사됨)의 헌신적인 봉사로 더욱 열심을 다해 한센병 환자를 돌보았지만, 그도 신사참배 반대로 애양원에 입원하고 있는 수많은 한센병환자를 주님께 맡기고 청주형무소에 수감됐다. 그러나 한센병환자 중 음성으로 판정받은 믿음 좋은 신도 가운데서 손양원 전도사의 정신을 이어 신자들을 방문하면서 예배를 인도하고, 때로는 함께 심방을 하면서 애양원교회를 지키어 갔다. 하나님은 불쌍한 이들의 모습을 보고 그냥 있는 그러한 하나님은 아니셨다. 뜻하지 않게 해방을 맞이하자 선교사들이 내한하여 애양원을 돌보면서 한센병환자 치료에 최선을 다하였다.

**(4) 15인사건과 수난**

변요한 선교사는 1902년 내한하여 목포선교부, 광주선교부를 거쳐서 순천선교부를 개척했던 장본인이다. 그의 업적은 대단하다. 그는 순천에 부임하자마자 농촌 교역자 양성을 위해서 순천 성경학교를 개설하면서 달성경학교, 사경회를 통해서 많은 인재를 양성하였다. 변요한 선교사의 지도를 받고 자랐던 순천 지방 교역자들은 태평양전쟁으로 그렇게 정들었던 순천을 떠나게 됐다. 1940년 일제가 선교사를 강제로 철수시킬 때 이때 그도 철수할 수밖에 없었다. 그의 사랑을 받으면서 목회했던 순천 지방 교역자들이 마지막 그의 떠나는 모습을 보고 싶어서 전송 차 순천역에 나가 환송예배를 드렸다.

그러나 이것이 문제가 되어 이날 역전에 나갔던 목사, 전도사 교역자들을 모두 미국 첩보원이라 하여 1940년 11월 15일 체포하고 순천경찰서에 수감한 사건이 일어났다. 이 사건을 가리켜 흔히들 15인사건이라고 말하고 있다. 이들 15명이 체포되자 순천노회에 속한 대부분의 교회들이 주일과 수요일 밤 예배를 평신도들이 인도해야 하는 비극을 만나게 됐다. 어떤 교회에서는 찬송가와 성경을 봉독하고 주기도문으로 끝나는 일이 비일비재하였다. 구속된 교역자들은 순천중앙교회 박용희 목사를 비롯해서 선재련 목사(광양읍교회), 김형모 목사(벌교읍교회), 라덕환 목사(승주교회), 오석주 목사(관리중앙교회), 김정복 목사(고흥읍교회), 선춘근 전도사(당오리교회), 박창규 전도사(조성교회), 김순배 목사(여수읍교회), 임원석 전도사(명천교회), 양용근 목사(구례읍교회), 김형재 목사(두고리교회), 강병담 목사(삼삼리교회), 안덕윤 목사(광동중앙교회) 등이다.

이들의 죄목은 거의가 비슷하지만 교역자들이 신도를 모아 놓고 재림천년국에 관한 설교, 예수 그리스도의 재림, 말세학, 천국, 심판 등의 내용을 갖고 설교 내지 부흥회를 인도했다는 죄목이다. 결국 그리스도가 재림하게 되면 일본 천황도 심판을 받고, 천년왕국이 건설되면 대일본제국주의는 이 땅에서 사라지기 때문에 이들은 모두 치안유지법 및 불경죄의 죄목에 의해서 재판에 회부됐고, 1년 6개월에서 3년까지 형이 확정되어 모두 광주형무소로 이감돼 수감생활을 하게 됐다.

이중 양용근 목사는 건강이 좋지 않는 상태에서 수감되었다. 이 일로 그는 형무소 안에서 그 어려운 고통을 기도로 승화시키면서 견디어 가다 1943년 12월 5일 모진 추위로 인해 감방에서 그만 옥사(獄死)하는 비극을 만나게 됐다. 그 외에 교역자들은 형기를 각각 마치고 집으로 돌아갔지만, 목회는 하지 못하고 낙향하여 가정에서 일제의 패망과 민족의 해방을 위해서 기도하는 나날을 보내다가 해방을 맞이하였다. 해방이 되자 교회문을 열고 목회에 임하게 됐다. 이외에도 손양원 전도사(애양원교회)도 신사참배를 반대하다가 그도 청주형무소에 수감이 되었다. 또한 이기풍 목사(우학리교회)도 신사참배를 반대하다가 얼마 동안 수감생활을 하였지만 병세가 악화되어 출감을 하였고 우학리교회에서 사망하고 말았다.

1892년에 서울에 도착한 미국 남장로교회 7인 선교사
좌측부터 장인택 조사, 데이트, 전킨 부부, 레이넬즈 부부
뒷줄은 메티 데이트, 데이비스 선교사

목표선교부를 개설한 배유지(우측), 하위렴(좌측) 선교사가 전도여행을 떠나고 있다(1897).

4부 호남 지방 선교사들 159

1909년에 광주에서 사망한 오 원 선교사

1920년 광주 오원기념관에서 미국 남장로교회 전남 지방 선교사들과 가족 일동

전북 지방에서 활동하던 미국 남장로교회 선교사 가족일동(1920)

1902년 스트레퍼 선교사가 설립한 목포 정명여학교와 운동회

1908년 배유지 선교사가 설립한 광주 숭일학교(1914)

변요한 선교사가 설립한 순천 성경학교 졸업생과 교사들(뒷줄 좌측이 구례인, 우측이 변요한)

전주선교부에서 활동했던 마노덕 선교사 부부

광주선교부에서 활동했던 노라복 선교사 부부

군산선교부에서 활동했던 부위렴 선교사 부부

목포선교부에서 활동했던 유서백 선교사

목포, 광주 선교의 개척자 배유지 선교사

도서 지방 선교를 위해 헌신했던 맹현리 선교사

1903년 배유지 선교사가 설립했던 목포 영흥학교

1901년 로티(배유지 부인) 선교사가 목포에서 사망하자 그의 시신을 양화진에 안장했다.
(필자가 신대원 신학생에게 설명하고 있다.)

# 5부 한국의 예루살렘과 평양

1. 평양선교의 아버지 마포삼열
2. 장로회신학교와 마포삼열
3. 황해도 깡패와 선교사의 만남

# 5부
# 한국의 예루살렘과 평양

## 1. 평양선교의 아버지 마포삼열

### 1) 평양의 마포삼열

　마펫(S. A. Moffett, 이하 한국명 마포삼열로 표기) 선교사는 한국 선교에 지대한 공헌을 한 사람으로 널리 알려진 분이다. 그는 1901년 평양에 자신의 사랑채에서 한국인 2명(방기창, 김종섭)을 모아 놓고 장로회신학교를 출발하게 됐다. 이 학교를 근거로 2001년 장신대와 총신대에서 각각 신학교창립100주년기념행사를 갖기도 하였다. 마포삼열 선교사보다 먼저 서울에 자리를 잡고 있던 언더우드 선교사는 1887년 가을에 송도와 평양, 솔래를 방문했던 일이 있었으며, 이때 20명에게 세례를 주었던 일도 있었다. 그 다음 해인 1888년 봄에는 언더우드와 아펜젤러가 북부지방 선교답사를 떠났지만, 평양에 이르렀을 때에 정부에서 선교 금지령이 내려지자 더 이상 답사를 못하고 곧장 여행을 중지하고 서울로 되돌아온 일이 있었다. 그러나 이들과 함께 동행했던 조사들은 그대로 평양에 남겨 두고 돌아왔다. 1889년 언더우드는 결혼을 하고 평양으로 신혼여행을 떠난 일이 있었다. 다시 같은 해 10월에는 아펜젤러와 스크렌톤이 평양을 다녀왔다. 평양 방문은 그에게 3번째였다.

그런데 뜻하지 않게 키가 크고 선교적 열정이 아주 강한 청년이 한국에 도착했으니 그가 바로 마포삼열이었다. 그는 1890년 2월 서울에 도착을 하였다. 선교의 불모지 평양을 택하는 것이 좋겠다는 하나님의 음성을 듣고 부지런히 어학공부를 한 후 그해 7월 말에 벅찬 가슴을 안고 직접 선교전선을 평양으로 택하였다. 그동안 몇 사람들이 평양을 다녀왔지만 모두들 냉대만 받고 왔던 지역인지라 그는 순교를 각오하였다. 더구나 정부에서는 선교사들이 서울에서 멀리 떨어져 있는 지역에 가는 것을 좋게 여기지 않았다. 혹시라도 불상사가 나게 되면 한미 간의 외교문제가 야기되어 오히려 큰 손해를 볼 수 있다는 염려 때문이었다. 마포삼열은 정부의 걱정도 덜어 주는 것이 좋겠다고 여겨 아펜젤러와 헐버트(H. B. Hulbert) 등과 함께 평양을 방문하게 됐다. 이 세 사람 중 아펜젤러는 평양을 세 번씩이나 다녀왔기에 평양을 그 누구보다도 잘 알았고 이것이 마포삼열에게는 참으로 안심되고 마음 든든한 일이었다. 당시 교통수단이란 조랑말뿐이었다. 그런데 마포삼열 선교사는 키가 큰지라 조랑말을 타고 간다는 것이 여간 고충이 아니었다. 조랑말은 작은 말이기 때문에 키가 큰 마포삼열 선교사는 거의 발이 땅에 닿았지만, 하나님의 부르심을 받고 가는 길이기에 불평 한마디 없었다. 그런데 황해도 황주에 이르렀을 때에 뜻하지 않게 장마로 엄청나게 불어난 강물을 만나게 되었다. "마포삼열 선교사님, 물이 줄면 건너갑시다. 이대로 가다간 세 사람 다 물에 떠내려갈 것 같습니다." "아펜젤러 선교사님, 이 정도 물에는 건너갈 수 있습니다. 만일 물에 떠내려가면 순교를 각오해야지요."

두 선교사는 열정적인 마음을 갖고 평양을 향해 떠나는 마포삼열 선교사를 이길 수가 없었다. 이렇게 해서 급류가 내려오는 그 강을 세 사람은 건너갔다. 조랑말 위에서 마포삼열 선교사는 얼마나 많은 기도를 했을까. "주여 불쌍히 여겨 주소서. 주님의 명령을 받고 평양을 향해 갑니다. 우리가 여기서 떠내려가면 하나님만 손해 봅니다."

하마터면 강물에 빠져 죽을 뻔했던 고비가 몇 번 있었지만 그의 기도에 감동이 됐던 하나님은 마포삼열 일행들을 그 죽음의 강에서 건져 주셨다. 강둑에 올라온 이들은 몇 번이고 하나님께 감사 기도를 하고 그리고 다시 힘을 내어 단숨에 조랑말을 타고 6일간의 긴 시간을 지나, 드디어 역사적인 8월 2일 하나님의 성령과 함께 마포삼열 일행은 평양에 입성하였다. 마포삼열 선교사의 의지는 대단하였다. 비록 서울만큼 도시는 정돈되지 않았지만 그는 그렇게 좋을 수가 없었다. 왜냐하면 그는 평양에서 젊음을 바치기로 이미 하나님과 약속을 했기에, 평양을 성지로 바꾸어 놓는 날에는 서울보다 몇 배 나을 것이라는 확신을 갖고 있었다.

같이 동행했던 헐버트는 석탄이 많이 나온다는 막연한 소문만 듣고 평양을 갔지만, 석탄이 전혀 나오지 않자 실망하고 그 길로 곧장 서울로 향하였다. 이미 아펜젤러는 몇 차례 평양을 방문한 경험이 있었기에 그는 곧장 북상하였다. 자신이 소속된 미국 감리교회 선교사가 내한하게 되면 평양 이외에서 선교할 수 있는 길을 준비한다는 마음을 갖고 있었기 때문이다. 그래서 자연히 평양은 마포삼열 혼자만 남게 됐다. 마포삼열은 기도하는 중에 자신의 선교구역이 바로 평양임을 깨닫고, 남다른 관심을 갖고 2주간의 긴 시간 속에서 변두리까지 샅샅이 살펴보았다. 다행히 평양은 관서 지방의 교통 중심지요 이곳에 자리를 잡게 되면 자신의 선교구역이 서울 못지 않게 좋은 조건이라는 사실을 하나둘씩 발견하게 됐다. 그런데 마포삼열은 2주간 한 여관에서 머물게 되면서 뜻하지 않은 역사적인 사실 하나를 발견하게 됐다. 어느 날 그는 여관 주인을 불러서 이렇게 질문을 던졌다. "선생님 여기 벽에 쓰여 있는 글씨가 왜 이렇게 정교하게 잘 쓰여졌습니까?" 이 말을 들었던 여관 주인은 자세하게 설명하고 나섰다. "여기 이 벽지는 토마스라는 서양 사람이 중국에서 가져 온 한자성경을 대동강에서 뿌렸던 것을 박영식이란 11세 난 어린 소년이 주워 온 것을 제가 받아 가지고 벽지로 바른 것입니다." 마포삼열 선교사는 여관주인인 최치량에게 물어보았다. "여기 벽지에 담겨져 있는 내용이 무엇이라고 쓰여져 있습니까." 이때 최치량이 해석하는 것을 듣고 그는 곧 성경책임을 알았다. 마포삼열 선교사는 이미 서울에서 1866년 9월 영국 런던 선교회 소속 토마스 선교사가 평양 대동강에서 평양성을 지키는 군인에 의해 순교를 당했다는 이야기를 이미 들었기 때문에, 그가 뿌렸던 성경책이 헛되지 않았음을 알고 마포삼열 선교사는 좋은 기회라 여겨 최치량에게 전도를 하였다. 최치량은 이 일이 하도 이상해서 예수님을 믿어야 한다는 마포삼열 선교사의 진지한 태도에 예수님께 승복하고 말았다.

### 2) 의주로 향한 마포삼열

마포삼열은 조수인 이씨를 대동하고 갔기 때문에 여행하는 데는 불편한 점이 없었다. 평양에 더 이상 머물 수 없었던 마포삼열은 2주간의 일정을 다 마친 후 그의 조수와 함께 의주로 향하였다. 의주에는 일찍이 의주 청년들이 중국을 드나들면서 로스 선교사를 만나 예수를 믿고, 로스 선교사를 도와 1882년 누가복음을 한글로 번역하고, 그 한글 성경을 의주 지방으로 반입했다는 말에 호기심을 갖기도 하였다. 이때 뜻하지 않게 백홍준 조사의 소개로 의주 청년 한석진을 소개받았다. 한석진은 이미 백홍준 조사로부터 기독교에 대한 진리를 들었던 기억이 있는지라 마포삼열 선교사를 만나자 자신의 문제를 털어놓았다. 그러나 한석진은 아직도 유교에 젖어 있었기에 선뜻 그를 따르겠다고 나서지는 못하였다. "하나님, 젊은 청년이 예수님을 영접하고 저의 좋은 조사가 될 수 있도록 도와주세요." 이것이 마포삼열 선교사 기도의 전부였다. 그는 의주와 평양으로 해서 솔래를 방문을 하고 1주일 만에 서울로 돌아왔다.

그는 6개월간의 그 기나긴 선교여행을 정리하면서 토마스 선교사의 순교가 헛되지 않게 하기 위해서 평양을 선교지로 정하고 평양을 위해서 기도하고 나섰다. 그런데 자꾸 평양보다는 의주가 대륙을 연결하는

데 더 낫지 않을까라는 고민이 되었다. 마포삼열 선교사의 1차 선교여행은 자신에게 있어 잊을 수 없는 날들이었다. 그러나 고민도 보통이 아니었다. 하나님께서 자신을 한국 선교사로 불러 주신 일에 몇 번이고 감사의 마음을 갖고 있었으며, 이러한 마음을 갖고 귀경(歸京)했던 마포삼열은 또다시 2차 선교여행을 준비하고 있었다. 그 이유는 선교지를 평양으로 할 것인가 의주로 할 것인가를 확실하게 정하지 않았기 때문이다.

그런데 이러한 때 뜻하지 않게 마포삼열 선교사는 예수학당 책임을 맡게 되었다. 이는 그에게 무척 부담이 되는 일이었다. 그는 제2차 선교여행을 준비하고 있었으며, 이 선교여행이 끝나면 선교지를 정해야 하는 중요한 기로에 서 있었다. 그래서 그는 결단을 내리고 1891년 2월 말부터 5월 중순까지 기일 선교사와 함께 동행하기로 하고 이번 계획은 중국 봉천까지 포함시켰다. 의주나 솔래에 신앙의 공동체가 형성되기까지는 로스 선교사의 역할이 컸으며, 이러한 관계로 그를 만나는 것이 좋겠다고 생각했기에 봉천까지 계획을 세운 것이다. 마포삼열은 그의 선교보고서에서 2차 선교목적을 이렇게 말하고 있다. "가는 곳마다 복음을 전하고 한국어를 실제로 익히고 연구하며, 언어뿐만 아니라 그 지방과 그 지방 사람들을 더 잘 알아보기 위해서였다. 이미 의주에서 이루어진 일들이 어떠한가를 시찰하는 한편 한국을 지나 중국 국경 지대를 넘어서까지 가 보고 싶은 생각에서였다."

기일과 마포삼열은 1891년 2월 27일 각기 짐 싣는 말 한 필을 준비해 여기에 엽전 꾸러미를 노끈으로 단단히 꿴 다음에 조랑말에 싣고, 서상륜 조사의 안내를 받으면서 길을 떠났다. 다행히 서상륜은 이미 솔래로부터 시작해서 평양, 의주는 말할 것도 없이 로스 선교사가 머물렀던 중국 봉천(현재는 심양)까지 가는 길을 잘 알고 있었다. 두 선교사는 서울에서도 빼놓을 수 없는 멋쟁이 신사들이었다. 여기에 서상륜까지 끼었으니 하나님 보시기에 얼마나 아름다웠을까 하는 생각이 든다.

기일 선교사는 아주 영특한 개(호신용) 한 마리와 조랑말과 함께 가기로 하였다. 여기에 혹시라도 도적 떼를 만날 것을 생각해서 그 어느 때 보다 많은 기도를 하였다. 이들은 항상 엽전을 줄로 꿰매고 다녔기 때문이다. 여기에 이들이 머물 숙소도 보통 걱정이 아니었다. 겨우 찾아간 여관은 거의 주막집이었기에 불빛도 희미하고 왜 그리 벼룩, 빈대는 수없이 덤벼드는지 참기 어려웠다. 마포삼열 전기를 읽어 보면 이런 장면이 나온다. "이제 두 위대한 선교사, 두 멋쟁이 신사, 하나는 마포삼열이고 하나는 기일, 여기에 한국의 멋쟁이요 풍운아인 서상륜이가 합세해서 한 폭의 그림을 연상하듯 세 사람의 선교 답사는 한국을 새롭게 변화시킬 수 있는 능력을 온몸에 휘감고 서울을 떠나게 됐다." 이들 삼총사는 서부 활극에서나 볼 수 있는 것처럼 모두 조랑말에 몸을 싣고 계속 북진을 하고 있었다. 어느덧 평양에 도착한 이들은 잠시 평양에 머물면서 눈이 녹아 내리기를 기다렸다. 평양의 여러 곳을 답사를 하고 몇 번이고 마포삼열은 "주님 평양은 제가 사역할 장소입니다. 할 수만 있으면 선교지로서 가장 좋은 자리를 잡을 수 있도록 도와주세요."라고 기도했다.

 평양이 훗날 마포삼열 선교사의 품안에 안겨 한국의 예루살렘이라 말할 수 있었던 것도 이러한 기도의 결과라고 훗날 사학자들이 말하고 있다. 이들의 여행지는 아직도 세찬 북풍이 불고 있는 지역인지라 평양 거리 뒷골목에는 눈이 쌓여 있었다. 그러나 한시 바삐 여행을 떠나야 한다면서 눈길을 헤치고 안주, 박천을 지나 가산에 도착을 하였다. 이 세 사람은 가산에 도착하고 나서 하루를 편히 쉬고 가산을 떠나려고 하는데, 마을 청년들이 서양귀신이 나타났다면서 돌팔매질을 거침없이 하기에 조랑말을 세차게 몰아 눈길을 헤치면서 가산을 빠져 나오게 됐다. 그리고 용천을 지나 의주에 머물게 됐다. 기일 선교사는 의주를 가리켜 '초라한 아시아적인 항구'라고 불렀다. 의주 외곽은 주위가 갈색 언덕으로 둘러싸여 있었으며, 더러운 악귀들과 귀신을 몰아낸다는 울긋불긋한 천 조각들이 당산나무에 걸려 있었다. 또한 겨울인지라 매장하지 않았던 시신들이 여기저기 널려 있었다. 그러나 이 외곽지대도 예수만 영접하면 변화가 올 것을 확신하였다. 말없이 흐르는 압록강은 이들을 환영이나 하듯 유유히 흐르고 있었다.

### 3) 마포삼열과 한석진의 만남

의주읍에서 12일간이나 머물렀던 일행들은 뜻하지 않게 한석진을 만나게 된다. 의주 청년 한석진은 의주읍내를 여기저기 소개하였다. 부활절을 의주읍교회에서 보내기로 하고 부활절 준비를 위해 기도하면서 성찬예식과 부활절 주일 설교를 담당하기로 하였다. 비록 숫자는 얼마 모이지 않았지만 의주읍 출신 한석진과 서상륜의 도움으로 개인전도도 실시하였다. 의주읍교회는 뜻하지 않게 선교사들을 만나자 하나님의 축복이 임했다면서 그 어느 때보다 많은 교인들이 모여 "예수 부활했으니 할렐루야"를 함께 부르면서 성례전까지 거행하였다. 이미 의주읍교회는 언더우드 선교사가 성례전을 베푼 일이 있어서 모두 경건한 마음으로 성례전에 참여하였다. 뜻하지 않게 백홍준 조사도 여기에 합세하면서 중국 심양을 향해 압록강을 건너갔다.

중국에 도착한 일행들은 마차를 타고 심양을 향해 달렸다. 마차는 스프링이 전혀 없었던 때라 그 어느 때보다 피곤하였다. 여기에 혹시라도 마적이 나타나면 이를 뚫고 나갈 수 있도록 중국 마적 대장을 기용하고 부하 6명을 무장시키어 이들의 호위를 받으면서 압록강 상류를 향하여 갔다. 때마침 심한 폭설로 미끄러워 마차가 뒤로 물러나자 마차에서 내려 같이 밀고 올라갔다. 그렇게 어렵게 만나기를 원했던 로스 선교사를 만났다. 그의 모습은 장엄해 보였다. 그 넓은 중국 대륙을 종횡무진하면서 중국인 촌과 한국인 촌을 두루 다니면서 복음을 전한 위대한 개선장군처럼 보였다. 3일간의 일정으로 심양에 머물렀던 일행들은 로스로부터 중국 선교의 비화에 대한 이야기를 듣고, 다시 한국인들이 집단으로 모여 살고 있는 즙안을 안내를 받았다. 그 깊은 산골인데도 여기저기 로스 역인 신약전서가 땅에 흩어져 있는 것을 보고 얼마나 열심히 선교를 했는가를 알 수 있었다. 성경이 땅에 떨어져 있는 이유는 혹시라도 지나가는 나그네가 그 책을 주워 읽도록 하기 위한 것이었다. 어떤 책은 깨끗하게 표지 채 남아 있는 책이 있는가 하면 갈기갈기 찢기어져 있는 책도 있었다.

일행들은 한국인 촌에서 어느 촌노를 만나자 그 집에서 하루 밤을 지내기로 하고 잠시 휴식을 취하는데, 오랜만에 김치를 먹을 수 있는 기회도 얻자 조사들은 말할 것도 없이 두 선교사는 너무나 반가웠다. 제일 북쪽에 있는 강계를 향해 그곳에서 백두산까지 가려고 마음먹었지만, 너무나 눈이 많이 쌓였기에 그 길을 포기하고, 함경도 함흥을 거쳐 원산을 경유하여 서울까지 무사히 도착을 하였다. 마포삼열 일기를 살펴보면 이런 내용이 담겨져 있다. "이번 3개월간의 여행은 한국에 대한 내 자신의 지식을 수정했을 뿐만 아니라 수천 명에게 복음의 씨앗을 뿌리고 왔다. 우리는 도중에 어떤 난처한 일이나 불쾌한 봉변도 당하지 않았다. 단지 외국인에 대한 의심에서 오는 약간의 반발을 당했던 것이다. 그리고 복음진리에 대한 반대도 찾아보지 못했다."

### 4) 평양선교부 개설

마포삼열은 1891년 5월 의료선교사인 브라운(Dr. H. Brown)과 함께 약 3개월의 일정으로 3차 여행을 실시하면서, 평안도 지방에 많은 관심을 갖기 시작하였다. 특별히 의주에서 만났던 한석진은 마포삼열로부터 세례를 받은 후 그의 인격에 감화를 받고 그를 따르기로 작정을 하였다. 그래서 그는 심양까지 동행했고 다시 의주에 돌아와서 친구들에게 전도를 하면서 의주읍이 서서히 변해 갔다. 또다시 마포삼열 선교사 일행은 의주를 여행하면서 한석진을 만나게 됐으며, 의주를 떠난 일행은 구성, 삭주를 방문하였다.

다시 의주로 돌아왔던 마포삼열 선교사는 한석진의 도움으로 숙소를 얻었다. 그가 머물고 있는 숙소에는 방문객으로 북적대고 있었다. 마포삼열 선교사는 이들을 그냥 돌려보내지 않고 기독교 진리를 강론하면서 기독교의 사랑을 가지고 방문객을 휘어잡았다. 이때 가장 열심이 있어 보이는 한석진을 그곳에서 조사로 임명을 하고 다시 서울로 돌아왔다.

마포삼열은 평양에 선교부를 설치할 것을 작정하고 1892년 빈톤(Dr. C. C. Vinton) 선교사와 함께 평양을 방문하였다. 이미 한석진 조사에게 부탁을 했었기에 그는 선교사가 평양에 오면 머물 수 있는 집을 마련해 놓았다. 마포삼열 선교사는 남다른 선교 열정을 가지고 있었다. 죽을 고비도 수없이 넘기었으며, 밤만 돌아오면 불량자들이 침입해 올까봐 잠자리 걱정거리가 앞섰으며, 역시 끼니 때가 되도 걱정이었다.

이러한 것도 잊은 채 그는 그 멀고 먼 평양을 6차례나 방문한 후 평양 선교부를 설치할 것을 결정하고, 한석진 조사를 만나 상의를 한 후 결국 한석진 조사의 이름으로 땅을 매입하였지만, 이 일이 관가에 알리어지자 이 일은 불법이라면서 원 매입자에게 돌려주라고 압력을 가하자 할 수 없이 돌려주었다. 그러나 마포삼열 선교사는 모든 일은 성령께 맡기고 자신이 할 수 있는 일은 전도밖에 없다고 생각하고 한석진을 대동하고 전도에 온 힘을 기울였다. 마포삼열 선교사는 자신의 일기에 평양 시민에 대해서 이렇게 말하고 있다. "평양 시민들은 매우 우호적이었다. 그리고 복음을 알려고 했으며, 많은 질문을 받기도 하였다. 나는 그들과 많은 이야기를 주고받았다. 그들은 관리의 눈초리를 매우 두려워하고 있었다. 나와 이길함은 의주로 떠나고 소안론은 서울로 돌아갔다." 의주를 떠났던 이길함 선교사는 곧 평양으로 돌아와 마포삼열과 함께 전도를 할 때마다 일반 시민들은 새로운 진리를 평양에 전하는 이들에게 고맙다고 몇 번이고 인사를 하였다. 그런데 어느 날 때아닌 돌 세례를 받고 말았다. 그런데 이 일은 평양 깡패로 널리 알려진 이기풍의 소행임을 알았다. 다행히 마포삼열 선교사는 키가 컸기에 멀리서 평양의 깡패들을 알아보고 몇 번이고 그들을 피해 달아날 수 있었다. 마포삼열 선교사는 성격이 느긋하여 참고 있었으나, 이길함 선교사는 곧 주택으로 가서 총을 들고 나와 그들과 대항하려고 하였다.

한바탕 난리가 평양 한복판에 일어난 지 몇 시간 후에 백발이 성성한 그 지역 어른 3명이 마포삼열 선교사를 방문하고 나섰다. "물러가라. 미국놈들!" 밖에서는 아직도 이기풍을 중심한 세력들이 거센 항의를 하고 있었다. "선교사님, 평양성을 떠나 주세요. 여기 계시다가는 생명의 위험이 따를 것 같습니다." 이들의 요구를 받아들인 마포삼열과 이길함은 "곧 평양을 떠나지만 다시 오겠습니다."라는 말을 남기고 이들의 요구대로 그 다음날 의주로 발길을 옮기었다. 그렇다고 영원히 평양성을 포기할 마포삼열은 아니었다. 이미 그는 평양에 대해서 자세하게 조사를 했었기에 평양을 그대로 놔두면 소돔과 고모라처럼 무너질 날이 올 것을 예견했기에, 일보를 전진키 위해서 이보를 후퇴한 것이었다. 1893년 2월 초 서울에서 마포삼열, 이길함, 소안론, 감리교회의 선교사 홀(Dr. W. Hall)이 한자리에 모여서 평양 선교에 대한 의견을 교환하면서 모처럼 웃음의 꽃을 피웠다. "평양은 한국에서 가장 아름다운 도시입니다. 여기에 꼭 교회와 함께 병원을 설립해야 합니다."

이러한 말을 주고받자 마포삼열과 소안론은 곧 평양으로 떠날 준비를 하고, 그해 2월말에 평양에 도착한 이들은 한석진을 통하여 선교지를 매입하였다. 그런데 난데없이 선교사에게 땅을 판 한국인 집에 수많은 사람들이 몰려와 그를 죽이려 하였다. 이에 놀란 집 주인은 곧 마포삼열 선교사에게 찾아왔다. "다시 집을 물러야 하겠습니다. 그렇지 않으면 나를 죽이겠다고 합니다." 이러한 말은 들었던 마포삼열은 곧 평양 감사를 만났다. "우리는 평양에서 살 수 있는 권리가 있습니다. 한국 정부에서 이처럼 비자까지 허락해 주었습니다."

이 말에 자신을 잃었던 감사는 한국인 이름으로 땅을 구입할 수 있도록 허락하였다. 이 말이 떨어지자 곧 서울로 상경하여 평양에 예배 처소를 마련할 수 있는 길이 열렸음을 알리었다. 1893년 11월 늦은 가을, 날씨는 싸늘하였지만 오직 교회를 설립한다는 기쁨 때문에 모든 것을 다

잊고 평양을 찾아 나서 최치량 집 근처에 방 하나를 마련하고, 4~5명이 모여 예배를 드렸다. 얼마 후에 최치량, 한석진과 의논하여 평양의 중심지인 널다리골에 큰 기와집 한 채를 매입하고 널다리교회(후에 장대현교회), 평양선교부를 설립하였다. 우여곡절 끝에 교회와 선교부가 설치됐던 일은 마포삼열 선교사의 불굴의 정신이었다. 그렇게 평양 사람들이 싫어했지만 하나님께서 자신의 팔을 들어 주실 것을 믿고 하나님께 눈물로 호소하였다. 결과적으로 마포삼열, 이길함 선교사는 승리의 찬송을 부르면서 평양 시민과 만나는 사람들마다 개인전도를 실시하였다. 마포삼열 선교사의 그 뜨거운 마음에 감동되어 모두가 그의 앞에서 무릎을 꿇고 장대현교회로 사람들이 몰려오고 있었다. 그의 선교의지는 그 막강한 권력을 갖고 있던 평양 감사도 손들고 나섰으며, 평양 깡패도 선교사 앞에서는 스스로 항복하고 그의 전도활동에 대해서 시비를 걸지 않았다.

### 5) 평양이 변해 가고 있다

마포삼열 선교사는 혼자서 선교를 하지 않고 이길함, 소안론, 한국인 한석진과 함께 팀을 이루어 선교사역을 성공리에 진행해 가고 있었다. 마포삼열 선교사가 1893년 6월 6일 미국 북장로교회 해외선교부 엘린우드 박사께 보낸 서신 한 토막을 소개하면 다음과 같다. "저는 한석진 조사처럼 좋은 사람을 만나게 되어 진심으로 감사하고 있습니다. 저는 그의 용기와 열정을 보고 놀랐는데, 그는 전도하는 데 매우 열심입니다. 저희는 함께 근교의 수많은 마을을 방문했으며, 모여든 사람들과 이야기를 했습니다. 지난 주에 저희는 교회 가까이 큰 마을로 가서 커다란 나무 아래 자리 잡고 책을 팔며 복음을 전했습니다. 꽤 많은 사람들이 몰려왔고 저희들은 책의 내용을 설명해 주느라고 진땀을 뺐습니다."

한석진 조사는 최치량이 운영하는 여관에 숙소를 정하고 책도 팔고 말씀도 증거하였는데, 최치량이라는 사람이 그의 전도강연에 놀라고 말앉다. 여기에 서상륜 조사가 상경하여 이 여관에 머물면서 전도강연을 하였는데, 이때 최치량은 그의 연설에 그만 거꾸러지고 말았다. 그 후 주일이면 장대현교회에 출석을 하면서 기독교 진리를 배웠고 과거 그의 절친한 친구들이 교회에 출석하는 일도 많이 있었다. 원래 최치량은 술과 친구, 여기에 도박으로 밤을 새우는 일이 보통이었다. 술과 도박이 따르니까 여자까지 끼고 다녔다. 평양에 있는 모든 기생들은 그를 붙잡고 그의 주머니를 넘보았으니 그가 어떤 사람인가를 알 수 있다.

최치량이 한 번 결심한 그 믿음을 끝까지 지킬 수 있었던 것은 마포삼열과 한석진 조사의 기도의 힘이 컸다. 최치량 부인은 서양귀신을 믿으면 사업이 안 된다면서 몇 번이고 말리었지만, 이미 성령의 포로가 된 최치량은 예수님을 믿는 일이 그렇게 좋아서 어찌 할 줄을 몰랐고, 그렇게 반대하던 부인과 자녀까지 모두 주님을 구주로 영접시켰다. 한번은 술친구들이 소식도 없이 그의 집을 습격하고 나섰다. 그렇게 많은 친구들이 강제적으로 술을 먹이려고 하였지만, 그는 하나님이 주신 그 힘으로 그들을 뿌리치고 마포삼열 선교사 집으로 도망치는 일도 있었다. 최치량은 계속 마을에 살고 있다가 술친구들의 성화에 견딜 수가 없어서 아예 집을 정리하여 외곽으로 이사를 하고 그곳에서 전도하자, 평양 시내 사람들이 최치량의 행동에 모두들 놀라고 말았다. 다시 평양으로 돌아온 최치량은 술친구들을 만나 예수님을 믿으라고 전도하자, 어느덧 평양 시내는 새로운 물결로 변해 가고 있었다. 이처럼 최치량이 예수님을 믿고 달라진 모습을 본 이웃들은 그의 결단에 모두 놀랐다. "세상에 저런 건달이 어떻게 이렇게 변할 수 있을까." "우리들도 예수를 믿어 보세." 이 일로 평양 시내는 예수 향기를 풍기는 도시로 변해 가고 있었다.

### 6) 사랑방 교회 박해

평양은 한석진과 최치량의 수고로 여기 저기 사람들이 모일 수 있는 장소면 언제나 찬송 소리와 기도 소리가 끊이지 않았다. 이러한 사실을 알았던 마포삼열은 이제는 그저 모이는 것만으로 끝나지 않고 교회의 기능인 예배와 성례전을 중심해서 진행해야 한다는 사실을 사랑방 예배를 인도하는 조사들에게 알리어 주었다. 한석진 조사의 활동은 매우 진취적이었다. 그는 주일이 되면 교인들이 해야 할 의무를 가르치면서, 헌금하는 습관과 전도하는 일은 기독교인은 반드시 해야 한다는 실천적인 사항을 가르치고 있었다. 이 일로 사랑방 교회는 한층 진일보되어 더욱 활성화됐다.

1894년 4월 마포삼열은 미국에서 결혼식을 마치고 부인과 함께 한국에 온 이길함 부부를 환영키 위해서 잠시 평양을 떠난 일이 있었다. 같은 해 5월에는 미국 감리교회 선교사 홀 선교사가 평양에 거주지를 마련키 위해서 왔었으나, 박해가 심하여 더 이상 진전을 보지 못하고 그 사실을 서울에 알리었다. 이미 예감하고 있었지만 5월 8일 수요일 밤 예배 시간에 박해가 폭발하고 말았다. 그동안 기독교에 대한 박해가 계속됐지만 이번 사건은 아주 큰 탄압이었다. 한석진, 김창식 조사가 예배를 인도하고 있는 데 돌연 관가에서 출동하여 문을 박차고 침입하여 기도하고 있던 한석진, 김창식, 송인서, 최치량 등 10명을 포승으로 결박하여 감옥으로 끌고 갔다. "국법을 어기고 양놈들이 전하는 사교를 전파시키는 너희들의 죄를 용서할 수 없다. 너희들뿐만 아니라 성내에 있는 예수교 믿는 놈들은 한 놈도 빼놓지 않고 모조리 잡아 죽일 터이니 그리 알아라."

끌려 간 교인 중 일부는 심한 고문에 견디다 못하고 예수님을 버리겠다고 하자 곧 석방이 됐지만, 한석진과 김창식은 끝까지 버티다가 더욱 심한 고문을 받았다. 감사는 한석진과 김창식을 끌고 나와 "하늘을 향해 주먹질을 하면서 하나님을 한 번 욕하면 석방하겠다." 이 말을 들은 두 조사는 한목소리로 감사를 향하여 주먹질을 하면서 "야, 감사놈아! 하나님을 욕해 너는 하나님의 천벌을 받을 줄 알아." 이에 놀란 감사는 어찌 할 줄을 몰라 이리 뛰고 저리 뛰어 다니다가 "야, 무엇들 하느냐! 저놈들을 당장 사형을 시키어라!" 상황이 이쯤 되자 홀 선교사는 곧 서울에 있는 마포삼열 선교사에게 알리었다. 마포삼열은 곧 고종 황제 주치의로 있는 알렌과 스크렌톤 선교사를 통해서 고종 황제에게 알리었다. 이때 고종 황제가 석방하라는 명령을 내리자 곧 마포삼열 선교사는 자전거로 밤낮 가리지 않고 평양까지 가서 처형 직전에 있는 두 조사를 살리기 위해서 달려갔고, 감사에게 그 명령서를 제출하였다. "여기 왕이 왔소. 여기 왕이 왔소. 빨리 석방하세요!" 평양 감사는 그의 말대로 고종 황제가 평양에 올 일이 없을 텐데 의심을 하면서 마포삼열 선교사가 보이는 고종 황제의 명령서를 보고 비로소 이들을 석방시켰다.

### 2. 장로회신학교와 마포삼열

#### 1) 평양에 복음의 바람이 불고

한석진과 김창식은 악몽에서 벗어났지만 많은 교인들이 교회 출석을 꺼리고 있었다. 만일 교회에 출석하다가는 자신들도 언제 붙잡혀 갈 줄 모르기 때문이다. 그런데 하루는 난데없이 한석진을 찾는 관리가 나타났다. "이 돈 5백 량은 나라 임금이 전해 주라는 것입니다." "아니 제가 왜 돈을 받습니까?" 그 돈은 그동안 관리들의 잘못으로 기독교인들을 박해했다는 보상금이었다. 보상금을 받았던 한석진은 곧 마포삼열 선교사와 의논하여 그 돈을 받고 곧 교회 증축에 사용을 하였다. 이러한 소식이 평양에 알리어지자 교회 출석을 머뭇거렸던 많은 평양 사람들이 교회로 몰려오면서 교회는 어느새 활기를 띠기 시작하였다. 어느 날 마포삼열 선교사는 다른 조사들과 함께 평양 거리를 거닐다가, 뜻하지 않게 길거리에 쓰러져 있는 한 노인을 만났다. 모든 사람들은 그냥 지나가 버렸지만 마포삼열 선교사는 그 노인 곁에 가서 자세하게 살펴보았다. 사망 일보직전에 놓인 그를 옮기어 곧 물과 음식을 주고 살려서 어느 여관집에 안식할 수 있도록 배려를 하였다. 그런데 얼마 후에 그 노인이 사망했다는 소식을 들은 마포삼열 선교사는 곧 뛰어가 그가 머물렀던 여관에 도착했다. 마포삼열은 정성을 다해 그의 장례를 치루어 주었다. 이 소식이 곧 평양 시내에 번져 가면서 마포삼열 선교사에 대한 평가와 함께, 기독교는 생명을 살리는 종교라는 것을 사람들이 알고 교회로 몰려들었다. 이런 평양 사람들의 얼굴을 보았던 마포삼열 선교사는 그들에게 희망을 엿보았다. "이제 평양은 곧 기독교 교인들로 가득 찰 것입니다." 이 말을 듣고 있던 한석진 조사는 어느덧 확신을 가졌던지 "예, 선교사님의 말씀이 맞습니다."라고 응답했다. 새로운 결단을 갖고 평양을 하루속히 예수님의 복음을 가지고 새로운 도시로 변화시켜야 한다는 결심 아래, 김창식 조사와 함께 전도에 힘을 기울였다. 이렇게 해서 한석진은 장로교회를 평양에 뿌리내리는 데 한몫을 담당하고, 김창식 조사는 감리교회를 평양에 뿌리내리는 데 성공을 하였다.

 자리를 잡기까지 애를 썼던 한석진은 가족도 잊은 채 전도에 열정을 쏟았지만 어느 정도 자리가 정돈되자 그때야 마포삼열은 한석진을 불러 "가족을 데리고 평양으로 이사를 오세요."라고 말했다. 이 말이 떨어지기가 무섭게 곧 고향 의주에 가서 가족을 이끌고 1894년 봄에 가족과 함께 평양에서 생활하게 됐다. 이와 때를 같이하여 마포삼열도 자주 서울에 왕래를 하였지만, 그해 가을에 완전히 서울에서 평양으로 이사를 하고 평양에 정착하게 되었다. 그리고 그동안 조사로 데리고 있었던 한석진에게 한 푼의 생활비도 주지 않았던 일을 뒤늦게 알게 된 마포삼열은, 그동안 밀린 생활비까지 주려고 돈을 내놓았지만 거절을 하였다. "제가 저의 민족을 위해서 일하는데 어떻게 선교사로부터 생활비를 받을 수 있습니까. 저는 최치량과 차시헌으로부터 얼마의 생활비를 받아 왔습니다."

## 2) 이기풍의 개종

 뜻하지 않게 1894년 전라도 고부에서 동학농민운동이 일어나자 조정은 이들의 힘에 밀려 계속 후퇴하고 있었다. 이들을 물리치기 위해 청나라의 원조가 요청되자 청나라 군사가 한국에 상륙하게 됐다. 이 일로 일본에서도 서울에 머물고 있는 일본인을 보호해야 한다는 명목으로 일본 군인을 파견하였다. 두 나라 군인의 주도권 싸움으로 청일전쟁이 한반도에서 일어났고 청나라 군과 일본 군인이 평양성을 놓고 치열한 전쟁을 일으켰다. 마포삼열 선교사가 자리를 잡고 평양선교부를 설치하였지만 이 전쟁으로 평양이 폐허가 됐다.

　이 일로 마포삼열 선교사도 피해야 했으며, 그렇게 큰소리를 치고 다니던 이기풍도 할 수 없이 살기 위해 원산 쪽으로 도망을 하였다. 그리고 충성을 맹세했던 부하들도 산산이 흩어지고 말았다. 전쟁을 피해 원산으로 피난을 가서 그곳에 머문 이기풍은 그렇게 당당하던 옛 모습은 어디론가 사라져 버린 지 오래였다. 이기풍은 비록 주먹으로 평양성을 장악하였으나 틈틈이 배워 두었던 붓글씨와 묵화에도 뛰어난 솜씨가 있었다. 이리하여 친구들의 권유로 원산 장터에서 담뱃대에 글씨와 그림을 그려 주고 몇 푼씩 챙겨 생계를 유지할 수 있었다.

　그런데 뜻하지 않게 평양성에서 마포삼열 선교사와 늘 함께 다닌 소안론 선교사를 원산 장터에서 만나게 됐다. 원수는 외나무다리에서 만난다 하던 그 말대로 소안론 선교사와 부딪쳤다. 이 순간 그는 과거 마포삼열 선교사에게 돌팔매질하여 이마에 피가 흐르는 데도 조금도 원망하지 않고 피를 닦으면서, 그 자리에서 기도하던 모습이 영화의 한 장면처럼 스쳐 지나가고 있었다. 이때 이기풍은 양심의 가책을 느끼면서 스스로 회개하기 시작하였다. "선교사님, 제가 평양성에서 마포삼열 선교사를 돌로 머리를 쳤는데, 이제 선교사님을 만나 그 일이 얼마나 큰 죄였는지 깨닫게 되니 이제야 회개를 합니다."

　그가 참회를 하는 것은 자신을 저주하지 않고 자신을 위해서 기도하던 그 위대한 마포삼열 선교사가 제 앞에 있는 것 같아, 소안론 선교사에게 대신 몇 번이고 용서를 구하였다. 이기풍은 그날 밤에 자신의 진솔한 회개를 소안론 선교사에게 전했지만 좀처럼 깊은 잠을 잘 수가 없었다. 그때 이미 깊은 밤이 됐지만 갑자기 방안이 환해지면서 머리에 가시관을 쓰신 분이 나타났다. 이기풍은 너무나 눈이 부셔서 쳐다볼 수가 없었다.

"기풍아, 기풍아! 왜 나를 핍박하느냐? 너는 나의 증인이 될 사람이야." 이 음성을 들었던 이기풍은 어찌 할 줄 모르고 얼마 동안 천장만 쳐다보았다. 그리고 잠시 마음을 정돈하는데 눈물이 끝도 없이 흘러나왔다. 동이 트기도 전에 개나리 봇짐 하나를 챙겨 들고 평양성에 들어가 마포삼열 선교사에게 사죄하기로 하고 원산을 떠났다. 이후 이기풍은 마포삼열 선교사로부터 용서함을 받고 그 길로 조사로 임명을 받은 후 마포삼열 선교사의 좋은 협력자가 됐다.

### 3) 남녀사경반 운영

마포삼열 선교사는 1893년 평양 장대현교회를 비롯해서 매년 교회를 설립하였다. 이렇게 설립한 교회는 1902년까지 무려 33여 개나 되었는데 교인수는 590명, 초신자는 850명이나 됐다. 이렇게 교회를 설립하기까지는 평신도 훈련을 말씀으로 잘 가르친 데서 연유했다고 볼 수 있다. 평양에 사경회가 출발한 것은 1898년 1월이었다. 마포삼열과 이길함 선교사는 농한기를 이용하여 각 지방에서 25명 정도 모집하여 교육을 시키려고 계획서를 발표하였는데, 초청받은 25명 만 온 것이 아니라 무려 세 배나 되는 75명이 모여들었다.

이들은 각자 자신들이 먹을 양식과 덮고 잘 이부자리까지 모두 준비해서 손수레에 짐을 싣고 100리 밖에서 오는 등 대성황이었다. 이들 중 일부는 교회에서 자고 나머지 교인들은 민박을 하여 1개월간 교육을 받고, 각 지역으로 돌아가서 교회를 이끌고 가는 데 좋은 지도자들이 됐다. 매년 이러한 사경회가 개최됐다. 1901년 1월에 실시했던 사경회에는 마포삼열 선교사의 보고에 의하면 500명이나 이 과정을 거쳐 갔다고 말하고 있다. 이 사경회는 북부 지방에서 실시하였는데 교사는 거의가 한 국인들이었다고 한다. 이처럼 사경회는 한국교회 성장에 큰 밑거름이 됐으며, 이 사경회는 남자만 실시한 것이 아니라 1901년 마포삼열 선교사의 부인 주관으로 여성사경반이 운영됐다. 역시 농한기를 이용했기에 평양 시내는 물론 시골의 농촌 여성도 초청하였다. 그러나 12명이나 더 와서 42명이 성경에 대한 교육을 받고 갔다.

특별히 여성에 관심을 많이 갖게 된 동기는 한국은 유교문화의 영향으로 여성을 무시하는 일이 있었다. 그러나 이 여성사경반이 운영되면서 서서히 남녀차별의 벽은 무너지기 시작하였다. 이러한 결과로 여성들의 숫자가 점점 많아지자, 똑똑한 여성을 개인 지도하여 여성사경반 교사로 활용하는 등 여성에 대한 배려가 눈에 띄게 달라져 가고 있었다. 이 일로 개 교회마다 여성의 지위가 향상됐다면서 매년 모이는 여성 사경회는 남자사경회에 뒤질새라 더 열심히 모여 성경공부를 하였다. 이때까지만 해도 여성에 대해서 이름을 부르지 않고 '무슨 댁'이라고 불렀는데, 이름을 찾아 주는 운동이 전개되면서 여성도 이름을 갖게 됐다.

마포삼열 선교사가 그 힘든 일을 기쁨으로 하고 있는 모습을 볼 때마다 부인도 동역자가 되어야 한다면서 힘써 여성사경회를 운영하여 매년 모일 때마다 그 숫자가 점점 많아지기 시작하였다. 한편 마포삼열 선교사의 사역이나 부인의 사역이 점점 확대되자 이 일을 선교사가 다 할 수 없어서 몇 개 구역으로 나누었다. 평양 지방은 한석진 조사에게, 한천 지방은 강유훈 조사, 순안 및 개천 지방은 한병직, 영유 지방은 김천일, 숙천 지방은 김찬성 조사 등에게 맡기고 마포삼열 선교사는 다른 일을 계획하고 있었다. 바로 그 일은 교역자를 양성하기 위한 것이었다.

### 4) 장로회신학교 창설

장로회신학교는 평양신학교와 그 역사가 다르다. 장로회신학교는

1901년 1월 평양에서 활동하던 마포삼열 박사의 사랑방에서 장대현교회의 장로인 방기창과 김종섭 두 사람으로 출발하였다. 흔히들 이 신학교를 평양신학교라 부르는데 평양에 있다 해서 붙여진 이름이지 그 의미는 전혀 다르다. 평양신학교는 1940년 4월 친일파인 채필근 목사가 내선일체 및 대동아공영권을 내세우며 설립한 신학교이다.

마포삼열 선교사는 관서 지방에 많은 교회가 설립되자 한국인 목사를 양성해서 교회를 한국인 목사에게 맡기기 위해 장로회신학교를 설립하였다. 이처럼 출발했던 신학교가 설립된 배경에는 이미 서울에서 언더우드 선교사가 신학반을 운영하고 있는 데 있었다. 그러나 교세가 서울보다 강한 평양에 설립하는 것이 좋겠다고 여겼던 마포삼열은, 비록 시작은 초라했지만 시간이 가면서 신학교가 정상적인 궤도에 오르게 됐다. 1901년 9월 대한예수교연합공의회는 평양공의회에서 허락을 받자 공의회 안에 6인 신학위원회를 조직하였다. 명칭은 '대한예수교장로회 신학교'라 정하였으며, 학제는 5년으로 하고 3개월간은 평양에서 교육을 받고, 나머지 9개월은 목회현장에서 통신으로 공부를 하였다. 그 후 학교 운영은 한국에 나와 있는 4개 선교부가 함께 운영을 하였으며, 교수도 모두 4개 선교부에서 파견한 선교사를 교수로 하였다. 이렇게 해서 문을 열게 된 대한예수교장로회신학교는 해가 갈수록 지원자가 많았다. 처음 출발할 때는 2명밖에 되지 않았지만 졸업할 때는 7명이 졸업을 하였다. 그 명단을 살펴보면 방기창, 길선주, 양전백, 한석진, 이기풍, 서경조, 송인서 등 7명이었다. 이들은 전 과정을 마치고 1907년 6월 20일 평양 장대현교회에서 졸업식을 거행하였다.

졸업장에는 당시 강의를 맡았던 교수의 이름이 나열됐는데, 교장은 손안론, 교수는 마삼열(마포삼열), 배위량, 한위렴(W. B. Hunt), 방위량, 편하설(C. F. Bernheisel), 전위렴, 이눌서, 구례선(R. G. Grierson), 왕길지 선교사 등이었다. 이들의 수고로 교육을 받았던 신학생들은 졸업을 하자, 그해 9월 대한예수교장로회 독노회 시 목사안수를 받고 초대 한국인 목사가 되는 영광을 차지하였다. 이 일이 너무 감사해서 이기풍 목사를 제주도 선교사로 파송하였으며, 다른 목사들은 주로 평안남북도 지방 여러 교회를 순회하면서 선교사와 협동목사가 됐다. 이중 길선주 목사만 장대현교회 담임목사가 됐다. 1910년 8월 한일합방이 되자 신학교 명칭도 자연히 조선예수교장로회신학교가 됐다.

일제 말엽인 1938년 제27회 총회에서 신사참배를 결의하자, 선교사들은 우상인 천황을 섬기면서 학교를 운영할 수 없다고 폐교를 내리고, 1939년 마지막 졸업생은 통신으로 졸업을 함으로 장로회신학교는 문을 닫았다. 나머지 재학생들은 친일적인 평양신학교(교장 채필근)와 같은 해 설립된 조선신학원(원장 김대현)에 편입을 하였다.

### 5) 마포삼열은 누구인가

한국을 제2의 고향으로 알고 많은 제자를 육성했던 마포삼열은 1863년 미국 인디애나 주 매디슨 시에서 사무엘 에스 장로의 자녀로 출생하였다. 그가 출생한 그 다음 해에 링컨 대통령의 노예 해방이 있었고, 이로 인하여 1865년 남북전쟁을 겪으며 성장하였다. 그는 아버지로부터 기독교는 약자를 돕는 종교이며, 링컨 대통령은 흑인 노예를 해방시킨 위대한 인물이란 것을 배우면서 자랐다. 더욱이 링컨이 성경이 없어서 이웃 친구에게 빌려 보고 있었는데 비가 와서 성경책이 비에 젖었고, 그가 성경책 값만큼 노동을 해서 책값을 지불했다는 아버지의 이야기는 그에게 감동으로 다가왔다. 마포삼열의 할아버지 역시 그에게는 큰 교훈적인 인물이었다. 마포삼열의 할아버지는 친구가 콜레라에 감염되었을 때 그를 간호하다가 친구와 함께 사망을 하였다. 그의 할아버지 묘비에는 다음과 같은 글귀가 적혀 있다. "친구를 위하여 목숨을 버리면 이에서 더 큰 사랑이 없느니라."

이러한 것을 보고 자랐던 마포삼열은 장차 가난한 이웃을 위해 살겠다는 굳은 의지를 갖고 하노바 대학 이학부에 입학하여 학사, 이학석사 자격을 받은 후 존흡킨스 대학에서 더 연구하려고 하였지만, 하나님은 그를 과학 쪽으로 허락지 않고 180도 전환시켜 맥코믹 신학교로 진학하게 하셨다. 그 신학교는 1829년에 하노바 대학 신학부가 독립되어 설립된 학교로서, 철저한 보수신학을 자랑으로 하는 학교였다. 마포삼열은 특별히 이 학교에서 신학을 하는 과정에서 할아버지의 삶을 생각해 보았다. 또한 위대한 대통령 링컨을 생각하지 않을 수 없었다. 그는 신학교를 졸업하자 예수님의 제자만이 참된 인간 됨의 모습으로 알고 3년간 신학을 열심히 공부하였다.

훗날 한국교회가 성장하기는 맥코믹 신학교 출신들이 대거 한국에 선교사로 왔기에 오늘의 결실을 가져오게 된 것이다. 바로 이 학교의 출신 중에는 배위량, 기포드(S. Gifford), 이길함, 소안론, 아담스(J. E. Adams), 방위량, 클라크(C. A. Clark, 곽안련) 등이다. 마포삼열이 한국 선교에 관심을 갖게 된 것은 당시 전 미국을 다니면서 세계 선교를 외친 무디 전도자의 말에 감동을 받았기 때문이다. 기도하던 중 1889년 3월 미국 북장로교회 해외선교부를 찾아가 한국에 선교사로 나가겠다고 지원서를 내놓고, 집에 와서 밤을 새우면서 기도를 하였다. 드디어 그의 기도는 이루어졌다. 1889년 12월 미국을 떠나 일본 요코하마를 거쳐 1890년 1월 20일 그의 만 25세가 되는 생일에 그렇게 그리던 한국 땅을 밟게 되었다. 그가 도착했던 1월의 서울 날씨는 매섭게 때리는 북풍으로 가득했다. 먼저 와 있던 헤론 선교사의 영접을 받으면서 그의 집에 도착을 하였다. 서울의 추운 날씨보다 더 견디기 어려웠던 일은 어린아이들이 뒤를 따라오면서 욕하는 소리였는데 그 소리가 그의 귀를 더욱 따갑게 만들었다. 서울에 있는 동안 잠시 예수학당장을 역임하다 춥고 멀리 떨어져 있는 평양성에 예수님을 소개해야 한다면서, 그곳에 자리를 잡고 교회와 장로회신학교를 설립하였다.

## 3. 황해도 깡패와 선교사의 만남

### 1) 황해도에서 사역한 선교사들

초대 장로회신학교 교장을 역임했던 소안론 선교사와 마포삼열, 이길함 선교사는 평양선교의 개척자들이었다. 이들의 기도로 장로회신학교가 설립되자 이들은 곧바로 교역자 양성에 힘을 기울이는 한편, 수업이 없을 때는 그의 조사들과 신학생들이 사역하고 있는 교회를 순회하고, 교회의 어려운 점이 있으면 돕는 등 부지런하기 그지없는 선교사였다. 그는 황해도 재령에 선교부를 설치하고 그곳에 머물면서 황해도 일대를 돌아다니며 부흥사경회를 인도했다. 1900년 안악 장날을 맞이하여 안악교회에서 부흥사경회가 개최됐다. 이날 소안론 선교사 부인도 남편과 협력한다면서 전도지를 들고 안악 장터에 나가 전도지를 돌리고 있었다. 때마침 이 지역의 깡패로 유명한 김익두 청년이 나타나자 소안론 선교사 부인은 그에게 전도지를 건네 주었다. "오늘 밤에 안악교회에서 부흥사경회를 하니까 꼭 나오세요."

김익두는 그 자리에서 전도지를 들고 코를 풀고 말았다. 이러한 광경을 보았던 소안론 선교사 부인은 "당신 코 오늘 밤에 썩습니다."라고 하였다. 김익두는 이러한 말을 들은 후 술에 만취가 되었지만 그 말을 기억하고 자신의 집으로 돌아갔다. 그런데 잠을 자다 말고 '내 코가 썩지 않는가!' 하고 벌떡 일어나 코를 만져 보았다. 이렇게 반복되는 악몽으로 그는 한숨도 잠을 자지 못했고, 지난날의 잘못된 죄들이 영화 스크린처럼 환하게 지나갔다. 김익두 청년은 코를 얼마나 만졌는지 거의 빨갛게 됐으며, 혹시라도 자신의 코가 썩으면 어떻게 할까 걱정을 하다가 그 다음날 안악교회에 출석을 하였다. 안악교회 교인들은 걱정이었다. 혹시나 저 깡패가 소안론 선교사에게 행패를 부리지 않을까 염려하였기 때문이다. 그런데 그가 소안론 선교사의 말을 듣고 대성통곡을 하더니 손을 번쩍 들고 앞으로 나왔다. 그는 "선교사님, 저 같은 죄인도 용서를 받을 수 있습니까?" 하고 엉엉 울었다. 낮 성경공부가 다 끝난 후 소안론 선교사는 김익두 곁에 가서 안수기도를 하고 깊은 대화를 나누었다. 김익두는 황해도에서 이름난 깡패였다. 안악읍 장날이라도 서는 날이면 그가 나타날까봐 걱정을 하면서 장을 보는 일이 한두 해가 아니었다. 그런데 이러한 사람이 안악교회에서 회개하고 출석하게 됐다는 소문이 어느새 황해도 일대에 알려졌다.

소안론 선교사가 당회장으로 있었기에 김익두는 그해 7월에 세례를 받고 그 다음 해인 1901년 재령읍교회 전도사로 시무하게 됐다. 예수님을 영접했던 김익두는 급속도로 믿음이 성장하여 전도사가 되고, 다시 신천교회로 이동을 하여 그곳에서도 열심히 전도하여 교회를 성장시켰다. 소안론 선교사는 그의 믿음을 보고 곧바로 선교사들과 의논하여 평양에 있는 장로회신학교에 입학을 시켰고 1906년 입학하여 1910년 졸업을 하였다. 신천교회는 김익두의 설교에 은혜를 받은 사람들이 많이 생겨나자 그의 이름이 전국적으로 알려졌다.

### 2) 김익두와 소안론 선교사

김익두는 목사안수를 받았고, 1920년 그의 부흥사경회 때마다 기적의 역사가 일어났다. 그는 많은 환자를 신유의 은사로 고치기도 하였다. 그래서 그의 이적 기사가 동아일보에 매일같이 기사화됐다. 이에 놀란 소안론은 자신의 당회 구역을 김익두에게 맡기고 그는 다시 다른 교회로 이동해 갔다. 그 후 김익두는 서울 승동교회에서 김재준이라는 젊은 청년을 예수님을 믿게 하였다. 그가 승동교회에 시무하면서 전국을 누비면서 부흥회를 인도하였는데, 부흥사경회 횟수는 776회, 설교 횟수는 2만 8천 회, 그의 설교를 듣고 목사된 사람만도 200여 명이나 됐다. 1920년에는 대한예수교장로회 총회장도 역임하면서 그의 명성은 더욱 널리 알리어졌다. 그를 전도하고 그에게 영향을 많이 주었던 소안론 선교사는 한국인들에게 잊을 수 없는 찬송가를 지었다. 1905년 을사보호조약이 형성되자 좌절하고 있던 한국인들에게 희망을 주기 위해서 작사한 시는 지금도 부르고 있으며, 당시 암울했던 시절 이 찬송을 부르면서 모두들 희망과 용기를 갖고 신앙생활을 하였다.

1. 하늘 가는 밝은 길이 내 앞에 있으니
   슬픈 일을 많이 보고 늘 고생하여도
   하늘 영광 밝음이 어둔 그늘 헤치니
   예수 공로 의지하여 항상 빛을 보도다

2. 내가 걱정하는 일이 세상에 많은 중
   속에 근심 밖에 걱정 늘 시험하여도
   예수 보배로운 피 모든 것을 이기니
   예수 공로 의지하여 항상 이기리로다

3. 내가 천성 바라보고 가까이 왔으니
   아버지의 영광 집에 가 쉴 맘 있도다
   나는 부족하여도 영접하실 터이니
   영광 나라 계신 임금 우리 구주 예수라

이처럼 한국인에게 큰 영향을 주었던 소안론(스왈렌)은 1865년 미국에서 출생하였으며, 한국 선교사로 지원한 후 부인과 함께 1892년 11월 내한하여 서울선교부 소속으로 활동을 하다가, 1893년 1월 부인과 마포삼열, 이길함과 함께 평양선교부의 개척자로 나섰다. 1894년 원산선교부를 설치하고 그곳에 여학교를 설립하였다. 1899년 원산선교부는 캐나다 장로교회 선교부에 넘겨 주고 다시 평양선교부로 이동을 하였다. 그해 8월에 배위량 선교사가 안식년으로 귀국하자 소안론 선교사가 임시로 숭실학교 교장직을 맡아 수고를 하였다. 이때 아버지로부터 유산 1만 8천

불을 지원받아 학교 발전에 크게 기여를 하였다.

그의 장녀 소안엽은 평양에서 출생하여 미국에서 교육을 받고 평양으로 돌아와 숭의여학교에서 교편을 잡았으며, 제3대 숭의여학교 교장의 직책을 맡아 학교 발전에 기여를 하였다. 둘째 딸도 한국에서 선교사로 활동하다가 보켈(H. Voelkel, 한국명 옥호열) 선교사와 결혼을 하였으며, 보켈 선교사는 6·25 시 종군 군목으로 다시 내한하여 반공포로들을 선교하였다. 반공포로 석방 시 많은 포로들을 신학교에 진학시켰고 포로들에게는 장학금을 지급하며 교육에 헌신하였다. 이 일로 반공포로 출신 가운데 목사가 되어 목회에 대성한 목회자도 많이 배출됐다.

평양선교부의 개척자들(1895)
좌측부터 웰스 의사 부부, 이길함, 밀로, 마포삼열

평양선교부 선교사 일동(1933)

황해도 재령 선교사 가족 일동(1909)

평북 선천 선교사 가족 일동(1919)

1901년에 선천에 샤록스 선교사가 설립한 미동병원

설립자 마포삼열

1901년 평양 마포삼열 선교사 사랑채에서 출발한 장로회신학교 제1회 졸업생 일동(1907)
앞줄 좌측부터 한석진, 이기풍, 길선주, 송인서
뒷줄 좌측부터 방기창, 서경조, 양전백

1912년에 설립된 평양여자성경학교

황해도 재령 여자성경학교

1897년 배위량 선교사가 설립한 숭실학교

1907년에 배위량 선교사가 설립한 숭실전문학교 1932년도 졸업생 일동

5부 한국의 예루살렘과 평양 197

1907년 위대모가 설립한 선천 보성여학교

1906년 위대모가 설립한 선천 신성학교

1901년 선우리 선교사가 설립한 평양숭의여학교

1899년 군예빈 선교사가 설립한 황해도 재령 명신학교(1935)

6부 청주선교부

1. 민노아 선교사의 활동
2. 부례선 선교사 순교

# 6부
# 청주선교부

## 1. 민노아 선교사의 활동

### 1) 민노아 선교사와 청주

미국 북장로교회 언더우드 선교사와 함께 일했던 한국인 조사들이 남쪽으로 내려오면서 교회가 하나둘 창립되자, 자연히 경기도와 인접해 있는 충북 지방도 교인들이 생겨나게 되었다. 한편 미국 남장로교회 선교사들이 한국 선교에 참여하면서 충남 지방을 맡기로 하였지만, 재정적인 어려움으로 일부만 맡고 충남 지방의 중심지인 공주는 미국 침례교 선교사들이 선교에 임하게 되었다.

그러나 이 선교회 역시 재정적인 어려움으로 더 이상 활동하지 못하고 함남 원산으로 옮긴 후, 그 자리는 미국 감리교회 선교사들이 맡아 선교에 임하면서 충청도는 미국 북장로교회 선교사와 미국 감리교회 선교사, 여기에 극히 일부인 충남 서남 지방인 서천, 장항, 부여, 한산 등지는 미국 남장로교회 선교사가 각각 맡게 되었다.

1900년 이후 경기 남부 지역 선교를 맡게 된 밀러(F. S. Miller, 이하 한국명 민노아로 표기) 선교사와 전도인 김흥경의 여행길이 차령산맥을 넘어 충청도 땅까지 연장되었다. 민노아 선교사와 김흥경 전도인의 노력으로 경기도 죽산 둔병리에 둔병리교회가 설립되었다. 당시 충북 청주군에 살던 많은 주민들은 장날이면 경기도 죽산 둔병리까지 왕래하였다. 청주군 신대리에 살던 오천보, 문성심, 오삼근 등이 둔병리교회에서 개최하는 사경회에 출석했다가 은혜를 받고, 자기 집에 돌아와 자기 마을 사람들에게 전도함으로 1901년 청주군 신대리교회가 창립됐다. 그런데 뜻하지 않게 신도들이 모여들자 민노아는 말할 것도 없이 서울선교부에서는 하루속히 청주선교부를 설치해야 한다면서 청주에서 일할 선교사를 찾았다.

청주에 기독교를 접목시킬 수 있도록 길을 열어 주었던 경기도 죽산 둔병리교회는 매년 농한기를 이용하여 사경회를 개최하였다. 사경회를 개최하게 되면 각 지역에 있는 교회의 영수나 집사들이 2주간 먹을 양식과 찬거리를 준비해서 가지고 왔으며, 이 기간은 교회나 교인의 가정에서 민박을 실시하였다. 역시 둔병리교회에서 모이는 사경회의 강사는 민노아 선교사였다.

이러한 모임을 처음 접하게 되었던 청주 신대리 출신인 오천보, 문성심, 오삼근 등은 신기하기만 하였다. 처음 참석했던 이들은 민노아 선교사의 한국어 솜씨에 그만 심취되고 말았다. 성경 읽는 모습이나 설교 내용이 조직적이었으며, 충청도 양반으로서는 더 이상 좋은 진리가 없다는 마음의 결단을 내린 후에 개종하였다.

　　에헤야 배 떠나간다
　　永生 浦口로 배 떠나간다
　　우리 주님이 사공 되셨으니
　　아무 두려울 것 없네
　　에헤야 배 떠나간다

1900년 10월 3일 청주군 신대리의 한 주막집에서 울려 퍼진 예수 찬미가의 한 절이다. 사람이 가장 많이 모이는 주막 위에 십자가와 태극기를 달고 청년건달 술주정뱅이 20여 명이 막걸리 사발을 돌리며 소리 높여 찬송가를 부른 것이 충북기독교의 출발이었다.

### 2) 주모에게 쫓겨난 민노아 선교사

둔병리교회에서 실시한 사경회에 참석했던 신대리 청년 오천보, 문성심은 보잘것없는 행상인이었으며, 이곳에 출석하여 은혜를 받았던 이들은 곧 자신들이 받은 은혜와 진리를 많은 사람들에게 전파해야 한다면서, 나루 근처에 있는 어느 나루터 주막을 임시로 빌려 모이게 하였다. 광목에 십자가와 태극기를 그려서 주막에 꽂아 예배를 드렸는데, 많은 사람들이 호기심을 갖고 이 모임에 출석하였다. 몰려온 사람들을 보았던 주막집 주모도 덩달아 좋아하였다. "오늘 우리 집에 손님이 많이 오기 때문에 아주머니 오셔서 술상 좀 봐 주세요." 이렇게 해서 이웃에 있는 아줌마들도 이 주막집에 오게 됐다. 민노아 선교사는 김흥경 조사와 함께 주막에 들려 주모를 칭찬하자 그는 술손님으로 알고 친절하게 대하기도 하였다. 이날 강사로 나선 민노아 선교사는 이렇게 말하였다. "술을 먹으면 집안이 망하고 죽어서 지옥에 갑니다." 이러한 말을 듣고 있던 주모는 얼굴색이 변하였다. 술을 못 마시게 하는 말이므로 자연히 화가 날 수밖에 없었다. 이 말에 놀란 주모는 즉시 빗자루를 휘두르면서 민노아 선교사와 모인 사람들을 모두 쫓아 버린 일도 있었다.

결국 이러한 소란을 당한 후 회중들은 다시 오천보 사랑채에 모여서 예배를 드렸는데 청주 지방의 첫 교회의 역사였다. 신대교회가 설립될 무렵 청주군 가덕면 노계교회가 설립되었다. 노계교회는 이 지역에 살고 있는 서춘경이 먼저 예수님을 믿고 노계에 전도함으로 주민이 모여들자 자연히 교회가 설립되었다.

오천보 집에 모였던 사람들은 하나님을 만나는 기쁨과 함께 예수 그리스도는 이 땅에 사는 모든 인류들에게 소망을 주고 있음을 깨달았고, 신대리교회를 위해 헌신 봉사에 임하게 되었다. 한편 이 기쁜 소식을 모든 청주군 군민들에게 전해야 한다면서 전도의 길에 나섰다.

원래 충청 지방은 양반들이 많이 사는 고을로 유명하였다. 그래서 지금도 충청도하면 양반이라는 명칭으로 사용할 정도로 양반들이 얼마나 드센는지를 알 수 있다. 양반들로부터 멸시받았던 힘없는 백성들이 교회로 몰려오면서 양반들의 세력을 물리칠 수 있는 좋은 기회가 되기도 하였다. 더욱이 힘없는 백성들은 교회의 예배시간을 통해서 위로의 말씀을 듣고 더욱 열심히 하나님을 믿으며 양반들의 세력을 언젠가 물리칠 수 있다는 확신을 갖게 되었다. 여기에 삶에 자신을 얻었던 천민들은 전도에 힘을 기울이기 시작하였다. 그러나 양반들의 세력은 만만치 않았다. 결국 이들의 힘에 밀린 신대리교회 윤홍채가 배교해 버리는 비극도 있었다. 그러나 이러한 비극을 만났지만 열심히 전도한 결과로 1903년 괴산읍교회가 설립되었다.

### 3) 두 번씩이나 사별해야 하는 민노아

1904년 미국 감리교회 선교사 서원보(W. C. Swearer)가 전도하여 이 지역 천행균과 김나오미가 청주 읍내에 첫 신자가 되었다. 원래 서원보 선교사는 미국 감리교회 선교사였지만 장로교회 선교사가 되었으며, 그는 서울을 출발해서 충남 공주를 향해 복음을 전파하고 다녔다. 공주를 내려가는 길에 조치원, 청주, 보은, 문의, 영동 지방을 왕래하면서 전도하여 결국 첫 신자를 얻게 되었다. 이후 선교 구역이 확정되자 미국 북장로교회에서는 청주 지방을 맡아 복음을 전하게 되었고, 자연히 청주읍교회는 민노아 선교사가 맡아 수고를 하게 됐다. 민노아 선교사로부터 전도를 받고 그를 도왔던 김흥경의 열심 있는 전도로 청주읍내 젊은 청년들이 청주읍교회에 모여들면서 청주읍교회는 청주의 모교회가 되었다.

민노아 선교사는 1866년 12월 미국 펜실베이니아 주 피츠버그에서 의사인 아버지 밀러(W. M. Miller)와 와커(S. Walker) 사이에서 7남매 중 장남으로 출생하였다. 민노아는 피츠버그 대학을 졸업하고 이어서 뉴욕 유니온 신학교를 졸업한 후 1892년 11월 부인과 함께 서울에 도착하였다. 곧 한국어를 배운 후에 마포삼열 선교사가 평양으로 이동하자 예수학당 교장을 맡고 예수학당을 민노아학당으로 개명을 하였다.

민노아 선교사는 학당장으로 재직 시 사랑하는 부인과 함께 서울에서 선교사역을 하다가 그만 1903년 사별을 만나고 말았다. 이미 그의 자녀 5남매 중 2명이 사망하는 슬픈 일을 만나는 등 민노아로서는 참기 어려운 일을 당했다. 그러나 그는 조금도 하나님을 원망하지 않았고 모두 다 주님의 뜻으로 알고 살았다. 1904년 정신여학교 교장 도티(S. A. Doty)와 재혼하고 함께 청주 선교에 힘을 쏟았다. 1931년 안식년으로 도티와 함께 귀국을 하였지만 이미 한국에서 병을 얻었던 부인은 미국 켈리포니아에서 운명하여 부인을 또 사별해야 하는 일을 만났다. 1931년 자신의 손으로 부인을 땅에 묻어야 하는 그의 마음이 얼마나 아팠을까. 그러나 다시 청주에 두고 온 수많은 교인들을 그냥 두고 미국에 있을 수가 없어서 1932년 다시 청주선교부에서 사역하고 있던 딘(M. L. Dean) 선교사와 결혼을 하였다.

그는 불우한 상처를 두 번씩이나 만났지만 청주를 버릴 수가 없어서 다시 청주에 왔을 때, 청주에 있는 많은 교인들과 교역자들이 그가 다시 옴을 대대적으로 환영을 해 주었다. 특별히 민노아 선교사는 문학에 재간이 있었다. 그래서 문서 선교를 위해서 소책자를 많이 제작하여 전도용으로 사용하였으며, 찬송가를 직접 작사해 현재 찬송가 중 몇 개가 들어와 있다. 그는 1936년 정년 은퇴하였고, 두 부부가 필리핀과 중국을 다녀온 후에도 다시 청주로 돌아왔으며, 그 후 귀국하여 1937년 향년 71세의 나이로 하나님의 부름을 받았다.

## 2. 부례선 선교사 순교

퍼디(J. G. Purdy, 이하 한국명 부례선으로 표기) 선교사는 청주선교부로서는 잊을 수 없는 선교사였다. 부례선 선교사의 죽음은 청주선교부로서는 너무나 큰 충격이었다. 그는 26세의 젊은 나이로 1923년 9월 미국 북장로교회 선교사로 파송을 받고 청주에 도착을 하였다. 그의 사역은 너무나 훌륭하였다. 1926년 5월 29세의 나이로 영동군 용화면 조동리에서 선교사역을 하다가 장티푸스에 감염되어 의료진의 진찰 한 번 받아 보지 못하고 하나님의 부르심을 받고 조동리 마을을 뒤로 두고 한국을 떠나게 됐다.

그는 1897년 3월 미국 오하이오 주 살디니아에서 태어났으며, 텐마빌리 대학을 졸업하고 프린스톤 신학교에서 신학을 이수하고 1923년 8월 부인과 함께 고향을 떠나 청주선교부에 부임을 하였다. 부임한 지 얼마 안 된 같은 해 9월 14일 가족에게 보낸 편지 한토막을 소개하면 다음과 같다. "우리는 방 안에서 아주 편안하게 그리고 행복하게 지내고 있습니다. 나는 지금 막 책을 다 읽고 에밀리는 집으로 편지를 쓰고 있습니다. 나는 시골 교회 2개 처를 이틀 동안에 순방하려고 준비하고 있습니다. 이곳에 함께 머물고 있는 소열도 목사와 나는 50개의 교회를 담당하고 있습니다. 우리 내외는 점심을 마치고 시내 구경을 나갔습니다. 그런데 사람들은 여전히 우리 주위를 따라다닙니다. 신기한 듯이 우리를 쳐다봅니다. 거리에는 발가벗은 아이들, 우마차, 머리 위에 짐을 이고 다니는 여인들을 흔히 볼 수 있습니다.……"

처음으로 청주에 왔던 이들은 청주 시내를 다니면서 속으로 결심을 단단히 하였다. '빨리 예수님을 통해서 새로운 문화를 전달해야지.' 이것이 부례선 선교사 부부의 결심이었다. 이러한 일을 하려면 어학 훈련이 필요했다. 부례선 선교사는 어느 정도 어학을 연습한 다음 1926년 4월을 맞이해서 시골 교회를 순회하고 돌아온 일이 있었다.

"저는 순회 구역인 32개 처나 되는 교회 중 몇 곳을 방문하면서 집을 떠나 일주일 정도 순행을 하고 10일이 지난 후 청주로 돌아갈 것입니다. …… 우리는 한나절 정도 걸어서 이곳에 도착했습니다. 불과 12키로밖에 안 되는 거리인데 곧장 가는 길이 없어서 구불구불 몇 개의 산등성을 넘어야 하는 그러한 길이었습니다. 도착하자마자 밤 예배를 드리고 교회사무는 밤에 다 마쳤습니다.……"

그런데 부례선 선교사는 조동리를 순방하는 중에 장티푸스에 감염이 되어 더 이상 활동을 못하고 이 지역 교회의 도움을 받아 청주에 도착하여 병원에 입원을 했지만, 의사들의 노력과 한국교회 교인들의 그 뜨거운 기도도 하나님의 하시는 일에 대해서 그 누구도 항거할 수가 없었다. 결국 그는 청주에서 생을 마감하는 첫 번째 남자 선교사가 되었다. 조동리교회는 그의 선교정신을 영원히 기리기 위해서 순교 60주년을 맞이한 1986년 기념 교회와 기념비 제막식을 갖기도 하였다.

민노아 선교사        민노아 선교사 부인        소엘도 선교사

원일한 선교사        부례선 선교사 기념관(현 청주성서신학원)

1926년 청주 여자성경학원 제1회 졸업생 일동

# 7부 캐나다 선교부

1. 캐나다 독립선교사들에 대한
2. 매견시선교사 자살
3. 북간도 지방과 선교사들
4. 캐나다 연합교회 선교부와 장로교회 선교부

# 7부
# 캐나다 선교부

## 1. 캐나다 독립선교사들 내한

캐나다 토론토 대학 YMCA는 기일을 한국 선교사로 파송을 하였다. 1889년 12월 15일 추운 계절 한국에 도착하였지만 원래 캐나다 추운 지방에서 왔기에 한국의 혹한은 그에게 별 영향을 주지 못했다. 얼마 동안 서울에 머물다가 황해도 해주에 정착하려고 마음을 먹고 해주읍을 찾아 나섰지만, 그가 머물 숙소를 구하지 못하다가 소래 쪽으로 방향을 바꾸었다. 다행히 소래는 이미 기독교가 전파됐으며, 소래교회가 있는 곳이어서 약 3개월 동안 머물다가 자신이 있을 필요를 느끼지 못하고 부산으로 내려와서 1892년까지 선교사업을 하다가, 토론토 대학과 선교 관계를 끊고 미국 북장로교회와 관계를 갖고 미국 북장로교회 선교부에 합류를 하였다.

이어 토론토 대학 YMCA는 의사인 하리영(R. A. Hardie) 부부를 한국으로 파송을 하였다. 잠시 서울에 머물렀다가 부산에서 활동하던 기일 선교사와 함께 일을 하려고 하였지만, 기일은 이미 부산을 떠나 미국 북장로교회 선교부와 합류했다는 소식을 접하고, 캐나다 출신인 은사 에

비슨 선교사가 사역하고 있는 제중원으로 가 의사로 그를 도우면서 한국인 환자들을 진찰하는 데 전력을 다하였다.

토론토 대학과의 약정인 8년이 끝나자 하리영은 미국 남감리교회 선교부 소속으로 이적하고 원산 지방에서 사역을 하였다. 그 후 캐나다인으로서 자비량 선교사로 1889년 한국에 온 펜윅(M. C. Fenwick)은 정규교육이나 신학교육을 받은 일이 없는 평신도 선교사였다. 그렇지만 기도하던 중 특별한 소명감을 갖고 한국에 와서 서울, 소래, 공주, 원산 등지에서 자유롭게 선교활동을 하다가, 침례교회의 독립교단인 동아기독교회를 창설함에 주도적인 역할을 하였다. 또한 독립선교사로 내한했던 매켄지(W. J. McKenzie, 이하 한국명 매견시로 표기)는 캐나다 장로교 선교사를 한국에 불러들이는 데 큰 공을 남기기도 하였다. 그가 한국에 와서 활동하던 장소는 이미 선교사들이 자주 왕래했던 소래 지방으로, 그곳에서 활동하던 중 한국에서 직업을 갖고 선교하기를 원했던 사람이었다. 그래서 그는 한국인과 함께 노동을 하면서 자비량으로 활동을 하였다. 매견시는 1888년 달하우지 대학을 졸업하고 이어서 랠리페스 신학교를 졸업하였다. 신학생 시절 북미 북동부 지역에서 단기 선교활동을 하다가 우연히 한국에 관한 서적을 읽고 어떻게 해서든지 한국 선교사로 나가 한국인과 똑같이 생활하면서 선교사역을 하기로 몇 번이고 다짐하였다. 그리고 한국에 가서 캐나다 장로교회로 하여금 한국 선교에 관심을 갖도록 노력을 다짐하면서 한국에 왔었기에 그에게는 남다른 사명감이 있었다.

### 2. 매견시 선교사 자살

매견시가 남다른 사명감을 갖게 된 이유가 있었다. 그가 단기 선교사로 활동하던 중 모라비안인 선교사들의 선교방법이 그에게 큰 자극으로 다가왔기 때문이다. 매견시는 모라비안인들의 그 자상함을 메모로 남겨두었다가 자신이 만일 선교사로 나가면 모라비안인처럼 선교를 하겠다고 몇 번이고 다짐을 하였다. 신학교를 졸업하자 바로 한국에 나오지 못하고 잠시 시골 교회의 담임 교역자로 있으면서 의학공부에 몰두하기도 하였다. 만일 외국에 나가게 되면 선교사로서 간단한 응급 치료 정도는 할 수 있어야 한다는 것이 그의 생각이었다.

얼마 동안 목회를 하면서 100달러를 모았다. 이 100달러를 갖고 캐나다 장로교회 해외선교부를 찾아가 그 돈을 내놓으면서 한국 선교사로 보내달라고 요청을 하였다. 그러나 캐나다 선교부에서는 "아직 한국에 대해서 우리가 알지를 못합니다. 현재 우리 형편으로 한국에까지 선교사를 보낼 만한 여유가 없습니다." 그러나 매견시는 여기서 멈추지 않고 자신 있게 캐나다 동부 지역 교회를 순방하면서 한국에 관한 이야기를 하였다. "성도 여러분, 지금 한국은 우리 캐나다의 젊은 일꾼을 찾고 있습니다. 우리가 받은 그 복음을 한국에도 전해야 합니다." 뜻하지 않게 교인들의 반응은 좋았다. 앞을 다투어 선교헌금을 보내 주었다. 어느덧 갈 여비와 1년을 생활할 수 있는 생활비가 마련됐다.

이 돈으로 매견시는 독립선교사로 1893년 10월 언제 돌아올지 알 수는 없었지만 그를 지원했던 교인 및 친지들의 전송을 받으면서 배편을 이용하여 그 멀고 먼 한국을 향하여 뱅쿠버 항구를 떠났다. 배는 그 다음해 일본을 거쳐 부산에 잠시 정착을 했다가 1894년 1월에 인천 제물포항에 도착을 하였다. 아무도 그를 영접하는 사람은 없었지만 주님이 함께하심을 확신하고 그렇게 그리던 서울에 도착하였다. 그런데 뜻하지 않게 언더우드와 기포드 선교사의 영접을 받고 선교사들이 머물고 있는 정동에 잠시 머물게 되었다.

그는 서울에 머물면 머문 만큼 어학 훈련에 지장이 있다고 생각하고, 선교사들이 모여 있는 마을을 떠나 한국인들이 모여 최초로 자생적 교회를 이룩했다는 황해도 솔래를 향해 떠났다. 가는 곳마다 초라한 한국인의 초가집, 여기에 보잘것없는 의복을 입고 다니는 모습을 지켜보면서 1894년 2월 솔래에 도착을 하였다. 솔래교회 교인들은 가끔 서울에서 오는 선교사들을 많이 영접해 봤지만 직접 짐을 챙겨 가지고 솔래교회로 찾아오는 선교사는 처음 보았다.

그는 솔래교회에 도착하자마자 한국인들이 입고 있는 한복을 입고 여기에 짚신까지 신고 다니면서 한글을 배우고, 솔래교회 초대목사로서 자부심과 긍지를 갖고 복음전도에 온 힘을 쏟았다. 그가 전도를 하고 다니는 중에 동학농민운동이 일어났다. 이때 매견시가 일본인 앞잡이라는 소문이 돌자 곤욕을 당한 일이 한두 번이 아니었다. "나 동학농민운동에 깊은 관심이 있습니다. 나 일본인 앞잡이가 아니고 나 한국 사람입니다." 그의 서툰 한국말을 듣고 감동받은 그들은 매견시를 자신들의 편으로 받아들였다. 매견시는 이들이 관군에 쫓길 때마다 솔래교회에 숨겨 주는 등 적극적으로 이들을 도와주었다. 교회 밖에 십자가기를 지붕 위에 높이 달아 놓아 모든 사람들에게 교회가 있음을 알려 주었다. 동학농민운동을 겪으면서 갑자기 교인들이 솔래교회에 모여들었으며, 드디어 1895년 7월에는 예배당을 새로 신축하고 헌당식을 갖게 되었다. 그리고 이 기쁨을 솔래교회 교인들과 그 지역 주민과 함께 한 마당의 잔치로 풀었다. 아름답게 건축한 교회당을 개방하고 교육의 장으로, 또는 병원의 병실로도 사용을 하였다. 아마 교회를 이렇게 개방했던 일은 솔래교회가 최초의 일이 아니었는가 하는 생각이 든다.

그는 가끔 그 멀고 먼 서울을 다녀온 일도 있었으며, 추운 겨울과 무더운 여름이 와도 단 한 번도 쉬지 않고 일했던 결과로 그만 몸이 허약해졌다. 어느 여름날 일사병으로 인하여 더 이상 견디다 못해 정신 이상에 걸리고 말았다. 1895년 7월 23일 그가 마지막 남긴 서신에는 이런 내용이 담겨져 있다. "오늘 오후에는 전신이 추워진다. 옷과 더운 물주머니가 있어야겠다. 땀을 내야겠다. 지금 나은 듯 하기도 하다. 죽음이 아니기를 바란다. 한국을 위하여서 말이다. 많은 사람들이 내가 한국인들과 같은 방식으로 살다가 이렇게 되었다고 할 것이다. 내가 조심하지 아니하였기 때문일 것이다. 낮에는 뜨거운 햇빛 아래 전도하고 밤이면 공기가 추워질 때까지 앉아 있었기 때문일 것이다."

그는 고통을 더 이상 견딜 수 없어서 할 수 없이 자신이 소지하고 있던 권총을 내밀어 스스로 가슴에 총알을 꽂아 생명을 마감하고 말았다. 이러한 소식이 캐나다에 전해지자 그의 죽음이 헛되지 않게 하기 위해서 1898년 정식으로 캐나다 장로교회 선교부에서 선교사를 파송시키기로 하였고, 많은 선교사들이 함경도와 북간도 지역을 담당하면서 복음을 전파하였다.

## 3. 북간도 지방과 선교사들

### 1) 구례선 선교사와 용정교회

캐나다 선교부에서 간도 지방 선교에 대한 관심을 갖기는 그리어슨(R. G. Grierson, 이하 한국명 구례선으로 표기) 선교사 부부에 의해 이루어진다. 그는 1868년 캐나다 헬리팍스에서 출생하였으며, 1890년 달하우스 대학을 졸업하고, 이어서 1893년 파인힐 신학교와 1897년 감리교신학교를 각각 졸업하였다. 그는 목사안수를 받고 한국에서 매견시 선교사가 생을 마감했다는 소식을 접하고 그 길로 한국 선교사로 나갈 것을 자원했던 사람 중 하나이다. 그는 목사이면서 의사였기에 매견시 사망에 대한 관심은 더욱 컸다. 1899년 9월 7일 서울에 도착한 구례선 부부, 맥레(D. M. MacRae, 한국명 구마례), 푸트(W. R. Foot, 한국명 부두일) 선교사 일행들은 함경도 지방을 선교 구역으로 맡아 원산에 정착을 하고, 함경도 여러 지방에 선교부를 개척하는 등 남다른 정열을 갖고 일을 하였다.

원래 이들은 매견시의 죽음을 헛되지 않게 하기 위해서 솔래를 택하려고 하였지만 지역이 너무 협소하여 원산으로 이동을 하게 됐는데, 이미 이곳은 미국 북장로교회 선교사가 활동을 하고 있었다. 그러나 미국 북장로교회 선교부가 철수하면서 이들은 함경남도 원산에 안착하였다.

1905년에는 함흥에 선교부를, 1912년에는 함경북도 회령에 선교부를 설치하였다. 한편 수많은 한국인들이 가족 단위로, 또는 집단적으로 간도 지방으로 이주하는 모습을 보고 1912년 간도 지방의 중심지인 용정에 선교부를 설치하였다.

구례선 선교사는 남달리 한국인에 대한 관심을 많이 갖고 있었다. 일본이 을사보호조약을 체결했다는 소식을 접한 한국인들은, 일본인의 지배를 벗어나 독립운동을 하려면 간도 지방에서 힘을 모아 독립운동하는 것이 좋다는 판단을 내렸던지라, 이미 한국을 탈출해 나간 이민자들이 속출하고 있었다.

이러한 광경을 친히 눈여겨보았던 구례선은 고국을 등지고 떠나는 한국인들을 차마 볼 수 없었다. 그래서 그 추운 지방이지만 추위를 이길 수 있다는 담력을 갖고 그들을 따라 1906년 본국에 있는 그의 선친과 새로 선교사로 한국에 왔던 럽(A. F. Robb, 이하 한국명 업아력으로 표기) 선교사와 함께 북만주를 거쳐서 연해주까지 선교여행을 떠났다. 이미 이 지역에는 한국을 떠나 온 백성들이 수도 없이 많았다. 구례선은 용정 중심가에 교회를 설립해 1906년 북간도 지방의 중심지인 용정에 용정교회를 세웠다. 어느덧 용정교회에 많은 한국인들이 모여들자 이들을 잘 양육해야 한다면서 이 지역을 업아력, 박걸, 부두일 선교사 등이 차례로 돌보았다.

이미 캐나다 선교사들은 과거 프랑스와 영국의 식민지 생활의 경험이 있었기에 이들은 한국인에 대해서 남다른 관심을 갖고 있었다. 나라 없는 백성이 얼마나 불쌍한가를 친히 체험했기에, 1912년 용정에 캐나다 선교부를 개설하고 이곳에 제동병원과 명신여학교를 차례로 설립하였다.

### 2) 명동과 윤동주

명동은 용정시에서 그리 멀지 않은 지역에 있는 한국인 집단촌이다. 구례선 선교사의 영향을 받았던 이 지역에 1908년 명동교회와 명동학교가 설립되었다. 이 지역으로 이주했던 함경북도 회령 출신인 김약연은 나라가 점점 기울어 가는 모습을 더 이상 참을 수 없어서, 30대의 젊은 청년의 몸으로 일가 친척 대부대를 이끌고 이곳에 정착을 하였다. 그 후 윤동주 저항시인의 할아버지 윤하영 장로 가족이 이곳으로 정착하였으며, 문익환 목사의 아버지 문재린 목사도 아버지 문치정을 따라서 이곳에 정착을 하였다. 이들 이외에도 많은 한국인들이 두만강을 넘어 명동촌으로 이주하면서 명동교회와 명동학교는 생기가 돌기 시작하였다.

명동학교는 김약연이 처음 학교를 설립할 때 이상촌을 만들어야 한다면서 사숙을 만들어 운영을 하였다. 그 후 이상설이 이 학교를 맡아 운영을 하다가 네덜란드 헤이그 밀사로 간 후 학교가 어렵게 되자, 정재면을 초청하여 학교를 명동학교로 개명을 하고 민족교육과 독립군 양성에 힘을 쏟았다. 여기에 이동휘가 합세하면서 국권회복운동을 용정을 중심하여 활발하게 전개하였다. 그는 가는 곳마다 이렇게 외쳤다. "무너져 가는 조국을 일으키려면 예수를 믿어라. 예배당을 세워라. 학교를 세워라. 자녀를 교육시켜라. 그래야 우리도 서양 문명국가와 같이 잘 살 수 있다. 삼천리 강산 한 마을에 교회와 학교를 하나씩 세워 3천 개의 교회와 학교가 이룩되는 날이 독립되는 날이다."

이렇게 용정 지방을 중심해서 강력한 강연을 하고 다닌 이동휘에게는 캐나다 선교사들의 적극적인 지원이 있었다. 용정시는 이미 캐나다 선교부가 자리를 잡고 있었기에 이 지역은 치외법권 지역이 돼서 감히 일본 헌병들이 진입할 수 없었던 지역이였기에 더 많은 한국인들이 모여들었다. 이 일로 용정교회도 부흥성장했으며, 명동교회도 점점 부흥성장하였다. 여기에 명동초등학교는 그 유명한 저항시인 윤동주와 통일의 역군 문익환 목사를 배출했다. 1931년 3월 20일 이 학교를 졸업하고 각자 민족운동에 힘을 쏟다가, 윤동주 시인은 도일하여 교토에 있는 도시샤(同志社) 대학 재학 중 일경에 체포되어 1944년 2월 후쿠오카 형무소에서 생체실험에 의해 사망을 했다. 그러나 그가 사망한 지 50년이 되던 해에 그가 다녔던 도시샤 대학 재일 코리아 도시샤 동문회와 학교 당국의 협력으로, 도시샤 대학 교회당 옆에 부활의 상징으로 그의 서시와 함께 기념비가 세워졌다.

> 죽는 날까지 하늘을 우러러
> 한 점 부끄럼이 없기를
> 잎새에 이는 바람에도
> 나는 괴로와했다.
> 별을 노래하는 마음으로
> 모든 죽어 가는 것을 사랑해야지.
> 그리고 나한테 주어진 길을
> 걸어가야겠다.
> 오늘 밤에도 별이 바람에 스치운다.

윤동주가 저항 시인으로서 일본 땅에 우뚝 설 수 있었던 까닭도 캐나다 선교사들의 헌신적인 선교적 삶에서 그 영향을 찾아볼 수 있다. 지금도 명동에 가면 김약연 목사가 목회했던 명동기독교회와 윤동주 생가가 나란히 있다. 이곳까지 선교사들이 드나들면서 성례전을 거행하고 성경을 가르쳤기에, 이때 배웠던 성경을 통해 먼 훗날 민족을 사랑하는 마음이 생겨나 윤동주나 문익환과 같은 한국 근대사에 한 획을 긋는 인물들이 나오게 된 것을 알 수 있다.

### 3) 연길교회와 박걸 선교사

간도 지방의 중심지는 용정이었다. 그러나 일제의 패망과 함께 일본 군국주의자들에 의해 세워졌던 만주국이 무너지면서 남하하지 못했던 많은 동포들이 연길에 모여들면서 연변조선족자치주가 되었다. 수도가 연길로 정해지면서 많은 동포들이 모여 살게 됐다. 연길교회의 시작은

1911년으로 거슬러 올라간다. 이곳에 최초로 교회를 설립한 이는 1911년 평안남도 평양에서 이주해 온 윤기연이란 성도가 국자가교회를 설립했던 것이 오늘의 연길교회가 됐다. 때마침 용정에 선교부를 설치하고 상주했던 바커(A. H. Barker, 이하 한국명 박걸로 표기) 선교사가 연길교회 당회장으로 일하며 책임지고 지도하면서 서서히 자리를 잡게 됐다.

이 무렵 평양 장로회신학교를 졸업한 김영재는 목사안수를 받고 간도지방의 순회 전도목사로 사역하면서 박걸 선교사를 돕고 나섰다. 이것이 인연이 되자 자연히 박걸 선교사는 용정교회, 명동교회, 연길교회 등을 관리하게 됐다. 1910년 한일합방이 이루어지자 사람들은 집단적으로 한국을 탈출하여 밤낮 가리지 않고 두만강을 건너 용정과 연길 쪽으로 모여들기 시작하였다.

이들의 친구가 됐던 박걸 선교사는 캐나다 출신으로 토론토 대학을 졸업하고 부인과 함께 함경북도 회령선교부, 성진선교부를 거쳐 용정선교부까지 오게 됐다. 한일합방이 이루어지자 많은 민족운동가들이 집단적으로 탈출하여 간도 지방인 용정과 연길에 자리를 잡았다. 이들과 함께하며 울면서 힘을 넣어 주었던 선교사가 박걸이였다. 이미 캐나다 선교부에서는 1910년 회령에 선교부를 설치하고 이곳에 선교사 주택과 병원을 설립하였다. 박걸 선교사 부부는 선교부의 명령에 따라 성진에 선교부를 개척하려고 준비하고 있던 차에, 1912년 나라를 잃어버린 한국 백성의 한을 알았기에 그는 스스로 국경지대인 회령을 찾아 나섰다. 그는 수없이 회령을 거쳐서 두만강을 건너가는 한국인의 모습을 보고 그냥 있을 수 없어서, 그도 1913년 6월 6일 한국인들과 함께 두만강을 건너 간도 지방의 중심지인 용정에 짐을 풀고 선교부를 개척하였다. 김영재 순회 전도목사는 박걸 선교사의 영향을 많이 받았다. 김영재는 우리 동포가 모여 사는 곳이라면 꼭 찾아가서 민족의식을 넣어 주었다. "여러분 우리가 나라를 뺏기고 이곳에 왔지만 언젠가는 우리에게도 독립의 날이 옵니다."

이런 말을 수없이 반복했던 결과로 1915년 연길교회에 정착을 했던 김내범 목사는, 용정에 자리 잡고 있는 용정선교부를 드나들면서 암암리에 독립운동을 계획하고 있었다. 이 지역은 치외법권 지역이였기에 독립운동은 그 어느 지역보다 활발하게 진행됐다. 민족운동의 요람지로 만들고 동포를 하나로 묶을 수 있는 구심점을 만들려고 '연변교민회'를 조직하였으며, 다시 '연변국민회'로 개명을 하고 민족구원에 대해서 수없이 부르짖고 다녔다. 여기에 박걸 선교사의 도움은 너무나 컸다. 일본 헌병이 가끔 용정을 순회하게 되면 박걸 선교사는 영어로 또는 한국어로 야단을 치고 있었다. "당신들 여기가 어느 땅인데 감히 일본 헌병들이 이곳을 넘나듭니까. 빨리 나가지 못해!"

이러한 말이 떨어지기가 무섭게 헌병들은 간도 지방을 빠져나갔다. 어느덧 간도 지방에도 남쪽에서 불어오는 3·1운동의 열기가 북상하고 있었다. 김내범 목사는 암암리에 용정에 장소를 정하고 1919년 3월 13일을 기해 간도 지방에 있는 각 교회 교인들과 또 연변국민회 회원을 동원하여 만세를 부르기로 하였다. 수많은 간도 지방 동포들은 손에 손에 태극기를 들고 용정 시장에 나타났으며, 시간을 맞추어 김내범 목사는 목청 높여 '대한독립선언서'를 힘있게 읽어 내려갔다. 어느덧 그의 목소리는 비암산에 메아리쳐 해란강 양 줄기를 따라 우리 동포가 모여 사는 마을 구석까지 울려 퍼졌다. 어느덧 독립선언서를 다 낭독했던 김내범은 더 큰 소리로 외쳤다. "대한독립만세, 대한독립만세, 대한독립만세."

이때 만세를 불렀던 간도 지방 동포들은 질서 정연하게 시가 행진을 하였으며, 일부는 비암산에 올라가 목이 터져라 만세를 불렀다. 여기에 용정 시내를 흘러 그 넓은 우리 동포의 삶을 적시던 젖줄기인 해란강까지 함께 만세를 부르면서 한국 민족으로 태어난 것을 자랑스럽게 여기며 만세를 불렀다. 참으로 감격스러운 순간이었다. 이러한 일을 할 수 있도록 했던 그 숨은 일꾼이 바로 박걸 선교사였다. 그 후 일제는 중국과 협의하여 용정에 일본 영사를 주재시키면서 일개 중대 헌병대가 자리를 잡게 됐다.

### 4) 일송정과 해란강

간도 지방에 살고 있던 우리 동포들은 3·1운동으로 힘을 과시한 그 실력을 갖고 1920년 그 유명한 청산리전투와 봉오동전투에서 승리를 이끌어 낼 수 있었다. 모두 간도 지방에 참가하여 만세를 불렀던 그 에너지의 힘이었다. 청산리전투는 김좌진 장군이 이끈 부대가 일본 군인을 단번에 물리침으로 승리로 이끌었으며, 홍범도 장군이 이끈 봉오동전투도 역시 승리로 이끌 수 있었던 힘은 연변에 살고 있는 우리 동포들의 힘이었다. 이후 일제는 1931년 만주사변을 일으키고 강제로 중국 동북부 3성을 통합하여 일본 관동군의 꼭두각시인 만주국을 만들고 말았다.

연변 지역에 있는 우리 동포들에게 희망과 용기를 주었던 박걸 선교사는 힘이 겹도록 우리 동포들을 찾아가 감싸 주고 위로해 주고 희망을 심어 주느라고 밤낮 가리지 않고 뛰어다녔다. 결국 그에게도 신체적인 무리가 와 쓰러지고 말았다. 그 병을 고치기 위해서 1923년 귀국하였지만 캐나다 의료진들은 그를 끝내 살려 내지 못하고, 1927년 토론토에서 비암산과 해란강에서 만세 부르는 우리 동포들의 목소리를 기억하며 생을 마감하였다. 그의 부인은 1929년 내한하여 성진선교부에서 잠시 활동을 하다가 원산여자성경학원에서 교장으로 활동을 했고, 무리한 활동으로 건강이 악화되어 1938년 9월에 귀국하였다.

그 후 간도 지방을 점령했던 일본 헌병들은 날마다 비암산 중턱에 있는 일송정에 올라가 한 그루의 소나무를 죽이기 위해서, 총알에 독약을 넣어 일송정에 있는 소나무를 향하여 총부리를 겨누었다. 일본 헌병들은 그 소나무를 우리 동포의 정신으로 보고 끊어야 한다고 생각하였다. 결국 총알에 의해 소나무는 죽고 말았다. 1933년 고국을 떠났던 21세의 청년 조두남은 "용정의 노래"(윤해영 작사)를 작곡을 하였고 후에 "선구자"란 노래로 온 국민이 함께 부르는 노래가 됐다.

일송정 푸른 솔은 늙어 늙어 갔어도
한 줄기 해란강은 천년 두고 흐른다
지난날 강가에서 말 달리던 선구자
지금은 어느 곳에 거친 꿈이 깊었나

룡두레 우물가에 밤새 노래 들릴 때
뜻 깊은 룡문교에 달빛 고이 비친다
이역 하늘 바라보며 활을 쏘던 선구자
지금은 어느 곳에 거친 꿈이 깊었나

룡주사 저녁종이 비암산에 울릴 때
사나이 굳은 마음 깊이 새겨 두었네
조국을 찾겠노라 맹세하던 선구자
지금은 어느 곳에 거친 꿈이 깊었나

이 선구자의 노래를 작곡했던 조두남은 평양 숭실전문학교에서 말스베리(D. R. Malsbary, 한국명 마두원) 선교사로부터 음악 이론을 사사받았다. 그가 모든 국민이 즐겨 부를 수 있는 일을 해 냈던 것도 선교사들이 가르친 민족정신에 의해서 이루어졌다는 사실은 부인할 수 없다. 조두남의 선친은 미국 콜럼비아 대학을 졸업한 엘리트 청년이었지만 안창호를 도와 독립운동을 하다가 평양형무소에서 옥사를 당했다. 이 일로 인하여 조두남은 남다른 열정과 애국심으로 이런 곡을 세상에 내놓게 됐으며, 지금도 절대 다수의 국민들이 즐겨 부르는 노래가 됐다.

## 4. 캐나다 연합교회 선교부와 장로교회 선교부

### 1) 연합교회

캐나다에 있는 장로교회와 감리교회, 회중교회가 1925년 6월 교파를 초월하여 캐나다 연합교회를 창설하였다. 이들은 한 하나님, 한 예수그리스도, 한 성령, 한 세례를 받은 형제자매들이 하나의 교파를 만드는 것을 주님의 뜻으로 알고 3개 교파가 연합하였다. 이에 따라 함경도와 간도 지방에서 활동했던 캐나다 장로교회 선교부에서는 이 지역을 중심해서 활동했던 이들의 입지가 교파연합으로 난처하게 됐다. 그러나 본국 교회가 연합한 이상 본국 교회의 지시에 따라야 한다면서 지지성명을 내자, 발빠르게 대한예수교장로회 총회에서는 연합교회와 지속적인 관계를 맺어야 한다며 협력 선교관계를 갖기로 하였다.

그러나 이러한 과정에서 몇 가지 문제가 발생하게 됐다. 캐나다 장로교회 선교사들 중 내한하여 어려운 역경과 고난을 헤치고 개척에 온갖 정성을 쏟았던 구례선 부부, 맥레, 부두일, 박걸, 업아력, 영(L. L. Young, 영재형) 선교사 등은 보수 정통성향을 지닌 선교사들이었다. 그리고 이외에 스코트(W. Scott, 서고도), 프레이저(E. J. O. Praser) 등과 같은 선교사들은 진보성향이 강한 이들이었다. 이로 인하여 본래 장로교회의 보수 전통신학 사상 위에 진보적 성향이 캐나다 선교 지역에 유입되면서 자연스럽게 캐나다연합교회와 유대를 갖게 됐고, 한국교회 신학사상에 영향을 주어 이 일로 교리이해, 성경연구 접근 방법이 과거 보수 정통에서 서서히 벗어나고 있었다.

그런가 하면 여기에 교파연합의 반발도 만만치 않았다. 업아력 선교사는 평양에 있는 장로회신학교 교수로 전임 활동을 하게 됐으며, 영재형 선교사는 계속 장로교회로 남겠다고 주장을 하였다. 한편 이로 인하여 본국과 한국교회에 미칠 영향을 생각해서 캐나다 장로교회에 소속되어 계속 선교사업을 하겠다는 영재형 선교사의 뜻을 지지하는 일부 선교사들은, 일본에 있는 우리 동포 선교사로 일하겠다면서 1926년으로 선교지를 옮기어 갔다.

캐나다 연합교회 소속 선교사로 남아 있던 이들은 함경남북도, 간도 지방의 선교를 맡아 많은 수고를 하였으며, 한편 이들의 새로운 신학 방법론과 사상 때문에 비교적 진보적인 인사를 많이 배출하게 됐다. 그러나 이들 역시 일제의 신사참배 강요와 강제추방으로 할 수 없이 고국으로 돌아갔지만 해방이 되자 다시 내한했다. 남북이 갈라져 있는 상황 속에서 함경도와 간도 지방을 갈 수 없었던 이들은, 서울에 머물면서 조선신학교를 지원하여 결국 예장에서 이탈, 한국기독교장로회(기장)로 나갈 때 캐나다 연합교회 선교사들은 기장과 자매관계를 맺고 많은 인적, 물적 지원을 하였다.

### 2) 캐나다 장로교회 선교부와 재일 동포

영재형 선교사는 1905년 부인과 함께 내한하여 함경도 여러 지역에서 선교사로서 교회 개척에 힘을 쏟았다. 그러나 1919년 뜻하지 않게 알 수 없는 병에 걸린 부인을 한국 땅에 묻어야 하는 슬픈 일도 만났다. 영재형 선교사는 1922년에 내한했던 폭스(M. Fox) 선교사를 만나 재혼을 하였다. 캐나다 장로교회의 파송으로 내한했던 영재형 선교사는 계속 한국에서 사역할 수 있도록 청원서를 제출했지만, 한국교회와 본국 장로교회에서 이를 거절하자 1927년 본국의 지원을 얻어 6명이 일본 고베(神戶)에 선교부를 개설하고, 재일 동포 및 재일 한국인 교회를 지원하게 됐다. 재일 한국인 교회는 1908년에 설립된 일본 도쿄(東京) 교회를 비롯해서 노동자를 중심으로 관서 지방에 한국인 교회가 하나둘씩 설립하게 됐다. 교역자는 거의가 한국교회에서 파송을 하였지만 그들의 힘은 연약하였다.

그러나 고베에 캐나다 장로교회 선교부가 설립되면서 6명의 선교사가 한국인 교회를 지원하면서 활발하게 활동을 하였다. 6명 중 고베에 4명, 나고야에 2명, 여기에 한국인 교역자들의 생활비를 담당하자 더욱 활기를 띠면서 멀리는 홋카이도 지방까지 교역자를 파송하였다. 이 일로 한국인 교회가 여기저기 생겨나자 영재형 선교사는 한국인 교역자와 의논하여 1934년 2월 21일 "재일본조선기독교대회"를 조직하고 초대 대회장에 영재형 선교사를 추대하였다. 그러나 이 일도 잠시뿐이었다. 일제는 한국교회를 탄압하면서 일본에 있는 한국인 교회도 탄압하여 해산을 당해야 하는 아픔이 있었다. 종래는 일본 기독교단에 예속되었으며, 영재형 선교사 등 캐나다 장로교회 선교사들은 모두 강제 추방을 당해야 하는 눈물겨운 일을 만나게 됐다.

그러나 일본의 패전으로 영재형 선교사는 다시 일본에 오게 됐으며, 그는 1950년 그렇게 사랑하는 재일 한국인 교회 곁에 영원히 살기를 바라, 일본에서 생을 마감하고 양지바른 고베 외국인 묘지에 그의 시신을 안장하였다. 이렇게 생을 마감했던 영재형 선교사는 재일 한국교회 교인들의 아버지로 추앙을 받았다. 폭스 선교사도 남편을 내조하면서 일본 선교에 큰 업적을 남기었다.

캐나다 함흥선교부를 개설한
마구례 선교사

간도 용정선교부를 개설한
노아력 선교사

동만 노리 창설자인
서고도 선교사

1910년 캐나다 여자선교사들이 설립한 원산 마르다 여자신학원(1934, 교장 박걸 부인 선교사)

1920년 박걸 선교사가 설립한 간도 용정 은진중학교

1913년 박혜선 선교사가 설립한 간도 용정 명신여학교

1909년 영재형 선교사가 설립한 함흥영생학교(1934)

1924년 캐나다 장로교 선교사 영재형 등 일부가 연합선교부에 선교지를 양도하고
재일한국인 선교 지원을 하다(앞줄 왼쪽부터 4번째가 영재형 선교사).

# 8부 일본인 선교사들

1. 승송 선교사
2. 오다 목사
3. 승부 장로

# 8부
# 일본인 선교사들

## 1. 승송 선교사

### 1) 승송 선교사의 사죄

　노리마쯔(乘松雅休)를 가리켜 수원 지방 사람들은 승송 목사라 부른다. 그는 일본 메이지 학원대학 신학부에 재학 중 영국의 프리머스에서 파송한 브렌드(H. G. Briend) 선교사의 영향을 받고 프리머스 형제교회로 이적을 하면서 신학부를 중퇴하고 한국 선교를 위해서 준비하고 있었다. 그가 한국 선교를 위해서 준비하게 된 동기가 있다. 1894년 청일전쟁이 일본의 승리로 끝나자 일본은 한반도에 대한 기득권을 누리면서 한국을 위협하고 나섰다. 이러한 일이 있은 지 얼마 안 된 1896년 10월 일본 군인들과 일본 불량배들이 왕실을 침범하여 명성황후(閔妃)를 무참하게 살해하고, 시신을 알아볼 수 없도록 불로 태워 버린 끔찍한 사건을 저질렀다. 이 일로 한국인들은 일본인들에 대한 적대심이 그 어느 때 보다 강하였다.
　이러한 사실을 안 승송은 크리스천으로서 더 이상 침묵만 지킬 수 없어서 한국인들에게 사죄를 하고, 힘과 소망을 잃고 있는 한국인들에게 기독교 신앙으로 이들을 돌보아야 한다면서 그해 12월 23일 혹독한 겨울 북풍을 맞아 가면서 인천항에 내렸다. 인천에서 어느 마부의 말을 타고 서울을 향하고 있었는데 이미 한강 물은 온통 얼음으로 변한 지 여러 날이 지났다. 이러한 한강을 말을 타고 건넜던 승송은 마부에게 하늘을 가리키면서 몇 번이고 "하나님, 하나님" 하고 외쳤는데 마부는 이것을 보고 하나님을 믿으라는 줄 알고 그 자리에서 첫 신자가 됐다. 서울에 도착한 승송은 곧 서울에 조그마한 여인숙에 자리를 잡고 여인숙 주인의 도움으로 한국인 젊은 청년 조덕성(曺德成)을 소개받고 한글을 배웠다. 승송은 조덕성의 안내를 받아 노방 전도를 나갈 때마다 좋은 도움을 받았지만, 보는 사람마다 조덕성과 승송을 싸잡아 욕을 하는 사람들이 한둘이 아니었다. 이러한 냉대 속에서도 조금도 한국인에게 화를 내지 않고 주님이 지신 십자가를 생각하면서 더욱 한국인을 사랑하면서 전도를 하였다.

　조덕성은 자신의 일 때문에 승송 곁을 떠나게 됐으며, 승송은 원래 어학에 재간이 있어서 쉽게 한글을 터득하고 혼자서 한국어를 자유롭게 구사할 수 있게 되었다. 때마침 일본에서 선교하던 브렌드 선교사가 한강 이북인 서대문에 자리를 잡자 승송은 한강 이남인 수원 북문 밖 홍은문 쪽에 자리를 잡고 수원에서 전도 활동을 하였다. 그는 항상 수원 장날이 되면 한쪽 구석에 자리를 잡고 한글판 쪽복음을 팔았다. 어느덧 그 혹독한 겨울도 가고 서서히 봄날이 돌아오자 그는 선교활동의 범위를 넓히기 시작하였다. 경기도 장호원 쪽까지 가서 전도를 하였는데, 항상 잠자리가 걱정이었다. 누구든지 왜놈이라면서 그 흔한 사랑채에서도 잠을 재워 주지 않았다. 할 수 없이 굴뚝이 있는 곳으로 몰래 들어가 그 굴뚝을 껴안고 잠을 잤던 일이 한두 번이 아니었다. 때마침 모를 심는 계절을 만나 승송은 흡족히 배를 채울 수 있는 계기를 마련하게 됐다. 낮에는 들녘에 나가 못줄을 잡아 주고 중간 세참과 점심, 저녁까지 얻어먹을 수 있었으니 그 이상 행복한 시간을 얻어 본 일이 없었다고 훗날 그의 일기에 기록하고 있다. 그리고 항상 한국인에게 명성황후 살해한 사건에 대해서 사죄를 구하고 한편 예수님의 사랑을 전하였다.

### 2) 사랑을 실천한 승송

승송은 수원에 자리를 잡은 후에 일시 귀국하여 1900년 일본인 사도(佐藤常子)와 결혼을 하고 즉시 수원에서 신혼살림을 차렸다. 그런데 신혼차림이라고는 솥단지, 이부자리, 승송 목사가 자신의 집회소에 심어 놓은 감나무가 전부였다. 성도들이라고는 수원을 비롯해서 그의 삶을 눈여겨보았던 한국인 몇 사람이 신도의 전부였다. 어느 날 한국인 청년이 승송 목사 집에 찾아왔다.

"점심식사를 하셨습니까?"

당시 한국에서는 아침에 만나면 첫 인사가 아침을 먹었느냐, 저녁에 만나면 저녁밥 먹었느냐가 하나의 인사였다.

"아직 점심을 먹지 않았습니다."

이때 승송 목사는 즉시 부인을 불러서 "한국 청년이 점심을 먹지 않았다고 하니 빨리 점심을 지어서 대접을 해야겠습니다."

이 말을 들은 승송 목사 부인은 보통 걱정이 아니었다. 이미 쌀독에는 한 톨의 쌀도 없었다. 그렇다고 쌀이 없다고 말할 수 없는 딱한 처지에 놓이게 됐다. 할 수 없이 승송 목사 부인은 즉시 수원시장으로 달려가서 자신의 머리를 가위로 잘라, 그 머리 값을 받아서 양식을 사서 한국인 청년을 대접했다는 이야기가 있다. 그 후 승송 목사 부인은 머리가 자라도록 항상 수건을 쓰고 다녔다고 한다. 어느 해 가을에 승송 목사가 자신의 마당에 심었던 감나무가 무럭무럭 자라 감이 많이 열렸다. 승송 목사는 감나무에서 감을 다 딴 후에 절반을 이웃에 있는 아주머니를 찾아 전달해 주었다. "아주머니, 우리 집 감나무 뿌리가 아주머니 마당 깊숙이 뿌리 안고 이렇게 잘 자라서 감이 많이 열렸는데 이 감 절반은 아주머니 몫입니다." 이 말을 듣고 있던 아낙네는 몇 번이고 고맙다고 답을 하면서 받았다고 한다. 이렇게 해마다 열린 감 절반은 이웃 아주머니의 몫이라면서 전하자 그녀 또한 승송 목사의 사랑에 놀라 교인이 됐다.

### 3) 부인을 한국 땅에 묻고

그런데 그렇게 열심히 내조로 힘을 쏟았던 승송 목사 부인이 그만 영양실조로 하나님의 부르심을 받고 말았다. 다른 선교사들처럼 만족할 만한 선교비가 오지 않았고, 가끔 그를 돕는 지원자들에게 얼마의 선교비를 받았으나 그 선교비도 가정 생활비로 사용하지 않고, 가난한 한국인 이웃에게 전부 나누어 주어서 결국 부인은 영양실조로 남편과 아들 유신, 의생, 딸 조자, 순자를 남겨 두고 한국에서의 삶을 마감하고 말았다. 그녀의 시신은 그녀가 사역했던 수원교회 뜰 옆에서 시신을 화장하고 매장을 하였다.

승송 목사는 부인의 몫까지 일을 해야 한다며 경기도 장호원, 안성 등지에 교회를 설립하였으며, 멀리는 경북 경주, 충북 음성, 경기도 개성 등 38개 지역에 교회를 개척하고 400여 명의 신도를 얻기도 하였다. 이렇게 많은 활동으로 여기 저기 교회가 설립된 것은 그의 희생적인 결과에 의해서였다. 결국 이 일로 결핵을 얻고 이 이상 활동을 못하고 고향 오다하라(小田原)에서 치료를 받으면서 요양을 하였지만, 역시 1922년 하나님의 부르심을 받고 말았다. 그의 유언대로 그의 시신을 화장해서 부인이 잠들고 있는 수원교회 뒤뜰에 함께 묻었다. 그리고 주님의 부활만 기다리고 있다. 신도들은 그의 희생적인 삶을 그냥 놔둘 수가 없어서 그의 무덤 앞에 기념비를 세우고 다음과 같은 글귀를 돌비에 새겨 두었다.

> 살아도 주를 위해 살고 죽어도 주를 위해
> 시작도 사람을 위해 그 생에 충애(忠愛)뿐
> 몸소 사랑을 띠고 그 모든 소유를 버리고

부부 한마음으로 복음을 한국에 전하였노라.
심폐(心肺)의 모진 아픔, 피골이 얼고 주려
수족은 병으로 어우러져 그 한국에서의 희생 극심하도다.
그러나 그 거동이 오직 의지하여 쓰고 단 즐거움으로
바꾸려 하지 않고 그 생애는 기도와 감사만이로다.
우리 많은 형제를 얻고 주와 함께 모이고 주의 영광이로다.
임종하는 말에 한국 형제 일을 잊지 않고
그 뼈를 한국에 남기기를 원하였노라.
이에 우리의 심비(心碑)를 삼는 까닭이며
주의 재림 날에 이르리로다.

승송 목사가 33세의 나이로 생을 마감했지만 한국의 교인들은 기독동신회(基督同信會)란 이름으로 일본 교회와 교류를 하면서 승송의 정신을 이어가고 있다. 한때 한국에서 선교사로 활동했던 브렌드는 다시 중국에 가서 선교활동을 하였다. 그도 1942년 74세의 나이로 고향 영국에 귀국하여 생을 마감하였다. 비록 그는 한국을 떠났지만 기독동신회의 정신을 한국에 심고 간 그 믿음을 많은 회원들이 지금도 그리워하고 있다.

## 2. 오다 목사

### 1) 주지의 아들로 태어난 오다

한국에서는 오다(織田尊次) 목사를 전영복(田永福) 목사라 부른다. 그는 1908년 일본 효고겐(兵庫縣)에서 상창원(常昌院) 주지의 10남매 중 막내로 출생하였다. 그의 아버지는 막내 아들 오다에게 절간을 맡기려고 상창원에 기거하면서 이다미 중학교를 다니게 하였다. 그러나 그는 늘 불교에 대해서 회의적인 생각을 갖고 있었다. 중학교 5학년 어느 날 승복을 입은 채 발을 매고 고베(神戶) 거리를 방황하고 다니고 있을 때에 노방 전도대의 안내를 받아 고베 그리스도 교회를 들어갔다. 때마침 말씀을 전하는 호리우치(屈內) 목사의 설교에 감화를 받고 예배가 끝날 무렵 발과 승복을 벗어버리고 교회에서 호리우치 목사와 함께 생활하게 됐다. 이때 오다는 기독교를 통해 자기 인생이 어디로 가야 하는가 하는 진리를 깨닫게 됐던 것이다. 호리우치 목사의 가르침을 받고 승려가 되는 것을 포기하고 전도자가 되겠다고 결심한 그는, 영국 박스톤 선교사가 운영하는 간사이성서학사(關西聖書學舍)에 입학을 하여 2년간 교육을 받았다. 교육을 받은 방과후는 항상 노방전도대에 편성되어 다른 학생들과 함께 전도를 열심히 하였다. 그러던 어느 날 고베 그리스도 교회에서 뜻하지 않게 한국에서 온 유학생을 만났다. "오다군, 일본인들이 3·1운동 때 독립만세를 불렀다 해서 얼마나 많은 사람을 죽인 줄 아세요? 우리 아버지도 일본 순사의 총탄에 쓰러지고 말았어." 이 말에 놀란 오다는 "미안합니다. 나는 지금까지 그런 엄청난 일들을 일본인이 저지른 것에 대해서 전혀 모르고 있었습니다." 이때부터 오다는 생각을 바꾸었다. 원래 아프리카 쪽 선교사로 가려고 준비하고 있었는데 갑자기 급선회하여 한국 선교사로 지원을 하게 됐다. 당시 학교장은 오다가 한국 선교사로 간다는 말에 반대하고 나섰다.

### 2) 자비량으로 한국에 온 오다

"오다 전도사, 한국은 일본인 식민지로서 일본인이 얼마나 악한 일을 했는데 그러한 곳에 가려고 하나. 모두들 이 일을 말리고 있지 않나." 이러한 말을 들으면 들을수록 그는 교회당에 나가 기도를 하였다. "하나님, 저는 일본인으로서 한국인에게 일본인의 죄과에 대해 사죄를 구하면서 선교활동을 하겠습니다. 성령의 도움이 필요합니다." 그에 행동에 놀란 학교 당국이나 동료들이 모두 냉대하고 있었다. 그러나 오다는 이미 하나님과 약속을 하였기에 이 일을 행동으로 옮기기 위해서 우선 이발 기술을 배웠다.

모든 기술을 다 배운 오다는 고베에서 목포로 가는 화물선에 무조건 승선하여 그곳에서 승무원들에게 이발을 해 주고 무임으로 목포항까지 무사히 도착을 하게 됐다. 이때 그는 한국 유학생이 안내해 준 대로 그 유학생 집을 찾아갔으나 발도 못 붙이게 하면서 "빨리 나가지 못해! 왜놈이 여기가 누구의 집이라고 들어오려고 해!"라며 쫓아냈다. 이 말에 겁이 났던 오다는 그날로 걸어서 광주에 있는 일본인 호리네스(성결) 교회에 도착을 하였다. 얼마 동안 그곳에 머물면서 어느 정도 한국인의 마음을 헤아릴 수 있었다.

그는 원래 돈 없이 선교사로 나왔기에 서울까지 가는 여비가 없었다. 그래서 그는 1개월간 걸어서 서울에 도착했다. 밤이 되면 다리 밑에서 한국인 거지들과 함께 먹고 자고 하며 서울 황금정통(지금 을지로 3가 뒷골목 동네)에 자리 잡고 있는 일본인 와카구사죠(若草町) 교회를 방문하였다. 이때 초인종 소리를 듣고 나갔던 목사 부인은 오다를 보는 순간 깜짝 놀라고 말았다. 온 몸에 이로 가득 차 있었기 때문이다. 밖에서 옷을 벗고 털었지만 너무나 많아 할 수 없이 목사 부인은 그 옷을 벗어서 버리게 하고 새 옷을 주고 목욕탕에서 목욕을 하고야 맞이하게 됐다. 약 1개월간 일본인 교회 목사 사택에 머물면서 한국인이 모여 사는 종로통에 나가 전도를 하는데, 한국어가 잘되지 않아 의사 소통에 많은 어려움이 있었다. 그래서 오다는 할 수 없이 초등학교 국어 교과서 1권을 배낭 속에 넣고 서울을 떠나 기차로 원산까지 갔다. 거기에는 아직 철도가 준비되어 있지 않기 때문에 함경북도 길주(吉州)까지 걸어서 갔다. 그곳에서 얼마 동안 한글을 독학으로 배우면서 주을(朱乙)을 지나 탄광지대까지 찾아 나섰다. 그런데 탄광에서 그리 멀지 않은 굴에서 기도하던 중 방언이 터지자 한국어를 자유롭게 말할 수 있게 됐다. 그는 곧바로 주을 시내로 내려가 주을교회를 찾아가 자신을 소개하고 간증할 수 있는 시간을 얻게 됐다. 이때 오다는 한국어에 대한 자신감을 갖고 다시 청진에 있는 신암교회에서 또 간증설교를 하였다.

오다는 국경지대까지 가서 복음을 증거하였다. 압록강의 많은 일본인 병사들의 삼엄한 경계 속에서도 마을을 찾아다니면서 전도를 하다가 결국 일본 형사대에 의해 체포를 당하였다. "당신 스파이 아니오? 바른대로 말하지 않으면 여기 경찰서 감옥에 구속을 시킬 겁니다." 오다가 몇 번이고 복음을 전하기 위해서 한국에 왔다 해도 아무 소용이 없었다. 얼마 동안 경찰서 감옥에 갇혀 있을 때 오다는 서울 중부경찰서 서장 부인에게 조그마한 쪽지를 전해 달라는 부탁을 했고 어느 간수가 그 쪽지를 전달해 주었다. 그때 중부경찰서 서장 부인은 와까구사쵸 교회 교인이었기에 그의 신분 보장으로 풀려났다. 오다는 자신감을 갖고 압록강에 널려 있는 만포진으로부터 시작해서 구성, 위원, 삭주 등 여러 지방을 다니면서 복음을 전파하였다. 한번은 평북 정주 오산학당에서 조만식 장로의 초청을 받고 그곳에서 강연을 하다가 오산학당 학생들에게 봉변을 당한 적도 있었다.

### 3) 경성복음교회 설립

오다는 서울 서대문구 현저동에 사는 가난한 한국인들에게 복음을 전해야 한다면서, 부인이 결혼 준비금으로 가지고 온 돈으로 남대문 시장에 나가 천막과 손수레를 사서 천막을 끌고 다니면서 전도강연회를 시작하였다. 오다는 거기서 경성복음교회와 경성복음학교를 설립하였다. 주일이면 가난한 현저동의 한국인들이 모여들었으며, 평일에는 가난하여 학교에 다닐 수 없는 아이들을 모아 놓고 교육을 시키기도 하였다.

오다는 2년제 성경학교를 졸업하였기에 서울에 있는 성결교회가 운영하는 경성신학교 3학년에 편입하여 신학을 공부하면서 여전히 천막을 끌고 다니며 복음전도에 힘을 쏟고 있었다. 한편 일본 고등계 형사들은 그의 행동에 대해서 늘 감시하였다. 혹시 사회주의운동에 참여하는 전도인이 아닌가 하고 의심을 갖고 그를 미행하고 다녔다. 그럴 때마다 중부경찰서 서장 부인의 도움을 받으면서 신분의 보장을 철저히 받았다.

오다는 신학교에 다니고 경성복음교회를 이끌고 가면서, 또한 현저동에 사는 어린 초등학교 학생과 한글을 모르는 아주머니까지 오게 하여 열심히 교육을 시키고 있었다.

### 4) 추방을 당한 오다

1937년 7월 7일 중일전쟁이 일어나자 일제의 한국교회에 대한 감시가 더욱 심해졌다. 여기에 일본 교회 지도자들은 한국교회를 방문하면서 신사참배에 대한 이야기를 공식 석상에서 말을 하기도 하였다. 이 무렵 오다는 한국 성결교회로부터 목사안수를 받았다. 그런데 1938년에 접어들면서 한국교회는 신사참배에 대해서 잘 알지 못했기 때문에 평양 시내 있는 목사 및 신도, 여기에 숭실대학생까지 포함해서 숭실대학 강당에서 오다 목사를 초청하여 "신사는 종교인가, 아닌가"라는 주제로 강연을 부탁하였다. 이때 강당에는 6천여 명의 목사 및 일반 신도들이 초만원을 이루었다. 여기에 일본 고등계 형사들도 함께 참석을 하였다.

오다 목사는 입을 열자마자 "일본 신사는 일본 국가가 운영하는 종교입니다."라는 말에 6천여 명이 한결같이 그의 말에 동의를 하듯이 박수를 보내었다. 일본 고등계 형사들이 강연을 제지할 만한 분위기가 되지를 못하였다. 강연이 끝나자 오다는 곧 평양경찰서에 연행을 당하고 말았다. 몇 일간 조사를 받은 후에 곧 서울로 이송되면서 서대문형무소에 수감되고 말았다. 오다 목사가 수감됐다는 말이 일본인들 사이에 널리 알리어졌다. 약 6개월 동안 서대문 형무소에서 수감 생활을 하고 있을 때에 역시 중부경찰서 서장 부인이 신분 책임을 지고 빼 낼 수 있었지만 "오다 목사님, 가족을 이끌고 일본으로 가라는 추방명령이 내려졌습니다."라고 말하였다. 할 수 없이 경성복음교회와 경성복음학교도 문을 닫고 말았다. 오다 목사는 가족을 이끌고 도쿄에 머물게 됐는데 때마침 가와시마(河島) 한인교회의 청빙을 받고 그곳에서 목회를 하다가 전쟁의 막바지에 군에 입대하였다. 일본이 패전하자 곧 군복을 벗고 후쿠오카에 자리를 잡아 귀환하는 한국인 동포들을 돌보느라고 많은 수고를 하였다. 일제 말엽에 문을 닫았던 후쿠오카 한인교회를 다시 열고 목회를 하다가 1948년 교토 한인교회 청빙을 받고 22년간 목회를 하고 1970년에 교토 교회를 마감하고 명예목사로 추대를 받았다. 그 후 자진하여 한국인 교회가 없는 지역에 가서 교회를 설립하는 등 많은 일을 하였으며, 1973년에는 김대중 납치 사건이 일어나자 '김대중 선생 지키는 회', '재일 한국인 인권운동'을 하다가 1980년에 생을 마감하였다.

## 3. 승부 장로

### 1) 고창고보와 오산학당 설립

마쓰도미(富左衛門) 장로는 한국에서 승부 장로라고 불리고 있다. 일본인들이 호남평야를 점유하기는 1890년으로 거슬러 올라간다. 많은 일본인들이 호남 들녘을 가로지르면서 닥치는 대로 싼값에 농토를 구입하였고, 일본 규슈 지방에 있는 많은 농민들이 일본인 농장에서 농사일을 하다가 호남에 진출을 하였다. 그런데 이중 승부 장로는 전북 고창군 부안면 오산리의 아주 오지로 소문난 지역에 사과밭을 일구어 가면서 오산리에 사는 가난한 농민들에게 일할 수 있는 기회를 마련해 주었다. 그가 오산에 자리를 잡은건 1912년이었다. 이곳에 오자마자 오산교회를 설립하고 다시 오산학당을 설립하여 이 지역 청소년들을 모아 놓고 교육을 시키었다.

승부 장로는 이와 같은 일을 하기 위해서 많은 기도를 하던 중 서울에 가서 기호학교(현 중앙고등학교) 졸업반에 있던 윤치병, 양태승, 이미 학교를 졸업하고 사회생활을 하고 있던 김영구 등 세 사람을 불러 오산에 가서 그의 이상을 말하고 그들을 일본 고베 중앙신학교에 유학시켰다. 유학을 마치고 귀국한 세 청년에게 각기 임무가 맡겨졌다. 양태승은 오산학당 학당의 직책을 주었으며, 윤치병은 오산교회 전도사로, 김영구는 오산교회 주일학교 교장 겸 오산학당 사감으로 임명을 하였다. 오산 사과밭에 일하는 오산리 사람들은 주일이면 오산교회에서 예배드리며, 자녀들은 학문을 배우는 아주 평화로운 마을로 소문이 나 있었다.

승부 장로는 세 청년을 모아 놓고 매일 아침마다 기도회를 갖고 조선이 언젠가는 독립하는 날이 올 것을 미리 예언하면서, 로마서 강의를 직접 승부 장로가 맡아 강론을 하였다. 오산교회는 교인이 점점 많아지기 시작하였으며, 오산학당도 학생들이 모여들기 시작하였다. 이 무렵 승부 장로는 고창의 유지를 만나 오산학당 운영에 대해서 의논을 하였다. "제가 이 학교를 운영하면 오해의 소지가 많음으로 제가 재단 기금 일부를 부담할터니 군민들이 나서서 얼마의 자금을 내놓고, 오산학당을 고창군민이 운영하는 학교로 만들려고 하니 적극 협력해 주시면 대단히 감사하겠습니다." 이 이야기에 놀란 고창군민들은 승부 장로의 뜻을 알고 얼마의 재단형성에 필요한 자금을 모으기 시작하였다. 고창군민들의 적극적인 참여에 감동이 됐던 승부 장로는 곧 재단을 형성하고, 학교를 오산에서 고창읍내로 이전하고 빨간 벽돌로 건물을 짖기 시작하였다. 이러한 광경을 멀리서 바라보던 고창군민들이 감동이 되어 너도나도 참여하겠다 하여 학교 건물은 빨리 올라가 어느새 2층 교실까지 완공을 보게 됐다. 1921년 3월 초에 학교 건물을 완공하고 조선총독부로부터 고등보통학교 허가 1호로 받았다. 그해 3월 말일경 조선총독인 사이토가 직접 고창에 내려와 고창고등보통학교 문을 여는 날 동참할 정도였으니 승부 장로의 실력이 어떠했는가를 잘 보여 주는 장면이다.

그 시골에 고등보통학교가 세워진다는 것은 상상도 못할 일이었다. 그 후 각 지방에 경성고보를 비롯해서 평양고보, 대구고보, 광주고보, 전주고보, 부산고보 등이 차례로 문을 열었다. 이때 이 학교는 고창군민들이 설립했기에 군민들의 추대를 받아 승부 장로는 이 학교의 이사장이 됐으며, 오산학당장 양태승은 고창고보 교장이 됐다. 그 후 김영구 전도사는 서울 승동교회에 청빙을 받고 그 교회에서 목사안수를 받았으며, 윤치병 전도사도 서울 안동교회의 청빙을 받고 역시 목사안수를 받아 안동교회 담임 목사가 됐다. 승부 장로와 고창군민들이 하나가 되어 설립했던 고창고보는 전국에서 우수한 학생뿐만 아니라 항일운동을 하다가 퇴학을 맞게 되면 의례 이 학교에 찾아와 편입을 하는 일들이 많았기에 자연히 일제에 대한 저항운동이 남다르게 강하였다.

### 2) 승부 장로는 어떤 분인가

그는 일본 시모노세끼(下關) 상업학교를 졸업하고 청일전쟁 시 경리장교로 한국에 왔던 일이 있었다. 그 후 군에서 제대를 하고 도쿄에 있는 와세다(早稻田) 대학을 졸업하고 우연히 고창을 방문할 일이 있어서 고창군 부안면 오산리에 사는 마을 주민을 보고, 이곳에 이상촌을 건설하겠다는 마음을 갖고 자신의 집에서 운영하는 양조장을 팔아 한국 고창과 김제 봉월리에 농토를 마련하게 됐다. 그 후 그는 도쿄로 이사를 한 후 도쿄 시나노죠 교회에 출석하여 장로가 됐으며, 이때부터 그는 의식을 전환하기 시작하였다. 그래서 그는 고창에 오산교회와 김제에 봉월교회를 설립하고 한국인 농부들과 함께 일을 하면서 한국인을 많이 돌보기 시작하였다. 그 중 그의 제자인 김영구 목사가 승동교회에서 설교하던 중 갑자기 뇌출혈로 생을 마감하게 되는 비극을 만나게 됐다. 이러한 소식을 들었던 승부 장로는 김영구 목사 부인 박세라에게 매월 얼마의 생활비를 보낸 일이 있었다. 박세라는 남대문에 있는 세브란스 병원 청소부로 일을 하면서 거기에서 얻어진 일부의 돈과 승부 장로가 보낸 돈을 합쳐서, 중량교 건너 봉화산 아래 자리 잡고 있는 먹골에 땅을 사서 배를 재배하면서 살아갈 수 있었다. 세월이 흘러 바로 그 땅 위에 김영구 목사의 아들 김종수는 늦게 신학을 하고 어머니의 사랑을 잊을 수가 없어서 김영구 목사의 '영' 과 어머니 박세라 '세' 자를 따서 '영세교회' 를 설립하게 됐다.

한국 정부에서는 승부 장로가 희생적으로 교육에 헌신했다고 하여

1998년 김대중 대통령이 교육공로 훈장을 준 일이 있었는데 일본인으로서는 처음 있는 일이었다고 한다. 전북 고창에 이처럼 인물이 많이 나오게 된 배경에는 승부 장로의 숨어 있는 공이 컸음을 모두들 이야기하고 있다. 승부 장로는 고창 지방에서 일본 도쿄에 유학을 갔다온 학생들에게는 매년 성탄절과 신년을 꼭 자신의 집에 초청을 하고 열심히 공부해서 먼 훗날 한국이 독립되면 훌륭한 일꾼이 되라는 부탁을 혀가 닳도록 하였다고 한다.

수원에서 활동했던 일본인 전도자 승송 목사

일본인 오다 나리찌 목사 부부

1912년 전북 고창군 부안면 오산리에 오산교회와 오산학당(현 고창고등학교)을 설립했던 승부 장로

오산학당 건물과 학생들

부록

연대표
참고문헌

# 부 록
## 연대표

| | | | |
|---|---|---|---|
| 1832. | 7. | 27. | 네덜란드 선교회 소속 귀츨라프 선교사 충청도 홍주성 성주에게 선교 시도 |
| 1866. | 9. | 4. | 토마스 선교사 평양 대동강에서 순교 |
| 1876. | 봄 | | 이응찬, 백홍준, 이성하, 김진기 만주 영구에서 매킨타이어 선교사로부터 최초로 세례받음 |
| 1882. | 봄 | | 심양에서 로스 역인 누가복음, 요한복음 발간 |
| | 5. | | 한미수호통상조약 체결 |
| | 10. | 20. | 인천에서 이수정 신사유람단 비수행원으로 도일 |
| 1883. | 4. | 29. | 이수정 일본에서 야스가와 목사와 녹스 선교사의 집례로 세례 |
| 1884. | 6. | 24. | 일본 주재 미국 감리교회 선교사 맥클레이 입국하여 김옥균의 주선으로 고종 황제 알현 |
| | 9. | 20. | 미국 북장로교회 의료선교사 알렌 입국 |
| | 겨울 | | 중국 길림성 즙안현에 조선족 교회 설립 |
| 1885. | 2. | | 이수정 일본 요코하마에서 마가복음 1천 부 번역 출간 |
| | 4. | 5. | 미국 북장로교회 언더우드, 감리교회 아펜젤러 선교사 입국 |

|          |       |     |                                                                      |
|----------|-------|-----|----------------------------------------------------------------------|
|          | 4.    | 9.  | 알렌 선교사 광혜원 개원 진료 실시                                      |
|          | 8.    | 3.  | 아펜젤러 배재학당 설립                                                |
| 1886.    | 2.    |     | 언더우드 경신학당 설립                                                |
|          | 5.    | 31. | 스크렌톤 부인 이화학당 설립                                           |
| 1887.    | 봄    |     | 엘러스 정동여학당 설립                                                |
|          |       |     | 보구여관(현 동대문이대병원) 설립                                      |
|          |       |     | 언더우드, 아펜젤러, 스크렌톤, 헤론 등 성서번역위원회 조직              |
|          | 9.    | 14. | 새문안교회 설립                                                       |
|          | 10.   | 9.  | 정동감리교회 설립                                                     |
| 1888.    | 1.    |     | 최초의 유년부 교회학교가 스크렌톤 부인에 의해 출발                    |
| 1889.    | 10.   |     | 호주 장로교회 선교사 데이비스 남매 입국, 오빠 데이비스 사망, 마펫 선교사 입국, 미국 침례교 선교사 펜윅 입국 |
|          | 12.   | 8.  | 미국 북장로교회와 호주 장로교회 선교부가 협의하여 연합선교공의회 조직 |
| 1890.    | 7.    |     | 의료선교사 헤론의 사망으로 그 시신을 서울 합정동 양화진에 안치        |
|          | 9.    |     | 영국 성공회 선교사 입국                                                |
| 1891.    | 1.    | 15. | 부산진교회 설립                                                        |
|          | 10.   |     | 호주 장로교회 선교사 남녀 4명 입국, 경남 지방 선교담당                |
| 1892.    | 10 – 11. |  | 미국 남장로교회 7인 선교사 입국, 호남 지방 선교담당                   |
| 1893.    | 1.    | 28. | 선교 구역 분할 협정 체결                                               |
|          | 4.    |     | 장로교회 미션 연합공의회 조직, 장·감선교부 연합으로 평양 기홀 병원 개원, 부산 일신병원 개원 |
|          | 6.    |     | 이눌서 선교사 전주 서문교회 설립                                       |
|          | 12.   |     | 캐나다 매켄지 선교사 단독으로 입국                                     |
| 1894.    | 1.    | 8.  | 평양 장대현교회 설립                                                   |

|         |     |     |                                                                                     |
|---------|-----|-----|-------------------------------------------------------------------------------------|
|         | 봄   |     | 군산 구암병원 개원, 평양 숭실학당 설립                                                |
| 1895.   | 10. |     | 미국 남감리교회 리드 선교사 입국                                                     |
| 1896.   | 겨울 |     | 일본인 전도자 노리마쯔 수원에서 선교활동                                              |
| 1897.   | 2.  | 2.  | 감리교회에서 「조선그리스도인회보」 창간                                               |
|         | 4.  | 1.  | 장로교회에서 「그리스도 신문」 창간                                                   |
|         | 봄   |     | 감리교회 서울구역회 조직, 하리슨 선교사 전주 예수병원, 배유지 선교사 목포교회 설립, 오웬 선교사 목포 진료소 개원 |
|         | 9.  |     | 미국 남감리회 중국 연회에서 한국 지방회를 조직                                        |
|         | 12. |     | 미국 남감리회 한국 지방회를 한국 선교회로 개칭                                         |
| 1898.   | 1.  |     | 러시아 정교회 알렉세예프 선교사 입국                                                  |
|         | 9.  |     | 캐나다 장로교회 선교사 4명 입국, 함경도 지방 선교담당, 원산 구세병원 개원              |
| 1899.   | 봄   |     | 대구 동산병원 개원                                                                   |
| 1900.   | 봄   |     | 일본 요코하마에서 신약전서 완역, 37,000부 발간                                        |
| 1901.   | 1.  |     | 미국 감리회 김창식, 김기범 최초로 목사안수, 미국 감리회 서지방회(인천 중심), 북지방회(평양 중심), 남지방회(서울 중심) 등 3개 지방회 조직 |
|         | 봄   |     | 평양 마펫 선교사 사랑채에서 장로회신학교 개교, 선천 미동병원 개원                     |
|         | 9.  |     | 장로공의회 조직                                                                      |
| 1903.   | 10. | 28. | 황성기독교청년회 조직                                                                 |
| 1904.   |     |     | 함흥 제혜병원 개원                                                                   |
| 1905.   | 6.  |     | 3개 지방 감리회가 모여 한국 선교연회를 조직                                           |
|         | 7.  | 1.  | 장·감연합으로 「그리스도 신문」 발간                                                 |
|         | 9.  |     | 4개 장로교회 선교부와 2개 감리교회 선교부가 연합하여 '한국복음주의선교연합공의회'를 조직, 장·감선교공의회 내에 주일학교 위원회 설치 |
|         | 11. |     | 장·감연합으로 「The Korean Mission Field」 창간,                                      |

|         |     |     |                                                                  |
| ------- | --- | --- | ---------------------------------------------------------------- |
|         |     |     | 장로회 공의회에서 1주간 구국기도회 실시                          |
| 1906.   | 3.  |     | 진주 베돈 병원 개원                                              |
|         | 7.  |     | 「그리스도 신문」 발행                                            |
|         | 가을 |     | 캐나다 선교부 중국 연길 용정에 개설                              |
| 1907.   | 1.  | 6.  | 평양 장대현교회 대부흥운동 시작                                  |
|         | 5.  | 3.  | 동양선교회 창립(한국 성결교회)                                  |
|         | 6.  |     | 장로회신학교 제1회 7인 졸업                                      |
|         | 7.  |     | 감리교회 협성신학교 설립                                         |
|         | 9.  | 17. | 대한예수교장로회 독노회 조직, 한국인 7인 목사 탄생, 이기풍 목사 제주도 선교사로 파송 |
| 1908.   | 3.  |     | 서울 정동감리교회에서 한국연회를 조직하고 일본 주재 해리스 선교사가 초대 감독으로 선임 |
|         | 10. |     | 구세군 영국인 선교사 호가드 입국                                 |
|         | 11. |     | 킬보륜 선교사 경성성서학원 설립                                  |
|         | 가을 |     | 장감연합으로 「찬송가」 발행 정익로 장로, 김정식 총무 등이 일본 동경에 YMCA 창립 및 동경교회 창립, 미국 남감리회 동만주 선교 개시 |
|         | 12. |     | 동양척식회사 발족                                                 |
| 1909.   | 4.  |     | 일본 조합교회 식민지 전도를 위해 와다세 입국 및 조합교회 설립 |
|         | 10. |     | 만주 하얼빈 역에서 안중근 일본인 이토 히로부미 사살            |
|         | 10. | 12. | 한석진 목사 도일 3개월간 동경교회 시무                           |
| 1910.   | 8.  | 29. | 한일병탄 체결과 동시 식민지로 전락                                |
| 1911.   | 9.  | 17. | 대구에서 모이는 제5차 독노회에서 총회 조직을 위한 결의          |
|         | 10. |     | 전라노회 조직을 필두로 해서 평안북노회, 평안남노회, 황해노회, 함경노회, 경상노회, 경기충청노회가 차례로 조직 |
|         | 11. |     | 미국 감리교회 북만주 선교 개시                                   |

| | | | |
|---|---|---|---|
| 1912. | 9. | 2. | 7개 노회가 모여 대한예수교장로회 총회 조직, 초대 총회장에 언더우드 선교사 선임, 중국 산동성에 박태로, 사병순, 김영훈 목사를 선교사로 파송 |
| | 9. | | 일본 동경교회는 장감연합으로 교역자 파송 |
| | 12. | | 동양선교회 서울 지부를 설치, 초대 감독에 영국인 토마스 선교사가 취임 |
| 1913. | 8. | | 일본 조합교회 조선지방회 조직 |
| | 11. | | 조선예수교장로회 총회 창립(1912년) 기념으로 박태로, 사병순, 김영훈 목사를 중국 산동성 선교사로 파송 |
| 1914. | 4. | | 조선 YMCA연합회 조직 |
| 1915. | 3. | 5. | 연희전문학교 설립(경신학당 대학부) |
| 1917. | 9. | 1. | 총회에서 제2차로 방효원, 홍승한 목사를 산동성 선교사로 파송, 제1차 세계대전 종결 |
| 1918. | 2. | | 조선예수교장감연합협의회 조직(KNCC) |
| | 4. | | 파리에서 모이는 국제평화회담에 한국 대표 파송 |
| | 12. | | 미국 남감리회 선교연회를 남감리회 연회 개편 |
| 1919. | 2. | 8. | 일본 동경 유학생이 모여 2·8독립선언 성명서를 발표 |
| | 3. | 1. | 서울 파고다 공원에 모여 3·1독립선언과 함께 독립만세 시위 이후 전국 및 만주 지역까지 확산 |
| | 4. | | 중국 상해 임시정부 수립 |
| 1921. | 9. | 1. | 일본 조선조합교회 해산 조선회중교회로 개편, 초대 회장 유일선 목사 |
| | 11. | 1. | 조선주일학교 제1회 대회 개최 |
| 1922. | 여름 | | 조선주일학교에서 하기성경학교 처음 실시 |
| 1923. | 8. | | 조선 YWCA 조직 |
| | 9. | 1. | 관동 대지진 발생 |
| | 9. | | 조선기독교여자절제회 조직, 일본 관동대지진, 물산장려운동 조직 |
| 1924. | 3. | | 김교신 무교회 주장 |

| 1924. | 3. | 오사카에서 조선예수교회 제1차 신도대회 개최 |
| | 9. 24. | 조선예수교연합공의회(KNCC) 창립 총회 |
| | 12. | 안대선 선교사에 의해 면려청년회(C. E.) 조선연합회 조직 |
| 1925. | 6. | 캐나다 장로교회 선교부는 캐나다 연합교회 선교부로 개칭, 일부 캐나다 장로교회 선교부는 재일한국인 선교사 활동, 서울 남산에 조선신궁 완공 |
| 1926. | 6. 10. | 6·10만세운동 |
| | 9. | 제4회 조선예수교연합공의회에서는 YMCA, YWCA, 조선주일학교연합회, 영국 성서공회 등 12개 단체가 참여 |
| | 겨울 | 오순절 한국 선교 출범 |
| 1927. | 10. 3. | 캐나다 장로교회 선교부 영 선교사 도일 재일 동포 전도출발 |
| 1928. | 12. | 여전도회 전국연합회 조직 |
| 1929. | 가을 | 평양에서 권세열 선교사에 의해 무산아동 교육을 기관 '성경구락부' 창설 |
| 1930. | 12. 2. | 남북감리교회 합동 초대 총리사에 양주삼 목사 |
| 1931. | 9. | 만주사변 발발 |
| 1932. | 12. 3. | 평양 서기산 추계 황령제에 미션 학교 불참 |
| 1933. | 10. 6. | 조선예수교회 창립 |
| 1934. | 3. 23. | 재일본 조선기독교회 창립 |
| | 가을 | 재일 조선기독교대회 조직 |
| 1935. | 9. | 신사참배 강요 |
| | 12. 22. | 기독교대한복음교회 창설 초대 감독에 최태용 목사 |
| 1937. | 4. 16. | 만주 장춘에 만주사평가성경학교 개설(후에 만주신학교로 개칭) |
| | 7. 7. | 중일전쟁 발발 |
| | 11. 26. | 만주 조선기독교 총회(장로교회, 감리교회, 성결교회, 동아기독교)와 함께 6개 교구로 개편 창립 |

| | | |
|---|---|---|
| 1938. 7. | | 조선기독교연합회 결성, 회장에 일본인 와니 목사 선임 |
| | 9. 20. | 신사참배 거부하며 장로회신학교 폐교 |
| | 9. 25. | 제27회 장로회 총회에서 신사참배 결의 |
| | 가을 | 신사참배 반대로 장로교회 미션 학교는 모두 폐쇄 |
| 1939. 3. | | 조선신학원 기성회 조직 |
| | 9. | 장로회 총회에서 '국민정신총동원조선예수교장로회연맹' 조직 |
| | 11. | 성명서와 함께 모든 교회로 하여금 신사참배, 궁성요배, 황국신민서사 제창 후 예배를 시작하도록 함 |
| 1940. 1. 16. | | 재일조선기독교회 임시 대회 및 일본 기독교회로 합동 결의 |
| | 4. 11. | 조선총독부의 인가로 평양신학교 재건, 초대 교장에 채필근 목사 |
| | 9. 12. | 조선신학원 조선총독부 경기도 학무국의 허가로 서울 승동교회 1층에서 개교, 이사장 및 원장에 김대현 장로 교수에 김재준, 윤인구 목사 |
| | 9. | 조선예수교장로회 총회는 해산 후 일본기독교조선장로교단으로 개편 모든 조선기독교 각 교단들이 일본 기독교 교파 교단에 예속 |
| | 11. | 전국 교역자 300여 명 불법 감금, 선교사 전원 강제 출국 |
| | 12. 10. | 캐나다 영 선교사 일행 강제 출국 |
| 1941. 3. 10. | | 기독교조선감리교단 만주 교구로 개편 |
| | 8. | 각 교단별로 애국기헌납운동 전개, 조선청년들을 징병, 징용, 여성 정신대 동원령을 발표 |
| | 10. | 경성교구에 속한 성직자들이 부여신궁 건설에 부역 |
| | 11. | 순천노회 15인 목회자 구속 |
| | 11. 26. | 중국 길림성 장춘에서 만주조선기독교총회 창립 |
| | 12. 8. | 태평양전쟁 발발 및 비상조치에 의해 재일조선기독교 목사, 장로, 전도사 18명 구속 |

| 1943. | 1. | 각 교단을 해산시키고 교단 통폐합운동 추진 |
|---|---|---|
|  | 12. | 성결교회 해산 |
| 1944. | 봄 | 각 지역 교회 통폐합 실시, 주일 밤과 수요일 밤 예배 폐지 |
| 1945. | 7. | 일본 기독교 조선교단 출현 초대 총리 김관식 목사, 총무 송창근 목사 |
|  | 8. 15. | 일제의 패망과 해방, 신사참배 반대하다 투옥되었던 성직자 및 일반 신도들 석방 |
|  | 9. 8. | 동대문 감리교회에서 3연회를 조직 |
|  | 10. | 구세군 재건 |
|  | 11. | 성결교회 총회 재건, 총회장 박현명 목사 피선, 경성신학교 재건 |
|  | 11. 15. | 교토 한인교회에서 재일기독교연합회 재건 |
|  | 11. 27. | 정동제일교회에서 조선기독교 남부대회 개최 |
|  | 12. | 이북 5도 연합회 조직 |
| 1946. | 2. 10. | 일본 동경교회 재건 |
|  | 6. 12. | 남한장로회 남부대회 결성, 총회장 배은희 목사 선임 |
|  | 6. | 여전도회 전국대회를 서울 연동교회에서 개최하고 재건 |
|  | 9. 3. | 장로교회, 감리교회, 성결교, 구세군 등 지도자들이 모여 '조선기독교연합회' 조직 |
|  | 9. | 충남 강경에서 동아기독교를 재건하고 1949년 9월 교단 명칭을 기독교대한침례회라 함. 제48회 경남노회에서 고려신학교를 신설하고 고려파가 예장에서 이탈 |
|  | 11. 3. | 북한은 주일에 인민위원회 선거를 실시하려고 할 때 기독교가 반대하자 목사 및 반대자를 구속 |
|  | 11. 28. | 평양에서 조선기독교도연맹(KCF) 조직 |
| 1947. | 4. 18. | 제2회 남부 총회에서 조선예수교장로회 총회로 재건 |
| 1948. | 5. | 박형룡 박사를 중심으로 보수신학을 수호한다면서 조선신궁자리에 장로회신학교 설립 |

|   |   |   |   |
|---|---|---|---|
|  | 5. | 10. | 남한 단독으로 국회의원 선거 실시 |
|  | 8. | 15. | 남측은 대한민국 정부 출범 |
|  | 9. | 9. | 북측은 조선민주주의인민공화국 정부 출범 |
| 1949. | 4. | 22. | 교단 명칭을 '대한예수교장로회'로 변경 |
|  | 5. |  | 출옥 성도를 중심해서 예장에서 이탈 재건파를 조직 |
|  | 7. |  | 서울 새문안교회에서 면려청년회 재건 |
| 1950. | 3. |  | 평양 장로회신학교와 성화신학교를 통합하여 조선기독교신학교로 개편 |
|  | 6. | 25. | 한국전쟁 발발 |
|  | 가을 |  | 중국 기독교는 스스로 삼자애국교회로 선언 |
| 1951. | 1. |  | 대구에서 군종학교 설립과 동시 군목제도 실시 |
|  | 5. |  | 임시 수도 부산에서 모인 제36회 총회가 속회되면서 장로회신학교와 조선신학교를 취하하고, 그해 9월 대구에서 총회가 직영하는 총회신학교를 개교 |
| 1953. | 6. | 10. | 신학방법론으로 인하여 조선신학교 신학생 51명이 총회에 진정서를 제출하고 박형룡 박사가 교장으로 있는 장로회신학교로 전학, 일부 총대원들이 이탈하여 서울 한국신학대학 강당에서 대한기독교장로회(후에 한국기독교장로회)라는 명칭으로 교단을 설립, 총회장 김세열 목사 |
|  | 7. | 27. | 판문점에서 휴전협정 체결 |
| 1954. | 4. |  | 총회신학교 예과 1년, 2년 생은 조선신궁터에 자리 잡고 수업 |
|  | 4. | 26. | 제39회 총회에서 제27회(1938) 총회 시 신사참배 결의를 취소하고 참회 기도회 실시 |
| 1955. | 4. |  | 총회신학교를 장로회신학교로 명칭 변경 |
|  | 11. |  | 경기노회에서 박태선 집단 이단으로 규정 |
| 1956. | 9. |  | 총회에서 나운몽 이단으로 규정 |
| 1958. | 1. |  | 루터교 선교회 창립 |

|      | 5. 29. | 장년면려회(남선교회 전국연합회) 조직 |
|      | 9. 28. | 제44회 대전 총회에서 합동 측과 통합 측은 서울 연동교회에서 속회 분립 |
|      | 10. | 김준곤 목사 대학생 선교회 발족 |
|      | 11. | 서울 승동교회에서 제44회 합동 측 속회 총회로 분립 제44회 총회 분열로 장로회신학교도 분열, 통합 측은 장로회신학대학교, 합동 측은 총신대학교 |
| 1960. | 2. 19. | 합동 측과의 통합을 위해 WCC 탈퇴 |
|      | 3. 15. | 정·부통령 선거 시 자유당 부정 선거로 마산의거사건 발발 |
|      | 4. 19. | 4·19 학생 혁명 |
|      | 9. | 고신과 합동 측 통합(1963년 9월 각각 환원) |
| 1961. | 5. 16. | 박정희 소장 군사 쿠데타 |
| 1963. | 5. | KNCC 초청으로 일본 NCC 대표단 입국 |
|      | 11. | 일본 NCC 초청으로 KNCC 대표 도일 |
| 1965. | 6. 22. | 한일국교 협정 |
|      | 7. 5. | 영락교회에서 한일국교 비준 반대 집회가 개최, 일부 교인들 시위 |
| 1966. | 9. | 한국 기독교장로회 총회장 초청으로 일본 기독교단 오무라 의장 방한 |
|      | 가을 | 중국인민공화국 문화혁명으로 기독교 탄압 |
| 1967. | 2. 16. | 공명선거추진을 위한 운동으로 기독교 염광회 창립 |
|      | 6. 8. | 박정희 대통령 재선으로 재집권, 야당후보인 윤보선 낙선 KNCC 6·8 부정 선거에 대하여 성명서 발표 |
|      | 9. | 전주에서 모이는 예장 총회장의 초청으로 일본 기독교단 스즈끼 의장 방한 |
| 1969. | 1. | 박정희 대통령 주변에서 중임제를 폐지하고 3선 출마의 길을 모색함, 기독교 염광회에서는 이 소식을 접하고 3선개헌반대운동에 돌입 |

|     |    |     | |
| --- | -- | --- | --- |
|     | 9. | 8.  | KNCC에서 3선 개헌 반대 성명서 발표 |
|     |    |     | 대한기독교연합회 및 예장 합동 측 3선 개헌 지지 성명서 발표 |
|     | 9. | 14. | 국회에서 3선 개헌 통과 |
|     | 9. | 29. | WCC 재가입 |
| 1971. | 4. | 4. | 제7대 대통령 선거 박정희 대통령 후보 당선, 야당 후보인 김대중 낙선 |
|     | 봄 |     | 중국 북경에 최초로 개신교 및 천주교가 각각 개방 |
|     | 12. |    | 군사정부는 국가비상사태 선언 |
| 1972. | 봄 |    | 조선기독교연맹에서는 평양신학원을 개원하고 학생 10명을 모집 교육실시 |
|     | 7. | 18. | 7·4 남북공동성명서 발표 |
|     | 10. |   | 10월 유신선언(비상계엄 선포) |
| 1973. | 5. | 30. | 빌리 그레함 한국 전도대회 여의도 광장에서 실시 |
|     | 6. |     | 아시아방송국 개국 |
|     | 7. |     | 서울 아카데미하우스에서 제1회 한일교회협의회 개최 |
| 1974. | 1. |    | 대통령 긴급조치 1호, 2호 선포 |
|     | 2. | 25. | KNCC 인권위원회 조직 |
|     | 7. | 18. | KNCC 민주화 및 구속자를 위한 목요기도회 정례화 |
|     | 8. | 13. | 한국대학생회(CCC) 주최로 여의도 광장에서 '엑스플로 '74 대회' |
|     | 11. |    | 목사, 기독교 교수 등 66명이 참가하여 '한국 그리스도인의 신학적 성명' 발표 |
| 1975. | 2. |     | 총회에서 종교탄압 중지 요청 성명서 발표 |
|     | 3. | 20. | 서울 연동교회에서 '기독교정의구현전국성직자단' 조직 |
|     | 5. | 8.  | 서울 아카데미하우스에서 구속된 성직자 석방운동 전개 |
|     | 7. | 25. | 총회에서는 서울 연동교회에서 구속된 성직자에 대한 입장 성명서 발표 |
| 1976. | 3. | 1.  | 명동성당에서 구국선언문 발표, 여기에 참여했던 교계 |

|       |       |       | 인사 전원구속 |
|-------|-------|-------|----|

       5.            찬송가합동추진위원회 결성
1978.  9.            KNCC 산업선교신학정립협의회에서 '산업선교신학 선언문' 제정
1979.  7.            미국 카터 대통령 방한 시 교계지도자와 환담
       8.            총회는 '산업선교는 하나님의 명령' 성명서 발표
       10.           부산과 마산에서 유신 철폐 시위 발생
       10.  26.      청와대에서 중앙정보부장 김재규에 의해 박정희 대통령 사망
       12.  12.      신군부에 의해 쿠데타, 중국 정부의 개방정책으로 각 교회마다 삼자애국교회 간판을 내걸고 재건운동
1980.  5.   18.      신군부는 정권을 장악하기 위해 제주도를 제외한 전 지역에 계엄령 선포, 이에 항의한 광주 지방 시민 학생들에 의해 민주화운동 전개
1981.  3.            전두환 정부 출범
1982.  2.   11.      KNCC 목요기도회 재개
1983.  봄            조선기독교도연맹에서 신·구약성경 발간
       12.           통일찬송가 발행
1984.  2.            재일대한기독교회와 일본 기독교단이 선교협약 체결
       8.   15.      여의도 광장에서 한국기독교100주년선교대회 개최, 조선기독교도연맹에서 무곡찬송가 발간
       10.  29.      일본 동경에서 WCC 국제위원회가 주관하여 '한반도 평화' 란 주제로 모임
1985.  4.   5.       인천에 한국 기독교 100주년 탑 건립
       11.  11.      WCC 국제위원회 E. 바인게르트 간사가 조선기독교도연맹 초청으로 북한을 방문
1986.  4.   18.      미국 교회협의회 대표 10명이 북한 방문
       6.   13.      CBS기능정상화범기독교추진위원회 결성
       8.   25.      KNCC 주최로 인천 송도 비취 호텔에서 '교회와 평화

통일'을 위한 세미나 개최

|  |  |  |
|---|---|---|
|  | 9. 2. | WCC 국제위원회 주관으로 스위스 글리온에서 남북 지도자 첫 상면 |
|  | 9. 29. | '대한예수교장로회 신앙고백서' 선포 |
| 1987. | 5. 6. | 일본 NCC 대표 마에지마, 나까지마 목사 북한 방문 |
|  | 6. 10. | 4·13 호헌을 철폐하라는 6·10 항쟁 시민운동 전개 |
|  | 6. 17. | 미국 NCC 북한 방문 |
| 1988. | 2. | 노태우 대통령 정부 출범 |
|  | 4. 25. | KNCC 주최로 국내 인사 200명, 외국 인사 100명 등이 참가하여 '세계기독교 한반도 평화협의회'를 개최 |
|  | 10. | 평양 봉수교회 봉헌 |
|  | 11. 23. | 스위스 글리온에서 남북 지도자 2차 접촉 후 '글리온 공동선언' 발표 |
| 1989. | 7. 29. | 재일대한기독교회 대표자들이 평양 조선기독교도연맹 방문 |
|  | 9. 27. | 호주 연합교회 한국선교 100주년 기념예배 실시 |
|  | 11. | 경기도 용인에 한국기독교순교자기념관 개관 |
| 1990. | 3. 1. | CCK(한국기독교총연합회) '사랑의쌀나누기운동 전개' |
|  | 3. | 호주 연합교회에서 '분단된 한국의 통일' 선언문 발표 |
|  | 7. | CCK '사랑의쌀나누기운동본부'에서는 쌀 1만 톤을 홍콩을 통해 북한 전달 |
|  | 7. 10. | 재일대한기독교 주관으로 일본 동경에서 남북교회 지도자 및 WCC 회원 국가 대표자들이 함께 만남 |
|  | 7. 12. | 재일대한기독교 주관으로 일본 동경에서 남북지도자 2차 만남 |
| 1992. | 9. 27. | 미국 남장로교회 한국선교 100주년 기념예배 실시 |
|  | 11. | 평양 칠골교회 봉헌 |
| 1993. | 2. | 문민 정부 김영삼 대통령 취임 |
| 1994. | 6. 2. | 동경에서 제4차 모임을 개최, 이때 재일대한기독교회 |

|            |                                                                                      |
|------------|--------------------------------------------------------------------------------------|
|            | 와 선교협약을 맺고 있는 한국교회의 6개 교단과 함께 만남 |
| 1995. 5. 27. | 총회(79회) 결의에 의해 여성안수 실시를 위한 헌법개정 발표 |
| 8.         | 미국 신시내티에서 광복 50주년 기념 통일을 위한 모임을 개최 |
| 1996. 6. 6. | 재일대한기독교회 주최로 남북 기독자 제5차 일본 동경 모임을 개최 |
| 1997. 10. 14. | 호주 연합교회 및 호주 한인교회협의회 대표자들이 조선기독교도연맹의 초청으로 북한 방문 |
| 1998. 2. 25. | 수평적 여야 정권교체로 국민의 정부 김대중 대통령 취임 |
| 3. 8.      | 조선기독교도연맹 대표 4명이 호주 연합교회 초청으로 호주 방문 |
| 10. 8.     | 재일대한기독교회 주최로 남북 기독자 제6차 모임을 일본 오사까에서 개최, 재일대한기독교 선교 90주년 기념 |
| 1999. 3.   | 한기총 '사랑의쌀나누기본부'에서는 현재까지 11억 원에 해당되는 쌀을 북한에 전달 |
| 5. 20.     | 언더우드 선교사 시신 미국에서 양화진으로 이장 |
| 12. 18.    | 1차, 2차 옷보내기 운동본부에서 20만 벌을 북한에 보냄 |
| 2000. 6. 15. | 평양에서 김대중 대통령과 김정일 국방위원장 남북정상회담 개최 후 '남북공동합의문' 발표 |
| 8. 15.     | 남북 적십자의 주선으로 남북 이산가족 100명씩 교환 실시 |
| 2003. 2. 25. | 열린 참여 정부 노무현 대통령 취임 |
| 2004. 1. 19. | 원일한 선교사 한국에서 사망, 양화진에 안장 |
| 2. 16.     | 지리산 노고단에서 선교사유적지복원대책위원회 구성 |
| 3. 19.     | 한국선교120주년기념 "세계 평화와 생명 살리기" 세계선교대회 개최 |

# 부 록
## 참고문헌

Annual Report(1892-1927). Executive Committee of Foreign Mission Presbyterian Church, U. S.
Moffett Samuel A. Moffett's Missionary Letters(1890-1904).
Underwood. H. G. Letter to Dr. Ellinwood, 1885-1910.
_____. The Call of Korea. London, 1908.
게일. 심현녀 역. 「선구자」. 서울 : 대한기독교서회, 1993.
계일승 편. 「마포삼열박사 전기」. 서울 : 예장 총회교육부, 1973.
고춘섭. 「경신학교사」. 서울 : 경신학교역사편찬사, 1991.
_____. 「연동교회100년사」. 서울 : 연동교회100년사출판위원회, 1994.
국사편찬위원회 편. 「한국민족운동사」. 서울 : 국사편찬위원판, 1988.
김명준. 「한국기독동신회」. 수원 : 기독동신회, 1998.
김수진. 「금산교회 이야기」. 서울 : 금산교회문화보존위원회, 1999.
_____. 「일본개신교회사」. 서울 : 홍성사, 1993.
_____. 「중국개신교회사」. 서울 : 홍성사, 1995.
_____. 「초대광주지방 교회사연구」. 전주 : 호남기독교역사연구회, 1993.
_____. 「한국 기독교의 발자취」. 서울 : 한국장로교출판사, 2001.
_____. 「호남기독교100년사」. 서울 : 쿰란출판사, 1999.

_____. 「호남선교100년과 그 사역자들」. 서울 : 고려글방, 1982.

김수진 역. 「이누마(飯沼次郎)의 한국을 사랑한 어느 일본인 전도자」. 서울 : 교문사, 1993.

김수진 외. 한국기독교역사위원회 편. 「일제의 종교탄압과 한국교회의 저항」. 서울 : 쿰란출판사, 1996.

김수진 외. 한국기독교역사위원회 편. 「한국기독교회사」. 서울 예장 총회교육부, 1979.

김승태 · 박혜진. 「내한선교사총람」(1884-1984). 서울 : 한국기독교역사연구소, 1994.

리진호. 「동양을 섬긴 귀출라프」. 서울 : 감리교사학회, 1987.

마삼락, 「아세와와 선교」, 서울 : 장로회신학대학 선교문제연구원, 1976.

마쓰도미 데르꼬, 「升富佐衛門追想錄」, 東京 : 大日本印刷株式會社, 1934.

박정규. 「대구지방교회사」. 서울 : 이문뿌리사, 1992.

백낙준. 「한국개신교사」. 서울 : 연세대학교출판부, 1987.

세계개혁교회연맹 편. 「한국그리스도교의 신앙증언」. 서울 : 세계개혁교회연맹, 1989.

안영로. 「한국교회선구자 언더우드」. 서울 : 쿰란출판사, 2001.

_____. 「전라도가 고향이지요」. 서울 : 쿰란출판사, 1998.

_____. 「메마른 땅에 단비가 되어」. 서울 : 쿰란출판사, 1996.

언더우드. L. H. 김철 역. 「언더우드 부인의 조선생활」. 서울 : 뿌리깊은나무, 1978.

예장역사위원회 편. 「대한예수교장로교회사」. 서울 : 한국장로교출판사, 2003.

오문환. 「도마스목사전」. 평양 : 도마스기념회, 1926.

오윤태. 「선구자 이수정」. 서울 : 혜선출판사, 1986.

윌리암 뉴톤 불레어. 김승태 역. 「속히 예수 믿으시기를 바라나이다」. 서울 : 두란노, 1995.

윤춘병. 「한국감리교성장사」. 서울 : 감리교출판사, 1997.

이만열. 「아펜젤러」. 서울 : 연세대학교출판부, 1986.

이재원. 「대구장로교회사연구」. 대구 : 도서출판사람, 1996.
채필근 편. 「한국기독교개척자 한석진 목사와 그 시대」. 서울 : 대한기독교서
    회, 1971.
최승. 「충청노회사」. 서울 : 한국장로교출판사, 2001.
한국기독교역사위원회 편. 「한국기독교역사」 1, 2권. 서울 : 기독교문사,
    1992.
한국문헌연구원 편, *The Korea Mission Field*(1905-1941, 영인본 전37
    권), 1986.
호남교회사연구소 편. 「호남교회사연구제1집」. 광주 : 글벗출판사, 1995.
호남기독교역사연구회 편. Annual Reports of Presbyterian Church U.
    S. in Korea Missianary(1-12). 서울 : 한국문헌연구원, 1993.